¡No se puede vivir con ellos, pero tampoco sin ellos!

En el clásico, *Los Hombres Son de Marte, Las Mujeres Son de Venus,* John Gray le enseña a:

* Construir relaciones amorosas duraderas entre hombres y mujeres
* Aprender a leer los humores de su pareja y cómo responder efectivamente
* Obtener lo que desea sin dar la impresión de estar fastidiando o intimidando
* Comunicar sentimientos complicados
* Evitar el dolor de una pelea
* Comprender mejor que nunca a su pareja, sus colegas o sus amigos

"Gray nos ofrece el Berlitz del corazón, una traducción de ese idioma extraño que está hablando —y oyendo— su pareja."
—*USA Today*

LOS HOMBRES SON DE MARTE,

Las Mujeres son de Venus

JOHN GRAY, PH.D.

LOS HOMBRES SON DE MARTE,

Las Mujeres son de Venus

**LA GUÍA CLÁSICA PARA COMPRENDER
AL SEXO OPUESTO**

 rayo *Una rama de HarperCollinsPublishers*

Este libro está dedicado con el amor y el afecto más profundos a mi esposa, Bonnie Gray. Su amor, vulnerabilidad, sabiduría y fortaleza me inspiraron para ser lo mejor que puedo ser y para compartir lo que aprendimos juntos.

Agradecimientos

Agradezco a mi esposa, Bonnie, por compartir el viaje de desarrollar este libro conmigo. Le agradezco el permitirme compartir nuestras historias y en especial el hecho de ampliar mi comprensión y capacidad para respetar el punto de vista femenino.

Agradezco a nuestras tres hijas, Shannon, Julie y Lauren por su continuo amor y aprecio. El desafío de ser padre me permitió comprender las luchas de mis padres y amarlos aún más por ello. El hecho de ser padre me ayudó especialmente a comprender y amar a mi padre.

Agradezco a mi padre y a mi madre por sus afectuosos esfuerzos para educar una familia de siete hijos. Agradezco a mi hermano mayor, David, por comprender mis sentimientos y admirar mis palabras. Agradezco a mi hermano William por estimularme a alcanzar mayores logros. Agradezco a mi hermano Robert por todas las largas e interesantes conversaciones mantenidas hasta el amanecer y por sus brillantes ideas con las que siempre me beneficié. Agradezco a mi hermano Tom por su aliento y su espíritu positivo. Agradezco a mi hermana Virginia por creer en mí y apreciar mis seminarios. Agradezco a mi fallecido hermano menor Jimmy por su amor y admiración, que siguen apoyándome en mis tiempos difíciles.

Agradezco a mi agente Patti Breitman, cuya ayuda, brillante creatividad y entusiasmo guiaron este libro desde su concepción misma hasta su finalización. Agradezco a Carole Bidnick por su apoyo inspirado en el comienzo de este proyecto. Agradezco a Susan Moldow y Nancy Peske por su reacción y consejo expertos. Agradezco al personal de Harper Collins por su continua sensibilidad ante mis necesidades.

Agradezco a los miles de personas que participaron en mis seminarios sobre las relaciones, que compartieron sus historias y me alentaron a escribir este libro. Sus respuestas positivas y afectuosas me apoyaron en el desarrollo de esta simple presentación de un tema tan complejo.

Agradezco a mis clientes que compartieron sus luchas en forma tan íntima y confiaron en mi asistencia para sus emprendimientos.

Agradezco a Steve Martineau por sus especializados conocimientos y su influencia, que pueden encontrarse esparcidos a lo largo de todo este libro.

Agradezco a mis diferentes promotores, que se dedicaron en cuerpo y alma a producir los "Seminarios de John Gray sobre Relaciones" donde este material fue ensayado, puesto a prueba y desarrollado: Elley e Ian Coren en Santa Cruz; Debra Mudd, Gary y Helen Francell en Honolulu; Bill y Judy Elbring en San Francisco; David Obstfeld y Fred Kliner en Washington D.C.; Elizabeth Kling en Baltimore; Clark y Dottie Bartell en Seattle; Michael Najarian en Phoenix; Gloria Manchester en L.A.; Sandee Mac en Houston; Earlene Carrillo en Las Vegas; David Farlow en San Diego; Bart y Merril Jacobs en Dallas; y Ove Johhansson y Ewa Martensson en Estocolmo.

Agradezco a Richard Cohen y a Cindy Black, de "Beyond Words Publishing", por el afectuoso y genuino apoyo que dieron a mi último libro, *Men, Women, and Relationships,* que originó las ideas de este libro.

Agradezco a John Vestman de "Trianon Studios", por sus expertas grabaciones de audio de todo mi seminario, y a Dave Morton y el personal de "Cassette Express" por su valoración de este material y su servicio de calidad.

Agradezco a los miembros de mi grupo de hombres por compartir sus historias, y agradezco especialmente a Lenney Eiger, Charles Wood, Jacques Early, David Placek y Chris Johns, que me brindaron un respaldo muy valioso para la corrección del manuscrito.

Agradezco a mi secretaria, Ariana, por haber tomado a su cargo la oficina con eficiencia y responsabilidad durante este proyecto.

Agradezco a mi abogado (y adoptado como abuelo por mis hijos), Jerry Riefold, por estar siempre presente.

Agradezco a Clifford McGuire por su permanente amistad de veinte años. No podría haber pedido un mejor respaldo y amistad.

Índice

Introducción a la edición Rayo

Este libro ha ayudado a millones de lectores, incluyéndome a mi, y probablemente le servirá mucho a usted también. Sin estas nuevas perspectivas, yo no creo que podría estar tan felizmente casado como lo estoy, o que podría estar tan dedicado a mis hijos. Aquellas situaciones que hace veintitrés años resultaban tan frustrantes en mi relación con mi esposa, Bonnie, son las mismas que ocasionalmente surgen hoy en día. La diferencia es que hoy actúo con mucha más tolerancia, aceptación y comprensión. Puedo interpretar sus palabras y reacciones con más acierto y sé cómo responder mejor. Si bien soy un experto en lo que a diferencias de sexo se refiere, algunas veces Bonnie y mis hijas continúan siendo un misterio para mí. Este libro nos ayuda, por lo menos, a ser más tolerantes y a estar dispuestos a perdonar cuando alguien no responde como nosotros creemos que debería hacerlo. Afortunadamente, la perfección no es un requisito indispensable para tener relaciones extraordinarias.

Comprender al sexo opuesto nos ayuda a ser más tolerantes y a estar dispuestos a perdonar cuando alguien no responde como creemos que debería hacerlo.

Con los crecientes niveles de estrés en el trabajo y las altas expectativas de lograr un romance duradero en casa, las relaciones de hoy en día son un reto para casi todo el mundo. Llegar a comprender mejor por qué su pareja actúa de determinada manera, sin duda hará que su relación sea más fácil de llevar. Aumentar la tolerancia hacia nuestras diferencias no significa caer en la aceptación pasiva de una relación problemática o carente de pasión. Es más bien una saludable actitud de adaptación que está basada en una comprensión real, ayudándonos a entender mejor a nuestra pareja y a responder de una manera más amorosa que la estimule a dar lo mejor de sí. Usted no puede, ni debe intentar nunca, cambiar a su pareja. Esa tarea le corresponde a ella, mientras que la suya consiste en modificar las formas en que se comunican, reaccionan y se responden recíprocamente. Gracias a este nuevo enfoque, usted posee la sabiduría y el poder para adaptar su punto de vista. Una mejor comunicación hará que usted sea más eficaz al brindar su apoyo, y como resultado, tendrá también más éxito en conseguir el apoyo que usted necesita.

Gracias a este nuevo enfoque, usted posee la sabiduría y el poder para adaptar su punto de vista, en lugar de tratar de cambiar a su pareja.

Son pocas las personas que utilizan los conceptos en este libro de manera inadecuada. Quienes lo hacen, usan algunos de los ejemplos y explicaciones para justificar su negativa a hacer ajustes importantes que permitirían que su relación funcione mejor. Por ejemplo, yo señalo que los hombres frecuentemente necesitan retirarse a su caverna para recargarse después de la pérdida de energía del día. Esto, sin embargo, no justifica permanecer en la caverna todo el tiempo. Por otra parte, también señalo que las mujeres por lo general tienen una necesidad mucho más grande de compartir sus sentimientos para poder sobrellevar el estrés. Esto no signi-

4

fica que una mujer pueda hablar sin parar o esperar que su pareja deje lo que está haciendo y escuche lo que ella quiere decir cuando le plazca.

Desafortunadamente, hasta las mejores perspectivas pueden ser malinterpretadas. Pero, si usted está tratando de recurrir a este enfoque para comprender mejor a su pareja, para respetar a los demás, observando aquello que es importante para ellos, y comunicando sus necesidades de manera que lo puedan entender, entonces, este libro es para usted.

Si usted está tratando de usar estas perspectivas para respetar a los demás, observando aquello que es importante para ellos, este libro es para usted.

En mis viajes, mientras espero un vuelo en el aeropuerto o cuando estoy autografiando libros, *siempre* hay una pareja que se me acerca con una historia similar. Habían estado divorciados y después de leer "el libro" se encuentran felizmente casados otra vez, el uno con el otro. Cuando escribí, *Los Hombres son de Marte, las Mujeres son de Venus,* hace doce años, sabía que iba a enriquecer relaciones y a salvar a muchos que estaban al borde del divorcio, pero no tenía idea de que tanta gente iba a regresar a su pareja después de un divorcio o separación para volver a empezar juntos y hacer que la relación prosperara.

Ciertamente, hay algunas personas que dicen que el libro no salvó una relación aquejada de problemas, pero en la mayoría de los casos admiten que estaban mejor sin su pareja. Muchas personas señalan que leer este libro después de una relación fracasada les ayudó a entender relaciones pasadas que no dieron resultado. Esto, a su vez, les dio el ánimo necesario para seguir adelante y la habilidad para encontrar el amor.

La mayoría de las personas leen este libro simplemente para enriquecer la calidad de sus relaciones. Para algunos de ustedes, será el modo de descubrir nuevas perspectivas que los ayudarán a mejorar su forma de comunicarse y a tener más éxito en su afán por alcanzar sus metas personales. Aun si una sola idea lo ayuda a comprender y apoyar a su pareja, amigo, colega, padre o hijo, sin duda bien vale la pena su interés y el tiempo invertido. Un cambio pequeño pero importante puede tener un impacto duradero y significativo.

Resulta irónico que las mismas ideas que enriquecen relaciones saludables sirvan también para asistir a parejas que están tratando de superar problemas más difíciles. Este libro no trata directamente los retos que ofrece una "relación disfuncional," sino que presenta un nuevo giro a las formas en que nos comunicamos e interpretamos al sexo opuesto. Mediante esta nueva perspectiva, muchas personas logran mejorar su comunicación de manera automática. Con un mayor sentido de colaboración, hay más esperanza y, con frecuencia, se vuelve a encender la llama del amor. Con amor y buena comunicación la mayoría de los problemas, inclusive "grandes problemas", pueden resolverse. Al dedicarse a resolver primero los pequeños problemas, los problemas más grandes suelen desaparecer.

Las mismas ideas que enriquecen relaciones saludables sirven también para asistir a parejas que están tratando de superar problemas más difíciles.

En el curso de los veinte años en que he enseñado las ideas contenidas en este libro, mi manera de comunicarlas ha cambiado, pero las ideas son las mismas, y siguen siendo el cimiento del libro. En lugar de agregarle más capítulos al libro empecé a escribir más libros que desarrollan estas ideas básicas. Imagine que este libro es la base para comunicarse y comprender al sexo opuesto. Después puede aplicar las mismas ideas a todo tipo de relaciones con personas de todas las edades.

En mis libros siguientes apliqué las ideas de *Los Hombres son de Marte, las Mujeres son de Venus* a varias áreas de la vida en las que el entendimiento entre las personas de ambos sexos es esencial.

- Sobre cómo encontrar a alguien con quien salir, el noviazgo, la vida juntos y el proceso del compromiso, escribí *Marte y Venus en una Cita.*

- Sobre las relaciones duraderas y el matrimonio, escribí *Marte y Venus Juntos para Siempre.*

- Sobre los secretos para tener buenas relaciones sexuales, escribí *Marte y Venus en el Dormitorio.*

- Para quienes se están recuperando de la pérdida del amor, ya sea por un rompimiento, divorcio o una muerte, escribí *Marte y Venus Vuelven a Comenzar.*

- Para aquellos que gozan de relaciones saludables y desean mantener esas buenas sensaciones y crecer en el amor, escribí *Los Hombres son de Marte, las Mujeres son de Venus, el Libro de los Días,* una serie de ensayos breves para cada día del año.

- Para parejas que se enfrentan a retos más difíciles como la infidelidad, la violencia y las adicciones, escribí *Marte y Venus Enamorados.*

- Para padres que desean comunicarse más eficazmente con sus pequeños marcianos y venusianas, escribí *Los Niños son del Cielo.*

- Para ser más competitivos en el trabajo, basada en las destrezas de comunicación, escribí *Cómo Conseguir lo que Quiere en el Trabajo.*

• Para darle energía a quienes padecen de enfermedades graves mediante destrezas prácticas para sanarse a sí mismos, escribí *Milagros Prácticos para Marte y Venus.*

• Para quienes buscan mayor éxito a nivel personal, escribí *Cómo Conseguir lo que Quiere y Querer lo Que Tiene.*

• Por último, a la luz de nuevas investigaciones sobre las diferencias hormonales y la composición química del cerebro de hombres y mujeres, desarrollé y escribí *Marte y Venus: La Solución Mediante la Dieta y el Ejercicio.* Nuestros conocimientos sobre ambos sexos nos permiten comprender mejor la relación que existe entre el sexo y nuestra salud, la felicidad, el control del peso y la habilidad para estimular y mantener el nivel de hormonas adecuado para un romance duradero.

Escribir estos libros ha sido un emocionante viaje para mí porque, como experto en las diferencias entre los hombres y las mujeres, siempre hay mucho que aprender. No sólo diferimos en nuestra manera de comunicarnos, sino que nuestro cerebro, nuestras hormonas, nuestras reacciones ante el estrés, nuestros requerimientos nutricionales y nuestra necesidad de hacer ejercicio también son diferentes. Cada año se publican más estudios sobre este tema y esos hallazgos ayudan a que estas perspectivas a sean más y más populares.

Todos estamos condicionados en gran medida por experiencias menores pero constantes con nuestra pareja.

Sin un entendimiento de que los hombres y las mujeres son diferentes y que así tiene que ser, es tentador pensar que los hombres no deberían "ser así", o que las mujeres no deberían reaccionar "de esa manera". Para algunos, no está fuera de lugar decir que los hombres y las mujeres deberían ser iguales, pero esto no se ajusta a la realidad y en efecto, empeorará las cosas. Cuando usted espera que su pareja se parezca más a usted, automáticamente está diciéndole que, tal como es, no es lo suficientemente buena. "No eres lo suficientemente buena o bueno" no es un mensaje amoroso, aunque usted sienta mucho amor cuando lo piense.

Las mujeres, en particular, sienten una especie de cariño, de amor, cuando están pensando en mejorar a su hombre. Es verdad que el amor de una mujer puede inspirar a un hombre a alcanzar su máximo potencial, pero la decisión de hacer el cambio es de él. La tarea de ella es comunicarle su amor de una manera que lo apoye verdaderamente. Por supuesto, lo mismo sucede en el caso de los hombres. El hombre no debe tratar de arreglar a una mujer. Ella no necesita que "la arreglen". La mayoría de las veces, lo único que necesita es que la comprendan mejor y que le den más afecto; de ese modo su corazón volverá a encenderse y su ojos brillarán nuevamente.

Siempre se supo que los hombres y las mujeres eran diferentes pero, hasta que se publicó *Los Hombres son de Marte, las Mujeres son de Venus,* la mayoría de la gente carecía de un punto de referencia claro para entender nuestras diferencias de manera positiva y racional. En este momento histórico, en que por primera vez los hombres y las mujeres trabajan juntos para encontrar en su hogar más romance e intimidad que las generaciones anteriores, esta nueva perspectiva es esencial. Hoy en día, sin una manera positiva de interpretar nuestras reacciones, es posible que hagamos una lectura errónea de la situación, echándole la culpa a nuestra pareja en lugar de culpar nuestra propia forma de encarar la relación. Esperar o exigir que los hombres y las mujeres piensen, sientan, reaccionen y respondan de la misma manera sólo conducirá al fracaso y a la decepción en sus relaciones.

Solemos culpar a nuestra pareja por nuestros problemas en lugar de culpar nuestra propia forma de enfrentar la relación.

Las perspectivas y ejemplos de *Los Hombres son de Marte, las Mujeres son de Venus* nos ayudarán a entender nuestras diferencias dentro de un marco positivo. Esto no significa que todas las personas experimenten esas diferencias de la manera exacta en que las describo. Cada persona es, sin duda, única, pero en ciertos aspectos los hombres comparten algunas características que la mayoría de las mujeres no entienden, y de la misma manera, las mujeres comparten algunas características que sencillamente no tienen sentido para la mayoría de los hombres. Ahora podemos entendernos mucho mejor sin ser tan duros con nuestra pareja cuando se olvida.

Las diferencias que destaco son comunes pero hay excepciones. En términos generales, un diez por ciento de las mujeres, se identificará más con ser de Marte. Esto se debe con frecuencia a haber nacido con niveles más elevados de testosterona que la mayoría de las mujeres. Aun cuando ése sea el caso, estas mujeres todavía tienen todas las hormonas femeninas para procrear bebés. Para esas mujeres, este libro puede ser una revelación que les ayudurá a identificar sus necesidades femeninas y les brindará apoyo y permiso para nutrir su aspecto femenino. Al explorar estas diferencias, tenga presente que no estoy describiendo cómo *deberían* ser las mujeres y los hombres. Simplemente, señalo cómo y por qué los hombres y las mujeres no se entienden bien si estas diferencias se hacen evidentes.

A veces, cuando los hombres y las mujeres están solteros por mucho tiempo, las diferencias no están tan bien definidas. Estas diferencias comunes suelen aparecer más cuando se está en una relación íntima, después de haber tenido hijos o cuando se esta bajo mucho estrés. Además de las diferencias debidas al sexo, muchas de nuestras diferencias tienen que ver con nuestra personalidad y carácter así como con las influencias sociales de nuestra familia y de la sociedad. Las diferencias entre los hombres y las mujeres a las que me refiero son causadas primordialmente por ciertos rasgos distintivos en el cerebro y en las hormonas.

Las diferencias entre ambos sexos aparecen más cuando se está en una relación íntima, después de tener hijos juntos o cuando se esta bajo mucho estrés.

Este libro no trata sobre los diferentes tipos de problemas en las relaciones, ni presenta soluciones para ellos. Sin duda, existen muchas dificultades en las relaciones que no tienen nada que ver con entender al sexo opuesto. Y sin embargo, estos problemas, tales como las adicciones a las drogas y al alcohol, la infidelidad, la depresión y las enfermedades, junto con diferencias aparentemente irreconciliables y defectos personales, se complican drásticamente a causa de la falta de entendimiento del sexo opuesto. Aun cuando existen estos grandes problemas, si nos concentramos en resolver los problemas menores, mejorando la comunicación y siendo más considerados, nuestro corazón comienza a abrirse y puede ocurrir una transformación positiva y poderosa.

Hace veinte años, cuando comencé a desarrollar y a enseñar mis ideas, sucité mucha polémica, pero hoy en día gozan de aceptación en nuestra sociedad: se usan en programas educativos de diferentes niveles y en la mayoría de las tradiciones espirituales. Yo llegué a estas conclusiones después de aconsejar a miles de hombres y mujeres. Una y otra vez, las mujeres tenían las mismas quejas sobre los hombres y sus esposos. Estas quejas eran muy distintas de las de los hombres. Los hombres se quejaban de que las mujeres se quejaban por nada, de que reaccionaban exageradamente, de que no querían tener relaciones sexuales y de que no eran razonables. Y después, cuando los hombres se hallaban ponderando si debían divorciarse, lo que decían con mayor frecuencia era: "No importa lo que haga, nada es suficiente para hacerla feliz". Casi nunca le oí eso a una mujer. En cambio, las mujeres frecuentemente se quejaban de que los hombres no las escuchaban, que no les prestaban atención, que ya no eran románticos, que no les decían cumplidos, que eran menos afectuosos o que eran egocéntricos. Al considerar el divorcio, las mujeres expresaban: "Yo doy y doy, pero no recibo nada. Ya no tengo nada para dar". Eso está muy lejos de la frustración básica del hombre que, al ver que su esposa no es feliz, siente ganas de darse por vencido.

La queja frecuente entre los hombres es que la mujer está exagerando en su reacción, y la de las mujeres es que los hombres no las escuchan.

Al recordar *Los Hombres son de Marte, las Mujeres son de Venus* en momentos de frustración, preocupación o decepción, en lugar de pensar que algo anda mal con su pareja o con su relación, puede descubrir que está malinterpretando la situación. Con una actitud más comprensiva usted puede ajustar sus acciones y respuestas y así recibir más de lo que espera.

Por ejemplo, cuando un hombre está distante, en lugar de pensar que no está interesado en ella o imaginarse que está enojado con ella, una mujer puede darse cuenta de que él se está recuperándose de un día estresante. Con esta perspectiva ella queda libre de preocupación y sabe que él necesita su tiempo a solas en la "caverna" y que, eventualmente, saldrá. O cuando una mujer está hablando de los problemas que tuvo ese día, en lugar de imaginarse que ella está buscando una solución y que le puede ofrecer soluciones, el hombre puede reconocer que ella sencillamente necesita hablar sobre los sucesos del día para sentirse mejor. Con esta perspectiva, él puede relajarse y escuchar, sin tratar de interrumpir para ofrecer soluciones. Como en estos dos ejemplos, cuando sabemos lo que está sucediendo y lo que hay que hacer, las relaciones se tornan más fáciles de llevar.

Este libro ha sido muy útil para muchas personas porque las ha ayudado a interpretar correctamente las situaciones. Después de leer algunas páginas, usted comenzará a reirse de sus propios errores. Con una reacción tan apacible, se hace más fácil relajarse y no tomar sus errores o los de su pareja tan en serio. Cuando nos relajamos es fácil recordar todos los buenos momentos, las cualidades y características de la otra persona, en lugar de enfocarnos en lo negativo. Es también reconfortante saber que nuestros problemas son similares a los de los demás. Mucha gente me dice que parece que los he estado siguiendo y que he escuchado sus conversaciones.

Cuando interpretamos correctamente una situación, nunca es tan grave como pensábamos que era.

Frecuentemente, en mis viajes, tanto hombres como mujeres se me acercan y me dicen, "Ah, usted fue quien escribió el libro". Es "el libro" porque no dejan de referirse a él. Espero que después de leerlo usted vuelva a consultarlo muchas veces. No es realista pensar que en unos pocos días podamos aprender un idioma completamente diferente. De la misma manera, no es realista creer que después de una o dos lecturas, su pareja o usted podrán recordar las sutilezas que diferencian a un hombre y una mujer. Use este libro para no fallarle a su pareja o fallarse a sí mismo, y de ese modo será capaz de crear más amor en su vida. Porque sobre todo, amar es dar, ser compasivo y perdonar. Si todas estas perspectivas le ayudan de alguna manera a mantener su corazón abierto, entonces habrán cumplido con su propósito.

Doce años después de haber escrito *Los Hombres son de Marte, las Mujeres son de Venus,* es un gran placer compartir con ustedes, cómo estas ideas han ayudado a millones de hombres y mujeres. Deseo agregar un comentario: me siento como un padre orgulloso presumiendo por sus hijos. Pero también me siento honrado. Cada día, mi vida se enriquece con los comentarios y la apreciación de otras personas que han leído estas ideas y se han beneficiado de ellas. Me siento sumamente agradecido y quiero expresar mi gratitud a quien haya abierto su corazón para considerar estas ideas como una guía útil en su camino de dar y recibir amor. El mundo lo necesita.

Gracias por permitirme hacer una diferencia en su vida. Que siempre crezca en el amor y sienta su grandeza todos los días. Sin duda se lo merece.

John Gray
Junio 12, 2003
Mill Valley, California

Introducción

Una semana después del nacimiento de nuestra hija Lauren, mi esposa Bonnie y yo estábamos completamente exhaustos. Lauren nos despertaba todas las noches. Bonnie se había desgarrado en el parto y estaba tomando calmantes. Apenas podía caminar. Después de quedarme en casa durante cinco días para ayudar, volví al trabajo. Ella parecía estar mejorando.

En mi ausencia se quedó sin píldoras. En lugar de llamarme a la oficina, le pidió a uno de mis hermanos, que estaba de visita, que le comprara más. Sin embargo, mi hermano no regresó con las píldoras. Por consiguiente, pasó todo el día con dolor, encargándose de la recién nacida.

Yo no tenía idea de que su día había sido tan espantoso. Cuando regresé a casa estaba muy trastornada. Malinterpreté la causa de su aflicción y pensé que me estaba culpando.

"Me sentí dolorida todo el día... —dijo—, me quedé sin píldoras. ¡Estuve varada en la cama y a nadie le importa!"

Dije en forma defensiva: "¿Por qué no me llamaste?"

Respondió: "Le pedí a tu hermano, ¡pero se olvidó! Lo estuve esperando todo el día. ¿Qué se supone que tengo que hacer? Apenas puedo caminar. ¡Me siento tan abandonada!"

En ese momento exploté. No tenía mucha paciencia ese día. Estaba enojado porque no me había llamado. Estaba furioso de que me echara la culpa cuando yo ni siquiera sabía que estaba dolorida. Después de intercambiar algunas palabras duras, me dirigí hacia la puerta. Me sentía cansado, irritable y no estaba dispuesto a seguir escuchando. Ambos habíamos alcanzado el límite.

Entonces comenzó a suceder algo que cambiaría mi vida. Bonnie dijo: "Detente, por favor no te vayas. Este es el momento en que más te necesito. Estoy dolorida. Hace días que no duermo. Por favor, escúchame".

Me detuve un instante para escuchar.

Ella siguió: "¡John Gray, eres un amigo interesado! Mientras soy la dulce y afectuosa Bonnie estás aquí conmigo, pero en cuanto dejo de serlo, te vas por esa puerta".

Hizo un pausa y sus ojos se llenaron de lágrimas. Su tono cambió y dijo: "En este mismo momento estoy dolorida. No tengo nada para dar, ahora es cuando más te necesito. Por favor, acércate y abrázame. No tienes que decir nada. Sólo necesito sentir que tus brazos me rodean. Por favor, no te vayas".

Me acerqué y la abracé en silencio. Lloró en mis brazos. Después de unos minutos, me agradeció por no haberme ido. Me dijo que sólo necesitaba sentir que la abrazaba.

En ese momento comencé a darme cuenta del significado del amor, del amor incondicional. Siempre pensé que yo era una persona afectuosa. Pero ella tenía razón. Había sido un amigo interesado. En la medida en que ella se mostraba feliz y agradable, yo demostraba amor. Pero si ella no estaba feliz o estaba enojada, me sentía agredido, discutía o tomaba distancia.

Ese día, por primera vez, no la abandoné. Me quedé y fue muy bueno. Pude brindarme a ella cuando realmente lo necesitaba. Parecía amor verdadero. Preocuparse por el otro. Confiar en nuestro amor. Estar allí en el momento en que ella lo necesitaba. Me maravillé de lo fácil que me resultaba apoyarla cuando se me mostraba el camino.

¿Cómo no había podido verlo? Ella sólo necesitaba que me acercara y la abrazara. Otra mujer hubiera sabido en forma instintiva lo que necesitaba Bonnie. Pero como hombre, no sabía que el hecho de tocarla, abrazarla y escucharla era algo tan importante para ella. Al reconocer estas diferencias, comencé a aprender una nueva manera de relacionarme con mi esposa. Nunca hubiera creído que podíamos resolver el conflicto tan fácilmente.

En mis relaciones anteriores, me había mostrado indiferente y poco afectuoso en tiempos difíciles, simplemente porque no sabía qué hacer. Como resultado de ello, mi primer matrimonio había sido muy doloroso y difícil. Este incidente con Bonnie me reveló la manera en que podía cambiar esta pauta.

Inspiró mis siete años de investigación con el fin de desarrollar y refinar el discernimiento acerca de hombres y mujeres en este libro. Al aprender en términos muy prácticos y específicos la manera en que se diferencian hombres y mujeres, comencé repentinamente a darme cuenta de que mi matrimonio no necesitaba semejante lucha. Con este nuevo conocimiento sobre nuestras diferencias, Bonnie y yo fuimos capaces de mejorar en forma drástica nuestra comunicación y de gozar más uno del otro.

Al continuar reconociendo y explorando nuestras diferencias, descubrimos nuevas maneras de perfeccionar todas nuestras relaciones. Aprendimos a relacionarnos de un modo que nuestros padres nunca habían conocido y que por lo tanto nunca pudieron enseñarnos. Cuando comencé a compartir estas ideas con los clientes que solicitaban mi asesoramiento, sus relaciones también se vieron enriquecidas. Literalmente miles de personas que asistían a mis seminarios de los fines de semana constataron que sus relaciones se transformaron de inmediato en forma drástica.

Siete años más tarde, individuos y parejas siguen señalando beneficios satisfactorios. Recibo fotos de parejas felices con sus hijos, con cartas que me agradecen por haber salvado su matrimonio. Aunque su amor fue el que salvó su matrimonio, se habrían divorciado si no hubieran alcanzado una comprensión más profunda del sexo opuesto.

Susan y Jim habían estado casados durante nueve años. Como la mayoría de las parejas, comenzaron amándose, pero después de años de frustración y desencanto crecientes, perdieron su pasión y decidieron rendirse. Antes de conseguir el divorcio, sin embargo, asistieron a mi seminario de fin de semana sobre relaciones. Susan afirmaba: "Lo intentamos todo para que esta relación pudiera funcionar. Somos demasiado diferentes".

Durante el seminario quedaron atónitos al enterarse de que sus diferencias no sólo eran normales sino lógicas. Se sintieron reconfortados al observar que otras parejas habían experimentado las mismas pautas de relación. En sólo dos días, Susan y Jim alcanzaron una comprensión totalmente nueva acerca de los hombres y las mujeres.

Volvieron a enamorarse. Su relación cambió en forma milagrosa. Al dejar de lado la idea del divorcio, se decidieron a compartir el resto de su vida juntos. Jim afirmó: "Esta información acerca de nuestras diferencias me ha devuelto a mi esposa. Es el regalo más grande que pude haber recibido. Nos amamos nuevamente".

Seis años más tarde, cuando me invitaron a visitar su nuevo hogar y familia, seguían amándose. Seguían agradeciéndome por haberlos ayudado a comprenderse y a seguir casados.

Aunque casi todos convendrían en que hombres y mujeres son diferentes, la mayoría de la gente no sabe *hasta qué punto* lo son. En los últimos diez años muchos libros avanzaron con firmeza en el intento de definir estas diferencias. Aunque se han logrado importantes progresos, muchos son parciales y desafortunadamente refuerzan la desconfianza y el resentimiento hacia el sexo opuesto. Se considera en general que un sexo es víctima del otro. Se necesitaba una guía definitiva para comprender la *saludable* diferencia entre hombres y mujeres..

Para mejorar las relaciones entre los sexos, es necesario crear una comprensión de nuestras diferencias que aumente nuestra autoestima y dignidad personal y que inspire al mismo tiempo la confianza mutua, la responsabilidad personal, una mayor cooperación y más amor. Después de haber interrogado a más de 25.000 participantes en mis seminarios sobre relaciones, he podido definir en términos positivos de qué manera son diferentes los hombres y las mujeres. Cuando explore dichas diferencias sentirá que las paredes del resentimiento y desconfianza desaparecen.

La apertura del corazón lleva a una mayor indulgencia y una creciente motivación para dar y recibir amor y apoyo. Con este nuevo conocimiento espero que usted vaya más allá de las sugerencias de este libro y continúe desarrollando formas para poder relacionarse afectuosamente con el sexo opuesto.

Todos los principios de este libro han sido puestos a prueba y ensayados. Por lo menos el 90 por ciento de más de 25.000 personas interrogadas se reconocieron en forma entusiasta en esas descripciones. Si usted se descubre asintiendo mientras lee este libro, diciendo "Sí, sí, están hablando de mí", entonces sin duda no está solo. Y puede sacar provecho, como lo han hecho otros, de las ideas contenidas en este libro

Los hombres son de Marte, las mujeres son de Venus revela nuevas estrategias para reducir la tensión en las relaciones y crear más amor al reconocer en primer lugar con gran detalle la diferencia entre hombres y mujeres. Ofrece luego sugerencias prácticas acerca de cómo reducir la frustración y el desencanto y crear una mayor felicidad y contacto íntimo. Las relaciones no deben ser una lucha. La tensión, el resentimiento o el conflicto sólo surgen cuando no existe comprensión mutua.

De manera que mucha gente se siente frustrada en sus relaciones. Aman a sus compañeros pero cuando hay tensión no saben qué hacer para mejorar las cosas. Al comprender cuán completamente diferentes son los hombres y las mujeres, usted aprenderá nuevas formas de relacionarse, de escuchar y de apoyar al sexo opuesto de manera satisfactoria. Aprenderá a crear el amor que merece. Cuando lea este libro, podrá preguntarse cómo alguien puede tener éxito en su relación prescindiendo de él.

Los hombres son de Marte, las Mujeres son de Venus es un manual de relaciones afectuosas en los años 90. Revela de qué manera hombres y mujeres difieren en todas las áreas de su vida. Los hombres y las mujeres no sólo se comunican en forma diferente sino que piensan, sienten, perciben, reaccionan, responden, aman, necesitan y valoran en forma diferente. Parecen casi como de planetas diferentes; hablan diferentes lenguajes y necesitan diferente alimento.

Esta comprensión ampliada de nuestras diferencias ayuda a resolver la mayor parte de la frustración experimentada cuando uno trata con el sexo opuesto e intenta comprenderlo. Los malentendidos pueden entonces disiparse o ser evitados rápidamente. Las expectativas incorrectas pueden corregirse con facilidad. Cuando uno recuerda que su compañero es tan distinto como alguien de otro planeta, puede relajarse y salvar las diferencias en lugar de resistirlas o tratar de cambiarlas.

Lo importante es que a través de todo este libro usted aprenderá técnicas prácticas para resolver los problemas que surgen a partir de sus diferencias. Este libro no es sólo un análisis teórico de diferencias psicológicas sino también un manual práctico para saber cómo lograr la creación de relaciones afectuosas.

La verdad de estos principios es evidente por sí misma y puede ser convalidada por su propia experiencia y por el sentido común. Numerosos ejemplos expresarán en forma simple y concisa lo que usted siempre supo de manera intuitiva. Dicha convalidación lo ayudará a ser usted mismo y a no perderse en sus relaciones.

En respuesta a estas ideas, los hombres dicen a menudo: "Yo soy exactamente así. ¿Me ha estado siguiendo? Ya no siento que haya algo erróneo en mí".

Las mujeres dicen a menudo: "Por fin mi marido me escucha. No tengo que pelear para ser convalidada. Cuando usted explica nuestras diferencias, mi marido comprende. ¡Gracias!"

Estos son algunos de los miles de comentarios que la gente compartió después de enterarse de que los hombres son de Marte y las mujeres son de Venus. Los resultados de este nuevo programa para comprender al sexo opuesto no sólo son drásticos e inmediatos sino también duraderos.

No hay duda de que el periplo de crear una relación afectuosa puede presentar a veces cierto número de escollos. Los problemas son inevitables. Pero estos problemas pueden ser o bien fuentes de resentimiento y rechazo o bien oportunidades para profundizar una relación íntima e intensificar el amor, el cuidado y la confianza. Las ideas de este libro no representan una "solución inmediata" para eliminar todos los problemas. Por el contrario, ofrecen un nuevo enfoque a través del cual sus relaciones pueden apoyarlo con éxito en la solución de los problemas de la vida a medida que surgen. Con este nuevo conocimiento usted dispondrá de las herramientas necesarias para obtener el amor que merece y para ofrecer a su compañero el amor y el apoyo que él o ella merece.

En este libro hago muchas generalizaciones acerca de los hombres y las mujeres. Es probable que encuentre algunos comentarios más ciertos que otros... después de todo somos individuos únicos con experiencias únicas. A veces, en mi seminario, las parejas y los individuos señalan que se relacionan con los ejemplos de hombres

21

y mujeres pero en forma inversa. El hombre se relaciona con mis descripciones sobre mujeres y la mujer se relaciona con mis descripciones sobre los hombres. Llamo a esto inversión de papeles.

Si usted descubre que está experimentando una inversión de papel, quiero asegurarle que todo está bien. Le sugiero que cuando no se relacione con algo de este libro, o bien lo ignore (recurriendo a algo con lo que sí se relaciona) o que mire dentro suyo con mayor profundidad. Muchos hombres negaron algunos de sus atributos masculinos a fin de tornarse más afectuosos. De la misma manera muchas mujeres negaron algunos de sus atributos femeninos a fin de ganarse la vida en una fuerza laboral que recompensa los atributos masculinos. Si ése es el caso, al aplicar las sugerencias, estrategias y técnicas de este libro, usted no sólo creará más pasión en sus relaciones sino que equilibrará cada vez más sus características masculinas y femeninas.

En este libro no planteo directamente el interrogante de por qué los hombres y las mujeres son diferentes. Se trata de una pregunta compleja para la que existen muchas respuestas que abarcan desde las diferencias biológicas, la influencia de los padres, la educación y el nacimiento hasta el condicionamiento cultural por parte de la sociedad, los medios y la historia. (Estos temas son explorados con mucha profundidad en mi libro *Men, Women, and Relationships: Making Peace with the Opposite Sex.*)

Aunque los beneficios de aplicar las ideas de este libro son inmediatos, este libro no reemplaza la necesidad de una terapia y un asesoramiento para relaciones problemáticas o supervivientes de una familia conflictiva. Aun los individuos sanos pueden necesitar una terapia o un asesoramiento en tiempos difíciles. Creo firmemente en la poderosa y gradual transformación que se produce en la terapia, el asesoramiento matrimonial y en los grupos de recuperación.

Sin embargo, muchas personas me dijeron que se

habían beneficiado más con esta nueva comprensión de las relaciones que con años de terapia. Creo, sin embargo, que sus años de terapia o de trabajo de recuperación proporcionaron la base que les permitió aplicar estas ideas con tanto éxito en su vida y sus relaciones.

Si nuestro pasado fue conflictivo, de todos modos aun después de años de terapia o de asistencia a grupos de recuperación seguiremos necesitando un panorama positivo de relaciones sanas. Este libro proporciona esta visión. Por otra parte, aun cuando nuestro pasado haya sido muy afectuoso y provechoso, los tiempos han cambiado y se requiere un nuevo enfoque para las relaciones entre los sexos. Resulta fundamental aprender formas nuevas y sanas de relacionarse y comunicarse.

Creo que todos pueden beneficiarse con las ideas de este libro. La única respuesta negativa que escucho de los participantes en mis seminarios y en las cartas que recibo es: "Ojalá alguien me hubiera dicho esto antes".

Nunca es tarde para intensificar el amor en su vida. Sólo necesita aprender un nuevo camino. Ya sea que se encuentre o no sometido a una terapia, si desea tener relaciones más satisfactorias con el sexo opuesto, este libro es para usted.

Es un placer compartir con usted *Los hombres son de Marte, las mujeres son de Venus*. Ojalá pueda usted crecer en sabiduría y amor. Ojalá que la frecuencia del divorcio disminuya y el número de matrimonios felices aumente. Nuestros hijos merecen un mundo mejor.

John Gray
15 de noviembre de 1991
Mill Valley, California

Capítulo 1

LOS HOMBRES SON DE MARTE
LAS MUJERES SON DE VENUS

Imagine que los hombres sean de Marte y las mujeres de Venus. Un día, hace mucho tiempo, los marcianos, mirando a través de sus telescopios, descubrieron a las venusinas. El solo hecho de echarles un rápido vistazo a las venusinas les despertó sentimientos que no habían tenido nunca. Se enamoraron e inventaron rápidamente los viajes espaciales para volar hacia Venus.

Las venusinas recibieron a los marcianos con los brazos abiertos. Habían sabido en forma intuitiva que ese día llegaría alguna vez. Sus corazones se abrieron de par en par para un amor que nunca antes habían sentido.

El amor entre venusinas y marcianos fue mágico. Se maravillaron estando juntos, haciendo cosas juntos y comunicándose entre sí. Aunque eran de mundos diferentes, se deleitaron en sus diferencias. Pasaron meses aprendiendo uno acerca del otro, explorando y valorando sus diferentes necesidades, preferencias y pautas de comportamiento. Durante años vivieron juntos, enamorados y en armonía.

Luego decidieron volar hacia la Tierra. Al principio todo era maravilloso y hermoso. Pero se impusieron los efectos de la atmósfera terrestre y una mañana todos se despertaron con un tipo peculiar de amnesia: ¡la amnesia selectiva!

Tanto los marcianos como las venusinas olvidaron que eran de planetas diferentes y que se suponía que eran diferentes. En una mañana todo lo que habían aprendido acerca de sus diferencias fue borrado de sus memorias. Y desde ese día, hombres y mujeres han estado en conflicto.

EL RECUERDO DE NUESTRAS DIFERENCIAS

Sin el conocimiento de que somos diferentes, los hombres y las mujeres se enfrentan unos a otros. En general nos sentimos frustrados o enojados con el sexo opuesto porque hemos olvidado esta verdad importante. Esperamos que el sexo opuesto sea más como nosotros. Deseamos que "quieran lo que queremos" y "sientan como sentimos"

Suponemos erróneamente que si nuestros compañeros nos aman reaccionarán y se comportarán de cierta forma, la forma en que nosotros reaccionamos y nos comportamos cuando amamos a alguien. Esta actitud nos dispone a sentirnos decepcionados una y otra vez y nos impide tomarnos el tiempo necesario para comunicar en forma afectuosa cuáles son nuestras diferencias.

Suponemos erróneamente que si nuestros compañeros nos aman reaccionarán y se comportarán de cierta forma, la forma en que nosotros reaccionamos y nos comportamos cuando amamos a alguien.

Los hombres esperan erróneamente que las mujeres piensen, se comuniquen y reaccionen en la forma en que lo hacen los hombres; las mujeres esperan erróneamente que los hombres sientan, se comuniquen y respondan en la forma en que lo hacen las mujeres. Hemos olvidado que se supone que hombres y mujeres son diferentes.

Como resultado de ello, nuestras relaciones se llenan de fricciones y conflictos innecesarios.

El hecho de reconocer y respetar con claridad dichas diferencias reduce drásticamente la confusión cuando uno trata con el sexo opuesto. Todo puede explicarse cuando uno recuerda que los hombres son de Marte y las mujeres son de Venus.

UN PANORAMA DE NUESTRAS DIFERENCIAS

A lo largo de este libro analizaré con gran detalle nuestras diferencias. Cada capítulo le brindará ideas nuevas y fundamentales. Exploraremos a continuación las siguientes grandes diferencias:

En el capítulo 2 revisaremos la diferencia inherente a los valores de los hombres y las mujeres y trataremos de comprender los dos errores más importantes que cometemos al relacionarnos con el sexo opuesto: los hombres ofrecen erróneamente soluciones e invalidan sentimientos mientras que las mujeres ofrecen consejos y orientaciones no solicitados. A través de la comprensión de nuestros antecedentes marcianovenusinos resulta evidente por qué hombres y mujeres cometen esos errores en forma inadvertida. Al recordar dichas diferencias podemos corregir nuestros errores y respondernos unos a otros, de inmediato, en formas más productivas.

En el capítulo 3 descubriremos las diferentes maneras en que hombres y mujeres enfrentan el estrés. Mientras los marcianos tienden a apartarse en forma brusca y a pensar silenciosamente acerca de lo que los está perturbando, las venusinas sienten una necesidad instintiva de hablar acerca de lo que las perturba. Aprenderá nuevas estrategias para obtener lo que quiere en esos períodos conflictivos.

Exploraremos cómo estimular al sexo opuesto en el capítulo 4. Los hombres se sienten estimulados cuando se sienten necesitados, mientras que las mujeres se sienten estimuladas cuando se sienten apreciadas. Analizaremos los tres pasos para mejorar las relaciones y exploraremos la manera de superar nuestros mayores desafíos: los hombres necesitan superar su resistencia a dar amor mientras que las mujeres deben superar su resistencia a recibirlo.

En el capítulo 5 aprenderá cómo hombres y mujeres se malinterpretan recíprocamente por el hecho de hablar lenguajes diferentes. Se proporciona un *Diccionario de expresiones marcianovenusinas* para traducir expresiones comúnmente malinterpretadas. Aprenderá cómo hablan hombres y mujeres e incluso cómo dejan de hablar por razones completamente diferentes. Las mujeres aprenderán qué hacer cuando un hombre deja de hablar y los hombres aprenderán cómo escuchar mejor sin sentirse frustrados.

En el capítulo 6 descubrirá las diferentes necesidades de intimidad de hombres y mujeres. Un hombre se acerca pero luego necesita inevitablemente apartarse en forma brusca. Las mujeres aprenderán a soportar este proceso de alejamiento para que aquél vuelva a su posición original, como una banda elástica. Las mujeres aprenderán también cuáles son los mejores momentos para mantener conversaciones íntimas con un hombre.

En el capítulo 7 exploraremos de qué manera crecen y decrecen las actitudes afectuosas de la mujer en un movimiento ondulante. Los hombres aprenderán a interpretar correctamente estos cambios emocionales a veces repentinos. También aprenderán a reconocer cuándo son más necesitados y cómo mostrarse más tolerantes en esos momentos sin tener que hacer sacrificios.

En el capítulo 8 descubrirá cómo hombres y mujeres brindan el tipo de amor que necesitan y no lo que necesita el sexo opuesto. Los hombres precisan fundamentalmente un amor basado en la confianza, la aceptación y el aprecio. Las mujeres necesitan fundamentalmente un amor basado en la solicitud, la comprensión y el respeto. Descubrirá las seis formas más comunes en que uno puede desconectarse inadvertidamente de su pareja.

En el capítulo 9 exploraremos cómo evitar discusiones penosas. Los hombres sabrán que al actuar como si tuvieran siempre razón pueden invalidar los sentimientos de la mujer. Las mujeres sabrán cómo envían inadvertidamente mensajes de desaprobación en lugar de desacuerdo, poniendo así en marcha las defensas del hombre. Se analizará la estructura de una discusión con sugerencias prácticas que apuntan a establecer una comunicación basada en el apoyo mutuo.

En el capítulo 10 mostraremos la diferente manera de valorar las cosas por parte de hombres y mujeres. Los hombres sabrán que para las venusinas todo regalo de amor tiene el mismo valor, más allá de sus dimensiones. Se les recuerda a los hombres que no deberían centrarse únicamente en un gran regalo, ya que las pequeñas expresiones de amor resultan igualmente importantes; se enuncian 101 maneras de registrar puntos valiosos con las mujeres. Sin embargo, las mujeres aprenderán a reorientar sus energías hacia formas que los hombres valoran mucho, brindándoles lo que éstos necesitan.

En el capítulo 11 descubrirá formas de comunicarse el uno con el otro durante los períodos difíciles. Se analizan también las diferentes maneras en que hombres y mujeres ocultan sus sentimientos, así como la importancia de compartir dichos sentimientos. Se recomienda la Técnica de la Carta de Amor para expresar sentimientos negativos a su pareja, como una manera de encontrar más amor y perdón.

En el capítulo 12 comprenderá por qué a las venusinas les cuesta más pedir apoyo y por qué los marcianos se resisten comúnmente a los pedidos. Sabrá por qué las expresiones "podrías" y "puedes" provocan el rechazo del hombre, y qué hay que decir en realidad. Se enterará de los secretos utilizados para alentar al hombre a dar más y descubrirá el poder de ser breve y directa, además de la utilización de las palabras adecuadas.

En el capítulo 13 descubrirá las cuatro estaciones del amor. Esta perspectiva realista sobre la manera en que el amor cambia y crece lo ayudará a superar los obstáculos inevitables que surgen en cualquier relación. Descubrirá cómo hoy su relación puede verse afectada por su pasado o el pasado de su pareja, y captará otras ideas importantes para mantener viva la magia del amor.

En cada capítulo de *Los hombres son de Marte, las mujeres son de Venus,* descubrirá nuevos secretos para la creación de relaciones afectuosas y duraderas. Cada nuevo descubrimiento aumentará su capacidad de tener relaciones satisfactorias.

LAS BUENAS INTENCIONES
NO SON SUFICIENTES

Enamorarse es siempre algo mágico. Parece eterno, como si el amor durara para siempre. Creemos ingenuamente que de alguna manera estamos exentos de los problemas que aquejaron a nuestros padres, libres de la posibilidad de que el amor se desvanezca, seguros de que estamos destinados a vivir felizmente para siempre.

Pero cuando el amor cede y la vida diaria comienza a imponerse, los hombres siguen esperando que las mujeres piensen y reaccionen como hombres y las mujeres esperan que los hombres sientan y se comporten como mujeres. Sin un conocimiento claro de nuestras diferencias, no nos tomamos el tiempo para comprendernos y respetarnos. Nos tornamos exigentes, resentidos, criticones e intolerantes.

Aun con las mejores y más afectuosas intenciones, el amor sigue muriendo. De alguna manera los problemas se abren camino. Los resentimientos toman cuerpo. La comunicación se interrumpe. La desconfianza crece. Surgen el rechazo y la represión. Se pierde la magia del amor.

Nos preguntamos:

¿Cómo sucede?

¿Por qué sucede?

¿Por qué nos sucede a nosotros?

Para responder a estas preguntas nuestra mente ha desarrollado brillantes y complejos modelos filosóficos y psicológicos. Sin embargo, las viejas pautas siguen apareciendo. El amor muere. Le ocurre a casi todo el mundo.

Cada día millones de individuos buscan un compañero a fin de experimentar ese especial sentimiento de afecto. Cada año, millones de parejas se unen en el amor y luego se separan dolorosamente por haber perdido ese sentimiento afectuoso. De los que son capaces de mantener el amor el tiempo suficiente como para casarse, sólo el 50 por ciento permanece casado. De aquellos que permanecen juntos, posiblemente otro 50 por ciento no se siente realizado. Permanecen juntos por lealtad y obligación o por miedo de tener que volver a empezar.

En efecto, muy poca gente es capaz de crecer en el amor. Sin embargo, ocurre. Cuando los hombres y las mujeres son capaces de respetar y aceptar sus diferencias, el amor tiene entonces la oportunidad de florecer.

Cuando los hombres y las mujeres son capaces de respetar y aceptar sus diferencias, el amor tiene entonces la oportunidad de florecer.

Al comprender las diferencias ocultas del sexo opuesto, podemos dar y recibir con más éxito el amor que está en nuestros corazones. Al convalidar y aceptar nuestras diferencias, se descubren soluciones creativas por medio de las cuales podemos lograr la obtención de lo que queremos. Y más importante aún, podemos aprender la manera de amar y apoyar mejor a las personas por las que nos interesamos.

El amor es mágico y puede durar si recordamos nuestras diferencias.

Capítulo 2

EL SEÑOR "ARRÉGLALO-TODO"
Y LA COMISIÓN DE MEJORAMIENTO
DEL HOGAR

La queja más frecuentemente expresada por las mujeres acerca de los hombres es que éstos no escuchan. O bien el hombre la ignora completamente cuando ella le habla o bien escucha unos segundos, evalúa lo que la está molestando y luego adopta orgullosamente el papel del "arréglalo-todo" y le ofrece una solución para que ella se sienta mejor. Se siente confundido cuando ella no aprecia este gesto de amor. No importa las veces que ella le diga que no está escuchando; él no lo entiende y sigue haciendo lo mismo. Ella quiere empatía, pero él piensa que quiere soluciones.

La queja más frecuentemente expresada por los hombres acerca de las mujeres es que siempre están tratando de cambiarlos. Cuando una mujer ama a un hombre, se siente responsable de su crecimiento y trata de ayudarlo a mejorar la manera de hacer las cosas. Forma una comisión de mejoramiento del hogar y centra en él su atención fundamental. No importa hasta qué punto él pueda resistir su ayuda; ella se empeña en esperar una oportunidad para ayudarlo o decirle lo que tiene que hacer. Piensa que lo está estimulando, mientras él piensa que lo está controlando. Por el contrario, él quiere su aceptación.

Estos dos problemas pueden resolverse comprendiendo en primer lugar por qué los hombres ofrecen soluciones y por qué las mujeres buscan mejorar. Imaginemos que volvemos hacia atrás en el tiempo donde, al observar la vida en Marte y en Venus —antes de que se descubrieran los planetas o antes de la venida a la Tierra—, podremos discernir determinadas características acerca de los hombres y las mujeres.

LA VIDA EN MARTE

Los marcianos valoran el poder, la competencia, la eficiencia y la realización. Siempre están haciendo cosas para probarse a sí mismos y desarrollar su poder y sus habilidades. Su sentido de la personalidad se define a través de su capacidad para alcanzar resultados. Experimentan la realización fundamentalmente a través del éxito y el logro.

El sentido de la personalidad de un hombre se define a través de su capacidad para alcanzar resultados.

En Marte todo es el reflejo de estos valores. Inclusive su vestimenta está diseñada para reflejar sus habilidades y su competencia. Los oficiales de policía, los soldados, los hombres de negocios, los científicos, los taxistas, los técnicos y los cocineros, todos llevan uniformes o por lo menos sombreros para reflejar su competencia y poder.

No leen revistas tales como *Psychology Today*, *Self* o *People*. Prefieren las actividades al aire libre, como la caza, la pesca y las carreras de autos. Se interesan por las noticias, el clima y los deportes y nada les importa menos que las novelas románticas y los libros de autoayuda.

Se interesan más en los "objetos" y las "cosas" que en la gente y los sentimientos. Inclusive hoy en la Tierra, mientras las mujeres fantasean con el romance, los hombres fantasean con autos potentes, computadoras más rápidas, artefactos, artilugios y una nueva tecnología más poderosa. Los hombres se preocupan por las "cosas" que los ayuden a expresar poder a través de la creación de resultados y el logro de sus objetivos.

El hecho de alcanzar los objetivos resulta algo muy importante para un marciano porque es una manera de probar su competencia y por lo tanto de sentirse bien consigo mismo. Y para poder sentirse bien consigo mismo debe alcanzar esos objetivos con sus propios medios. Otra persona no puede hacerlo en su lugar. Los marcianos se enorgullecen de hacer cosas por sí solos. La autonomía es un símbolo de eficiencia, poder y competencia.

La comprensión de esta característica marciana puede ayudar a las mujeres a comprender por qué los hombres se resisten tanto a ser corregidos o a que les digan lo que tienen que hacer. El hecho de ofrecerle al hombre un consejo no solicitado equivale a suponer que no sabe qué hacer o que no sabe hacerlo por sí solo. Los hombres se muestran muy quisquillosos acerca de esto, porque el tema de la competencia les resulta enormemente importante.

El hecho de ofrecerle al hombre un consejo no solicitado equivale a suponer que no sabe qué hacer o que no sabe hacerlo por sí solo.

Por el hecho de estar manejando sus propios problemas, un marciano habla pocas veces acerca de ellos a menos que necesite un consejo experto. Razona de la siguiente manera: "¿Por qué involucrar a otra persona cuando puedo hacerlo por mí mismo?". Mantiene la reserva de sus problemas a menos que requiera la ayuda de otro para encontrar una solución. El hecho de pedir ayuda cuando uno puede arreglárselas por sí mismo es considerado como un signo de debilidad.

Sin embargo, si realmente necesita ayuda, obtenerla representa realmente un signo de sabiduría. En ese caso encontrará a alguien a quien respete y luego hablará acerca de su problema. En Marte, hablar acerca de un problema constituye una invitación al consejo. Otro marciano se siente honrado por la oportunidad. Automáticamente adopta el papel del "arréglalo-todo", escucha por un momento y luego ofrece sus valiosos consejos.

Esta costumbre es una de las razones por las que los hombres instintivamente ofrecen soluciones cuando las mujeres hablan de conflictos. Cuando una mujer comparte inocentemente sentimientos perturbadores o analiza en voz alta sus problemas diarios, un hombre supone erróneamente que está buscando algún consejo experto. Adopta su papel de "arréglalo-todo" y comienza a dar consejos; ésa es su manera de mostrar amor y de tratar de ayudar.

Quiere ayudarla a sentirse mejor resolviendo sus problemas. Quiere resultarle útil. Siente que puede ser valorado y ser digno de su amor cuando sus capacidades son utilizadas para resolver los problemas venusinos.

Sin embargo, una vez que ofrece una solución y ella continúa perturbada, le resulta muy difícil seguir escuchando porque su solución ha sido rechazada y se siente cada vez más inútil.

No tiene la menor idea de que puede demostrar su apoyo con el solo hecho de escuchar con empatía e interés. No sabe que en Venus el hecho de hablar de los problemas no constituye una invitación para ofrecer una solución.

LA VIDA EN VENUS

Las venusinas tienen valores diferentes. Valoran el amor, la comunicación, la belleza y las relaciones. Dedican mucho tiempo a respaldarse, ayudarse y estimularse mutuamente. Su sentido de la personalidad se define a través de sus sentimientos y de la calidad de sus relaciones. Experimentan la realización a través de la participación y las relaciones.

**El sentido de la personalidad de una mujer
se define a través de sus sentimientos
y de la calidad de sus relaciones.**

En Venus todo refleja estos valores. En lugar de construir autopistas y grandes edificios, las venusinas se preocupan más por vivir juntas en armonía, comunidad y cooperación afectuosa. Las relaciones son más importantes que el trabajo y la tecnología. En la mayoría de los casos, su mundo es opuesto a Marte.

No llevan uniformes como los marcianos (para exhibir su competencia). Por el contrario, gozan poniéndose ropa distinta todos los días, según la manera de sentirse. La expresión personal, en especial de sus sentimientos, resulta muy importante. Pueden incluso cambiarse de ropa varias veces por día a medida que cambia su humor.

La comunicación tiene una importancia fundamental. Compartir sus sentimientos personales es mucho más importante que alcanzar objetivos y éxito. Hablar y relacionarse entre sí es una fuente de enorme realización.

Esto no puede ser fácilmente comprendido por un hombre. Puede acercarse a la comprensión de la experiencia femenina de compartir y relacionarse comparándola con la satisfacción que siente cuando gana una carrera, alcanza un objetivo o resuelve un problema.

Las mujeres, en lugar de orientarse hacia determinados objetivos, se orientan hacia las relaciones; se muestran más preocupadas por expresar su bondad, su amor y su cuidado. Dos marcianos van a almorzar para analizar un proyecto o la posibilidad de alcanzar un objetivo; tienen un problema que resolver. Además, los marcianos consideran el hecho de ir a un restaurante como una eficiente manera de resolver el tema de la alimentación: sin compras, sin cocinar y sin lavar los platos. Para las venusinas, el hecho de ir a almorzar constituye una oportunidad para alimentar una relación a fin de brindar apoyo y recibir apoyo por parte de una amiga. La conversación de las mujeres en un restaurante puede ser muy abierta e íntima, casi como el diálogo que se produce entre el terapeuta y un paciente.

En Venus, todos estudian psicología y poseen por lo menos un doctorado en asesoramiento. Todos están muy involucrados con el crecimiento personal, la espiritualidad y todo lo que pueda estimular la vida, la salud y el crecimiento. Venus está cubierta de parques, jardines orgánicos, centros comerciales y restaurantes.

Las venusinas son intuitivas. Desarrollaron esta capacidad a través de siglos de anticipar las necesidades de los demás. Se enorgullecen de mostrarse consideradas con las necesidades y los sentimientos de los otros. Un signo de gran amor es ofrecer ayuda y asistencia a otra venusina sin que se lo pidan.

Como probar su competencia no es algo tan importante para una venusina, ofrecer ayuda no es tan ofensivo y necesitar ayuda no constituye un signo de debilidad. Un hombre, sin embargo, puede sentirse ofendido porque cuando una mujer ofrece un consejo él siente que ella no confía en su capacidad para lograrlo por sí mismo.

Una mujer no tiene idea de esta sensibilidad masculina, porque para ella el hecho de que alguien le ofrezca ayuda constituye sólo un hecho más en su vida. La hace sentir amada y estimada. Pero ofrecer ayuda a un hombre puede hacerlo sentir incompetente, débil e incluso no amado.

En Venus, dar consejos y sugerencias es un signo de solicitud. Las venusinas creen firmemente que cuando algo funciona siempre puede funcionar mejor. Su naturaleza es querer mejorar las cosas. Cuando se preocupan por alguien, señalan libremente qué cosas pueden mejorarse y cómo hacerlo. Ofrecer consejos y expresar una crítica constructiva constituye un acto de amor.

Marte es muy diferente. Los marcianos se orientan más hacia las soluciones. Si algo funciona, su lema es "no lo cambies". En ese caso, su instinto lo impulsa a dejar todo tal como está. "No lo arregles a menos que esté roto» representa una expresión común.

Cuando una mujer trata de mejorar a un hombre, éste siente que están tratando de "arreglarlo". Recibe el mensaje de que está roto. Ella no se da cuenta de que sus solícitos intentos de ayudarlo pueden llegar a humillarlo. Ella piensa en forma errónea que simplemente lo está ayudando a crecer.

DEJE DE DAR CONSEJOS

Si la mujer no logra discernir este concepto acerca de la naturaleza del hombre, le resultará muy fácil lastimar y ofender en forma inadvertida y no intencional al hombre al que más ama.

Por ejemplo, Tom y Mary iban a una fiesta. Tom conducía. Después de unos veinte minutos de haber dado vuelta varias veces a la misma manzana, Mary estaba segura de que Tom se había perdido. Entonces le sugirió que pidiera ayuda. Tom se tornó muy silencioso. Finalmente llegaron a la fiesta, pero la tensión originada a partir de ese momento perduró durante toda la noche. Mary no tenía idea de por qué él estaba tan enojado.

Por su parte, ella decía: "Te amo y me preocupo por ti, así que te ofrezco esta ayuda".

Por su parte, él se sentía ofendido. Lo que escuchaba era: "No confío en que puedas llevarnos hasta allí. ¡Eres un incompetente!"

Sin saber nada de la vida en Marte, Mary no podía apreciar hasta qué punto resultaba importante para Tom alcanzar su objetivo sin ayuda. El ofrecimiento de un consejo constituía el último insulto. Tal como lo hemos señalado, los marcianos nunca ofrecen un consejo a menos que se lo pidan. Una manera de honrar a otro marciano es suponer siempre que puede resolver su problema a menos que solicite ayuda.

Mary no se había dado cuenta de que cuando Tom se perdió y comenzó a dar vueltas alrededor de la manzana había surgido una oportunidad especial para amarlo y apoyarlo. En ese momento él se mostraba particularmente vulnerable y necesitaba más amor de lo acostumbrado. Honrarlo sin ofrecerle consejo alguno habría equivalido a la compra de un hermoso ramo de flores para ella o a escribirle una carta de amor.

Después de informarse acerca de marcianos y venusinas, Mary aprendió a apoyar a Tom en momentos difíciles. La vez siguiente en la que éste se perdió, en lugar de ofrecer "ayuda" ella se contuvo de brindar consejo alguno, respiró hondo y apreció profundamente lo que Tom estaba tratando de hacer por ella. Tom apreció mucho su cálida aceptación y confianza.

Hablando en términos generales, cuando una mujer ofrece un consejo no solicitado o trata de "ayudar" a un hombre, no tiene idea de hasta qué punto dicha actitud puede resultarle crítica y agresiva. Aun cuando su intención sea afectuosa, sus sugerencias ofenden y lastiman. Las reacciones de él pueden ser fuertes, en especial si fue criticado cuando era niño o si observó que su padre era criticado por su madre.

Hablando en términos generales, cuando una mujer ofrece un consejo no solicitado o trata de "ayudar"a un hombre, no tiene idea de hasta qué punto dicha actitud puede resultarle crítica y agresiva.

Para muchos hombres, resulta muy importante probar que pueden alcanzar su objetivo, aun cuando sea algo pequeño como conducir hasta un restaurante o una fiesta. Irónicamente, pueden mostrarse más sensibles respecto de las pequeñas cosas que de las grandes. Sus sentimientos son parecidos a los siguientes: "Si no confía en mí para las pequeñas cosas, como llegar hasta una fiesta, ¿cómo va a confiar en mí para cosas más importantes?". Como sus ancestros marcianos, los hombres se enorgullecen de ser expertos, en especial cuando se trata de reparar cosas mecánicas, llegar a ciertos lugares o resolver problemas. Esos son los momentos en los que necesitan la aceptación afectuosa por parte de ellas, y no su consejo o su crítica.

APRENDA A ESCUCHAR

Del mismo modo, si un hombre no entiende las diferencias de la mujer, puede lograr que las cosas empeoren cuando trata de ayudar. Los hombres deben recordar que las mujeres hablan de los problemas para acercarse y no necesariamente para obtener soluciones.

Muchas veces una mujer sólo quiere compartir sus sentimientos acerca de su vida diaria, y su marido, creyendo que la ayuda, la interrumpe con una avalancha de soluciones para sus problemas. No tiene idea de por qué ella no se siente complacida.

Muchas veces una mujer sólo quiere compartir sus sentimientos acerca de su vida diaria, y su marido, creyendo que la ayuda, la interrumpe con una avalancha de soluciones para sus problemas.

Por ejemplo, Mary llega a casa después de un día agotador. Quiere y necesita compartir sus sentimientos sobre ese día.

Ella dice:

—Hay tanto para hacer; no me queda tiempo para mí misma.

—Deberías abandonar ese empleo. No tienes por

qué trabajar tanto. Encuentra algo que te guste hacer —responde Tom.

—Pero me gusta mi trabajo. Simplemente esperan que yo cambie todo de un momento a otro —replica Mary.

—No los escuches. Haz lo que puedas hacer —aconseja Tom.

—¡Eso hago! —protesta Mary—. No puedo creer que hoy me haya olvidado de llamar a mi tía.

—No te preocupes por eso, ella lo entenderá —la calma Tom.

—¿Sabes lo que está viviendo? Me necesita —insiste Mary.

—Te preocupas demasiado, por eso te sientes tan desdichada —sentencia Tom.

—No siempre me siento desdichada. ¿Acaso no puedes escucharme? —se queja Mary.

—Estoy escuchándote —asegura Tom.

—No sé siquiera por qué me preocupo —concluye Mary, angustiada.

Después de esta conversación, Mary se sintió más frustrada que cuando llegó a casa buscando intimidad y compañerismo. Tom también se sentía frustrado y no tenía idea de lo que había salido mal. Quería ayudar, pero sus tácticas de resolución de problemas no habían funcionado.

Al no saber nada acerca de la vida en Venus, Tom no había comprendido cuán importante era simplemente escuchar sin ofrecer soluciones. Sus soluciones sólo habían empeorado las cosas. Verá usted las venusinas nunca ofrecen soluciones cuando alguien está hablando. Una manera de respetar a otra venusina es escuchar pacientemente, mostrando empatía y buscando entender realmente los sentimientos del otro.

Tom no sabía que escuchar con empatía a Mary mientras ésta expresaba sus sentimientos le habría brindado un gran alivio y satisfacción. Cuando Tom supo acerca de las venusinas y hasta qué punto necesitaban hablar, aprendió gradualmente a escuchar.

Ahora, cuando Mary viene a casa cansada y agotada, sus conversaciones son totalmente distintas, más o menos así:

Mary:

—Hay tanto para hacer. No tengo tiempo para mí.

Tom respira profundamente, se relaja al exhalar y dice:

—¡Ah!, parece que tuviste un día difícil.

—Esperan que cambie todo de un momento a otro. No sé qué hacer —comenta Mary.

—Hmm —farfulla Tom tras una pausa.

—Olvidé incluso llamar a mi tía —dice Mary.

—Qué pena —responde Tom con el ceño levemente fruncido.

—Me necesita tanto... Me siento tan mal —se lamenta Mary.

—Eres una persona muy afectuosa —la alienta Tom—. Ven aquí, déjame abrazarte.

Tom abraza a Mary y ella se relaja en sus brazos con un gran suspiro de alivio. Luego dice:

—Me encanta hablar contigo. Me haces realmente feliz. Gracias por escuchar. Me siento mucho mejor.

No sólo Mary se sintió mejor. Tom también. Se asombró de ver cuánto más feliz se sentía su esposa una vez que él hubo aprendido a escuchar. Con este nuevo conocimiento de sus diferencias, Tom aprendió la sabiduría de escuchar sin ofrecer soluciones mientras que Mary aprendió la sabiduría de liberarse y aceptar sin ofrecer consejos o críticas no solicitados.

Para sintetizar los dos errores más comunes que cometemos en las relaciones:

1. Un hombre trata de cambiar los sentimientos de una mujer cuando ella está perturbada. Aquél se convierte entonces en el "arréglalo-todo" y ofre-

ce soluciones a los problemas que invalidan los sentimientos de ésta.
2. Una mujer trata de cambiar el comportamiento de un hombre cuando éste comete errores. Aquélla se convierte entonces en la comisión de mejoramiento del hogar y ofrece consejos o críticas no solicitados.

EN DEFENSA DEL SEÑOR "ARRÉGLALO-TODO" Y DE LA COMISIÓN DE MEJORAMIENTO DEL HOGAR

Al señalar estos dos grandes errores no quiero decir que todo sea negativo en el señor "arréglalo-todo" o en la comisión de mejoramiento del hogar. Existen atributos marcianos y venusinos muy positivos. Los errores se refieren a la oportunidad y al enfoque.

Una mujer aprecia mucho al señor "arréglalo-todo" siempre que no aparezca cuando se siente perturbada. Los hombres deben recordar que cuando las mujeres se sienten perturbadas y hablan de los problemas que las aquejan no es momento de ofrecer soluciones; por el contrario, necesitan ser escuchadas y gradualmente se sentirán mejor por sí solas. No necesitan ser "arregladas".

Un hombre aprecia mucho a la comisión de mejoramiento del hogar siempre que aparezca cuando se la solicita. Las mujeres deben recordar que el consejo o la crítica no solicitados, en especial si él ha cometido un error, lo hacen sentir no amado y controlado. Necesita aceptación más que consejos, a fin de aprender en base a sus errores. Cuando un hombre siente que una mujer no está tratando de mejorarlo, resulta mucho más probable que solicite su respuesta y su consejo.

Cuando nuestra pareja nos rechaza
probablemente sea porque hemos cometido un error
de oportunidad o de enfoque.

Comprender estas diferencias hace que resulte más
fácil respetar la sensibilidad de nuestra pareja y mos-
trarnos más receptivos. Además, podemos reconocer
que cuando nuestra pareja no nos tolera es probablemente porque hemos cometido algún error en la oportunidad y el enfoque. Analicemos esto con más detalle.

CUANDO UNA MUJER RECHAZA
LAS SOLUCIONES DE UN HOMBRE

Cuando una mujer rechaza las soluciones de un
hombre, éste siente que su competencia es puesta en tela
de juicio. Como resultado, siente que no se confía en él,
que no se lo aprecia, y deja de preocuparse. Su voluntad
de escuchar disminuye en forma comprensible.

Al recordar en esas circunstancias que las mujeres
son de Venus, un hombre puede comprender por qué
ella lo rechaza. Puede reflexionar y descubrir que estaba
ofreciendo soluciones en un momento en que ella necesitaba empatía y estímulo.

Los siguientes son algunos ejemplos sobre la manera
en que un hombre puede invalidar erróneamente sentimientos y percepciones u ofrecer soluciones no solicita-
das. Trate de reconocer la razón por la que ella podría
rechazarlo:

1. "No deberías preocuparte tanto."
2. "Pero eso no es lo que dije."
3. "No es tan grave."
4. "Está bien, lo siento. Ahora, ¿podemos olvidar-
   lo?"
5. "¿Por qué simplemente no lo haces?"

44

6. "En realidad estamos hablando."
7. "No deberías sentirte ofendida, eso no es lo que quise decir."
8. "¿Qué estás tratando de decir?"
9. "Pero no tendrías que sentirte así."
10. "¿Cómo puedes decir eso? La semana pasada pasé todo el día contigo. Nos divertimos mucho."
11. "Está bien, entonces olvídalo."
12. "Está bien, voy a limpiar el patio. ¿Eso te hace feliz?"
13. "Ya sé. Esto es lo que debes hacer."
14. "La verdad es que no hay nada que podamos hacer al respecto."
15. "Si te vas a quejar por tener que hacerlo, entonces no lo hagas."
16. "¿Por qué dejas que la gente te trate así? Olvídalos."
17. "Si no te sientes feliz, entonces tendríamos que divorciarnos."
18. "Está bien, entonces puedes hacerlo de ahora en adelante."
19. "De ahora en adelante, me encargaré de ello."
20. "Por supuesto que me preocupo por ti. Eso es ridículo."
21. "¿Puedes ir al grano?"
22. "Todo lo que tenemos que hacer es..."
23. "Eso no es de ninguna manera lo que ha ocurrido."

Cada una de estas afirmaciones o bien invalida o bien trata de explicar sentimientos perturbadores u ofrece una solución concebida repentinamente para cambiar los sentimientos negativos de ella en sentimientos positivos. El primer paso que el hombre puede dar para cambiar esta pauta es simplemente dejar de hacer los comentarios arriba mencionados (analizamos a fondo este tema en el capítulo 5). Sin embargo, escuchar sin ofrecer ningún comentario o ninguna solución equivale a dar un gran paso.

Al comprender con claridad que su oportunidad y su manera de hablar son el motivo del rechazo y no sus soluciones en sí, un hombre puede manejar mucho mejor el rechazo de una mujer. No lo toma en forma tan personal. Al aprender a escuchar, experimentará gradualmente que ella lo aprecia más, aun cuando al principio ésta se enoje con él.

CUANDO UN HOMBRE RECHAZA LA COMISIÓN DE MEJORAMIENTO DEL HOGAR

Cuando un hombre rechaza las sugerencias de una mujer, ésta siente que a él no le importa; siente que sus necesidades no son respetadas. Como resultado de ello, siente en forma comprensible que no es apoyada y deja de confiar en él.

En esos momentos, al recordar que los hombres son de Marte, ella puede comprender correctamente la razón del rechazo. Puede reflexionar y descubrir que probablemente le estaba ofreciendo un consejo o una crítica no solicitados en lugar de compartir simplemente sus ne-cesidades, proporcionar información o hacer un pedido.

Los siguientes son unos breves ejemplos sobre la manera en que una mujer puede fastidiar en forma inadvertida a un hombre ofreciéndole un consejo o una crítica aparentemente inofensiva. Cuando analice esta lista, recuerde que estas pequeñas cosas pueden contribuir a erigir grandes muros de resistencia y resentimiento. En algunas de las afirmaciones se encuentran ocultos el consejo o la crítica. Trate de reconocer por qué él podría sentirse controlado:

1. "¿Cómo puedes pensar en comprar eso? Ya tienes uno."

2. "Estos platos siguen mojados. Se secarán con manchas."
3. "Tu pelo está creciendo bastante, ¿no?"
4. "Allá hay un estacionamiento, gira el auto hacia ese lugar."
5. "Quieres pasar tiempo con tus amigos, ¿y yo qué?"
6. "No deberías trabajar tanto. Tómate un día libre."
7. "No pongas eso allí. Se perderá."
8. "Deberías llamar a un plomero. Él sabrá qué hacer."
9. "¿Por qué estamos esperando una mesa? ¿No hiciste reservas?"
10. "Deberías pasar más tiempo con los chicos. Te extrañan."
11. "Tu oficina sigue siendo un lío. ¿Cómo puedes pensar allí? ¿Cuándo la ordenarás?"
12. "Te olvidaste de nuevo de traerlo. Quizás deberías colocarlo en un lugar especial donde puedas acordarte."
13. "Estás manejando demasiado rápido. Baja la velocidad o te multarán."
14. "La próxima vez tendríamos que leer las críticas de cine."
15. "No sabía dónde estabas." (Tendrías que haber llamado.)
16. "Alguien tomó de la botella de jugo."
17. "No te muerdas los dedos. Estás dando un mal ejemplo."
18. "Esas papas están demasiado aceitosas. No te hacen bien al corazón."
19. "No te dejas tiempo suficiente para ti mismo."
20. "Tendrías que avisarme con más tiempo. No puedo simplemente dejar todo e ir a almorzar contigo."
21. "Tu camisa no hace juego con tus pantalones."
22. "Bill llamó por tercera vez. ¿Cuándo vas a

llamarlo?"
23. "Tu caja de herramientas está tan desordena-
     da... No puedo encontrar nada. Deberías orde-
     narla."

Cuando una mujer no sabe cómo pedirle apoyo
directamente a un hombre (capítulo 12) o compartir en
forma constructiva una diferencia de opinión (capítulo
9), puede sentirse impotente para obtener lo que necesita sin dar un consejo o una crítica no solicitados
(analizamos nuevamente este tema más adelante). Sin
embargo, demostrar aceptación sin dar consejos o expresar críticas representa un gran paso.

Al comprender con claridad que él rechaza no sus
necesidades sino la manera en que ella se acerca a él, ésta
puede tomar su rechazo en forma menos personal y
analizar otros caminos para comunicar sus necesidades.
Gradualmente se dará cuenta de que un hombre quiere
mejorar cuando percibe que se lo considera como una
solución para un problema y no como un problema en
sí mismo.

**Un hombre quiere mejorar cuando percibe
que se lo considera como una solución para un
problema y no como un problema en sí mismo.**

Si usted es mujer, le sugiero que la semana que viene
practique no dar ningún consejo ni expresar ninguna
crítica no solicitados. El hombre de su vida no sólo lo
apreciará sino que se mostrará más atento y sensible
hacia usted.

Si usted es hombre, le sugiero que la semana que
viene practique escuchar siempre que su mujer le hable,
con la única intención de comprender respetuosamente
lo que le está sucediendo. Practique morderse la lengua
cada vez que sienta la necesidad de ofrecer una solución
o de cambiar su manera de sentir. Lo sorprenderá ver
hasta qué punto ella aprecia esta actitud.

Capítulo 3

LOS HOMBRES SE METEN EN SUS CUEVAS Y LAS MUJERES HABLAN

Una de las mayores diferencias entre hombres y mujeres es la manera en que enfrentan el estrés. Los hombres se concentran en sí mismos y se apartan cada vez más mientras que las mujeres se sienten cada vez más abrumadas e involucradas emocionalmente. En esos momentos, la necesidad de sentirse bien de un hombre es diferente de la de una mujer. Él se siente mejor resolviendo los problemas mientras que ella se siente mejor hablando de ellos. El hecho de no comprender y no aceptar dichas diferencias crea una fricción innecesaria en nuestras relaciones. Veamos un ejemplo común.

Cuando Tom llega a casa quiere relajarse y serenarse leyendo tranquilamente el diario. Se siente tensionado por los problemas no resueltos de ese día y encuentra alivio en el olvido. Su esposa, Mary, también quiere relajarse de su día de tensiones. Sin embargo, quiere aliviarse hablando acerca de los problemas de ese día. La tensión que surge lentamente entre ellos se convierte en forma gradual en resentimiento.

Tom piensa secretamente que Mary habla demasiado, mientras que Mary se siente ignorada. Sin comprender sus diferencias se apartarán cada vez más.

49

Probablemente pueda usted reconocer esta situación porque representa sólo uno de los numerosos ejemplos en que hombres y mujeres están en desacuerdo. Este problema no corresponde solamente a Tom y Mary, sino que está presente en casi toda relación.

La resolución de este problema para Tom y Mary no depende de lo mucho que se amaron sino de hasta qué punto entendieron al sexo opuesto.

Sin saber que las mujeres realmente necesitan hablar de los problemas para sentirse mejor, Tom continuaría pensando que Mary habla demasiado y se resistiría a escucharla. Sin saber que Tom estaba leyendo el diario para sentirse mejor, Mary se sentiría ignorada y descuidada. Persistiría en tratar de hacerlo hablar aun cuando él no quisiera hacerlo.

Estas dos diferencias pueden resolverse comprendiendo en primer lugar con más detalles de qué manera hombres y mujeres enfrentan el estrés. Observemos nuevamente la vida en Marte y en Venus y recojamos algunas ideas acerca de hombres y mujeres.

CÓMO SE ENFRENTA EL ESTRÉS
EN MARTE Y EN VENUS

Cuando un marciano se siente perturbado nunca habla de lo que le está molestando. Nunca haría que otro marciano cargara con su problema a menos que la asistencia de su amigo resultase necesaria para resolver el problema. Por el contrario, se torna muy silencioso y se mete en su cueva privada para pensar en su problema y meditar a fin de descubrir una solución. Cuando la encuentra, se siente mucho mejor y sale de su cueva.

Si no puede encontrar una solución, entonces hace algo para olvidar sus problemas, como por ejemplo leer las noticias o jugar a algo. Al liberar su mente de los problemas del día, puede relajarse gradualmente. Si su estrés es realmente grande procura involucrarse en algo aún más excitante como correr en su auto, competir en alguna prueba o trepar una montaña.

Para sentirse mejor, los marcianos se meten en sus cuevas para resolver los problemas solos.

Cuando una venusina está alterada o tensa, a fin de sentirse aliviada busca a alguien de su confianza y le habla en detalle acerca de los problemas del día. Cuando las venusinas comparten la sensación de abrumación, se sienten mejor. Así es la manera venusina.

Para sentirse mejor, las venusinas se reúnen y hablan abiertamente de sus problemas.

En Venus el hecho de compartir sus problemas con otros es realmente considerado un signo de amor y confianza y no una carga. Las venusinas no sienten vergüenza de tener problemas. Sus egos no dependen de mostrarse "competentes" sino más bien de mantener relaciones afectuosas. Comparten abiertamente los sentimientos de abrumación, confusión, desesperanza y agotamiento.

Una venusina se siente bien cuando tiene amigos afectuosos con quienes compartir sus sentimientos y sus problemas. Un marciano se siente bien cuando puede resolver sus problemas por su propia cuenta en su cueva. Estos secretos para sentirse bien siguen vigentes hoy en día.

EL ALIVIO EN LA CUEVA

Cuando un hombre se siente tenso se retirará a la cueva de su mente y se concentrará en la resolución de un problema. Generalmente escoge el problema más urgente o el más difícil. Se concentra tanto en la resolución de dicho problema, que pierde conciencia de todo el resto en forma temporaria. Otros problemas y responsabilidades quedan en un segundo plano.

En esos momentos, se vuelve cada vez más distante, olvidadizo, insensible y preocupado en sus relaciones. Por ejemplo, al mantener una conversación con él en el hogar, pareciera como si sólo el 5 por ciento de su mente estuviera disponible mientras que el 95 por ciento restante siguiera ocupado.

Su conciencia plena no está presente porque está meditando acerca de su problema, esperando encontrar una solución. Cuanto más tenso se encuentra tanto más absorbido por el problema se mostrará. En esos momentos es incapaz de brindarle la atención y el sentimiento que una mujer recibe normalmente y que ciertamente merece. Su mente está preocupada y él no puede liberarla. Sin embargo, si encuentra una solución, se sentirá instantáneamente mucho mejor y saldrá de su cueva; de repente se muestra disponible para relacionarse nuevamente.

Sin embargo, si no puede encontrar una solución a su problema, entonces permanece en su cueva. Para poder salir, se dedica a leer el diario, mirar televisión, conducir su auto, hacer ejercicio físico, ver un partido de fútbol, jugar al básquet y otras actividades semejantes. Cualquier actividad estimulante que inicialmente requiera sólo el 5 por ciento de su mente puede ayudarlo a olvidar sus problemas y desprenderse de ellos. Luego, al día siguiente, puede reorientar con mayor éxito su atención hacia el problema.

Analicemos con más detalle unos pocos ejemplos. Habitualmente Jim suele leer el diario para olvidar sus problemas. Cuando lee ya no se ve enfrentado a los problemas del día. Con el 5 por ciento de su mente que no está concentrado en sus problemas de trabajo, comienza a formarse opiniones y a descubrir soluciones para los problemas del mundo. Gradualmente su mente se involucra cada vez más con los problemas mundiales y olvida los propios. De esta manera efectúa la transición de estar centrado en sus problemas laborales a centrarse en los numerosos problemas del mundo (de los cuales no es directamente responsable). Este proceso libera su mente de los problemas absorbentes del trabajo para poder centrarse nuevamente en su esposa y su familia.

Tom mira un partido de fútbol para liberar su tensión y serenarse. Libera su mente del hecho de tratar de resolver sus propios problemas, resolviendo los problemas de su equipo favorito. Al observar el partido puede sentir indirectamente que resolvió un problema con cada jugada. Cuando su equipo marca puntos o gana, goza con el éxito. Si su equipo pierde, sufre como si él mismo hubiese perdido. Sin embargo, en cualesquiera de los dos casos, su mente se encuentra liberada del dominio de sus problemas reales.

Para Tom y muchos hombres, la inevitable liberación de tensión que se produce al terminar cualquier encuentro deportivo, al ocurrir un acontecimiento o después de ver una película proporciona una liberación de la tensión que siente en su vida.

Cómo reaccionan las mujeres
ante la cueva

Cuando un hombre está metido en su cueva, no puede ofrecerle a su pareja la atención cualitativa que ella merece. A ésta le resulta difícil aceptarlo en esos momentos porque no sabe hasta qué punto él se encuentra en tensión. Si llegara a casa y hablara de todos sus problemas, ella se mostraría más compasiva. Pero él no habla de sus problemas y ella siente que la ignora. Ella puede afirmar que él está perturbado, pero supone erróneamente que no se preocupa por ella porque no le habla.

Las mujeres generalmente no entienden cómo enfrentan los marcianos el estrés. Esperan que los hombres se abran y hablen de sus problemas tal como lo hacen las venusinas. Cuando un hombre está metido en su cueva, una mujer se siente resentida porque él no se muestra más abierto. Se siente lastimada cuando él lee el diario o sale a jugar un partido de básquet y la ignora.

Esperar que un hombre que se encuentra en su cueva se abra, se muestre sensible y afectuoso en forma instantánea es tan poco realista como esperar que una mujer que se encuentra perturbada se calme y razone de inmediato. Resulta tan erróneo esperar que un hombre esté siempre en contacto con sus sentimientos afectuosos como esperar que los sentimientos de una mujer sean siempre racionales y lógicos.

Cuando los marcianos se meten en sus cuevas tienden a olvidar que sus amigos también pueden tener problemas. Se impone un instinto que dice: antes de que puedas ocuparte de otro, debes ocuparte de ti mismo. Cuando una mujer observa que un hombre reacciona así, generalmente lo rechaza y se siente resentida.

Ella tal vez le pida apoyo en un tono exigente como si tuviera que luchar por sus derechos con ese hombre despreocupado. Al recordar que los hombres son de Marte, una mujer puede interpretar correctamente su reacción ante la tensión como un mecanismo para enfrentar el problema, más que como una expresión de sus sentimientos hacia ella. Puede comenzar a cooperar con él para obtener lo que quiere en lugar de rechazarlo.

Por otra parte, los hombres no tienen mucha conciencia de hasta qué punto se tornan distantes cuando se encuentran en la cueva. Cuando un hombre reconoce que el retirarse a su cueva puede afectar a la mujer, puede sentir compasión cuando ésta se siente desatendida y poco importante. Recordar que las mujeres son de Venus lo ayuda a ser más comprensivo y respetuoso respecto de las reacciones y sentimientos. Al no comprender la validez de las reacciones de ella, un hombre comúnmente se defiende y ambos discuten. Los siguientes son cinco malentendidos comunes:

1. Cuando ella dice: "No estás escuchando", él responde: «¿Qué quieres decir con que no estoy escuchando? Puedo decirte todo lo que dijiste". Cuando un hombre está en la cueva puede registrar lo que ella está diciendo con el 5 por ciento de la mente que está escuchando. Un hombre piensa que si está escuchando con el 5 por ciento, está escuchando de veras. Sin embargo, ella pide su atención plena.

2. Cuando ella dice: "Siento como si ni siquiera estuvieras aquí", él responde: "¿Qué quieres decir con que no estoy aquí? Por supuesto que estoy aquí. ¿Acaso no me ves?" Él piensa que si su cuerpo está presente ella no tendría que decir que él no está allí. Sin embargo, aunque su cuerpo esté presente, ella no siente su plena presencia y eso es lo que desea transmitirle.

3. Cuando ella dice: "Yo no te importo", él responde: "Por supuesto que me importas. ¿Por qué piensas que estoy tratando de resolver este problema?" Él piensa que por el hecho de estar preocupado por resolver un problema que de algún modo la beneficiará, ella debería saber que él sí se interesa. Sin embargo, ella necesita sentir su atención y su cuidado directos y eso es lo que realmente solicita.

4. Cuando ella dice: "Siento que no soy importante para ti", él afirma: "Eso es ridículo. Por supuesto que eres importante". Él piensa que los sentimientos de ella no son válidos porque él está resolviendo problemas para su beneficio. No se da cuenta de que cuando él se centra en un problema e ignora los problemas que la aquejan,

casi todas las mujeres reaccionarían de la misma manera, tomándolo como algo personal y sintiendo entonces que no tienen mucha importancia.

5.   Cuando ella dice: "No tienes sentimientos. Estás encerrado en ti mismo", él responde: "¿Qué tiene de malo? ¿Cómo pretendes que yo pueda resolver este problema?" Él piensa que ella se ha mostrado demasiado crítica y exigente porque él está haciendo algo que le resulta esencial para resolver sus propios problemas. Él no se siente apreciado. Además, no reconoce la validez de los sentimientos de ella. Los hombres en general no se dan cuenta de cuán drástica y rápidamente pueden pasar de ser cálidos a insensibles y distantes. En su cueva, un hombre se preocupa por resolver sus problemas y no es consciente de la manera en que su actitud de indiferencia puede ser recibida por los demás.

Para aumentar la cooperación, tanto hombres como mujeres necesitan entenderse mejor. Cuando un hombre comienza a ignorar a su esposa, ésta a menudo lo toma como algo personal. El hecho de saber que él está enfrentando el estrés a su manera resulta extremadamente útil para ella, pero no siempre le alivia el dolor.

En algunas ocasiones ella puede sentir la necesidad de hablar de esos sentimientos. Ése es el momento en que el hombre debe convalidar los sentimientos de ella. Él necesita comprender que ella tiene derecho a hablar de sus sentimientos de ser ignorada y no respaldada, así como él tiene derecho a retirarse a su cueva y no hablar. Si ella no se siente comprendida le resultará difícil liberar su dolor.

ALIVIO A TRAVÉS DE LA CONVERSACIÓN

Cuando una mujer está tensionada siente instintivamente la necesidad de hablar de sus sentimientos y todos los problemas posibles asociados a dichos sentimientos. Cuando comienza a hablar no da prioridad a un problema en particular. Si se siente perturbada, está perturbada por todo, lo grande y lo pequeño. No se preocupa de inmediato por encontrar soluciones para sus problemas, sino que busca alivio expresándose y a través de la comprensión de los demás. Al hablar en forma desordenada acerca de sus problemas, disminuye su perturbación.

Una mujer tensionada no se preocupa en forma inmediata por encontrar soluciones para sus problemas sino que busca alivio expresándose y a través de la comprensión de los demás.

Así como el hombre con estrés tiende a centrarse en un problema y olvidar los otros, una mujer con estrés tiende a explayarse y sentirse abrumada por todos los problemas. Se siente mejor al hablar acerca de todos los problemas posibles sin centrarse en su resolución. Al analizar sus sentimientos en este proceso, recaba mayor conocimiento acerca de lo que realmente la molesta y repentinamente ya no se siente tan abrumada.

Para sentirse mejor, las mujeres hablan de sus problemas pasados, futuros, potenciales e inclusive de sus problemas sin solución. Cuanto más hablan y analizan, mejor se sienten. Así se comportan las mujeres. Esperar otra cosa equivale a negar el sentido de la personalidad de la mujer.

Cuando una mujer se siente abrumada encuentra alivio a través de la descripción verbal detallada de sus diversos problemas. Gradualmente, si siente que la escuchan, su tensión desaparece. Después de hablar de un tema hará una pausa y pasará al siguiente. De esta manera continúa extendiéndose al hablar de los conflictos, las preocupaciones, los desencantos y las frustraciones. Estos temas no necesitan presentarse en orden especial y tienden a carecer de relaciones lógicas. Si siente que no es comprendida, su percepción puede llegar a ampliarse aún más y puede sentirse perturbada por un mayor número de problemas.

Así como un hombre que se encuentra metido en su cueva necesita pequeños problemas para distraerse, una mujer que no se siente escuchada necesitará, para sentir alivio, hablar acerca de otros problemas que son menos inmediatos. Para olvidar sus propios sentimientos dolorosos puede llegar a involucrarse emocionalmente con los problemas de los demás. Además, puede encontrar alivio analizando los problemas con sus amigos, parientes y socios. Ya sea que hable de sus problemas o de los problemas de los demás, dicha actitud constituye una reacción venusina natural y saludable frente al estrés.

Para olvidar sus propios sentimientos dolorosos una mujer puede llegar a involucrarse emocionalmente con los problemas de los demás.

Cómo reaccionan los hombres cuando las mujeres necesitan hablar

Cuando las mujeres hablan acerca de los problemas, los hombres habitualmente sienten rechazo. Un hombre supone que ella le está hablando de sus problemas porque lo considera responsable. Cuanto más problemas haya, más censurado se siente él. No se da cuenta de que ella habla para sentirse mejor. Un hombre no sabe que ella se sentiría satisfecha si él simplemente la escuchara.

Los marcianos hablan de los problemas sólo por dos

razones: o bien para echarle la culpa a alguien o bien para buscar un consejo. Si una mujer se siente realmente perturbada, un hombre supone que le está echando la culpa a él. Si parece menos perturbada, entonces supone que le está pidiendo un consejo.

Si él supone que ella está pidiendo un consejo, adopta entonces su papel de "arréglalo-todo" para resolver sus problemas. Si supone que le está echando la culpa a él, saca entonces a relucir su espada para protegerse del ataque. En ambos casos, le resulta difícil escuchar.

Si él ofrece soluciones para los problemas de ella, ésta sigue hablando acerca de más problemas. Después de ofrecer dos o tres soluciones, él espera que ella se sienta mejor. Esto ocurre porque los marcianos se sienten mejor con las soluciones, siempre que hayan solicitado que se les ofrezca una solución. Cuando ella no se siente mejor, él siente que sus soluciones han sido rechazadas y no se siente apreciado.

Por otra parte, si él se siente atacado, comienza entonces a defenderse. Piensa que si se explica ella dejará de echarle la culpa. Cuanto más se defiende, sin embargo, más perturbada se siente ella. Él no se da cuenta de que ella no necesita explicaciones, sino que él comprenda sus sentimientos y la deje hablar acerca de más problemas. Si él es razonable y escucha, unos momentos después de quejarse de él, ella cambiará de tema y hablará también de otros problemas.

Los hombres se sienten también particularmente frustrados cuando una mujer habla de problemas respecto de los cuales él nada puede hacer. Por ejemplo, cuando una mujer se encuentra tensionada podría quejarse de lo siguiente:

- "No me pagan lo suficiente en el trabajo."
- "Mi tía Louise se está enfermando cada vez más, cada año se enferma más "
- "Nuestra casa no es suficientemente grande."

- "Esta es una estación tan seca. ¿Cuándo volverá a llover?"

Una mujer puede hacer cualesquiera de los comentarios arriba mencionados como una manera de expresar sus preocupaciones, decepciones y frustraciones. Tal vez sepa que nada puede hacerse para resolver esos problemas, pero para encontrar alivio necesita hablar de ellos. Se siente apoyada si el que la escucha responde a su frustración y decepción. Sin embargo, puede llegar a frustrar a su pareja masculina a menos que éste entienda que ella sólo necesita hablar y luego se sentirá mejor.

Los hombres también se impacientan cuando las mujeres hablan de los problemas con lujo de detalles. Un hombre supone erróneamente que cuando una mujer habla así, dichos detalles resultan necesarios para que él encuentre una solución para sus problemas. Este lucha por encontrar su pertinencia y se torna impaciente. Nuevamente no se da cuenta de que ella no le está pidiendo una solución sino su atención y comprensión.

Además, a un hombre le resulta difícil escuchar porque supone erróneamente que existe un orden lógico cuando en realidad ella pasa sin ton ni son de un problema a otro. Después de compartir tres o cuatro problemas, él se siente muy frustrado y confundido al tratar de relacionar lógicamente dichos problemas.

Otra razón por la que un hombre puede ofrecer resistencia a escuchar es su búsqueda de fundamento. No puede comenzar a formular su solución hasta que no sepa el resultado. Cuanto más detalles le ofrece ella, más frustrado se siente él mientras escucha. Su frustración disminuye si puede recordar que ella se beneficia enormemente al hablar acerca de los detalles. Si él logra recordar que hablar en detalle la hace sentir mejor, entonces puede relajarse. Así como un hombre se siente realizado al descubrir los detalles intrincados de la solución de un problema, una mujer se siente realizada al hablar de los detalles de sus propios problemas.

> Así como un hombre se siente realizado al descubrir los detalles intrincados de la solución de un problema, una mujer se siente realizada al hablar de los detalles de sus propios problemas.

Una mujer puede facilitarle un poco las cosas a un hombre si le comunica de antemano el final de la historia y luego retrocede y le da los detalles. Evite mantenerlo en suspenso. Las mujeres gozan comúnmente con el suspenso, porque éste le brinda más emoción al relato. Otra mujer puede apreciarlo, pero un hombre puede sentirse frustrado.

El grado en que el hombre no entiende a una mujer es el grado en que la rechazará cuando ella hable de sus problemas. A medida que un hombre aprende a satisfacer a una mujer y a proporcionarle apoyo emocional, descubre que escuchar no es tan difícil. Más importante aún, si una mujer puede recordarle a un hombre que sólo quiere hablar de sus problemas y que él no tiene que resolver ninguno de ellos, eso puede ayudar a relajarlo y a que él escuche.

CÓMO ENCUENTRAN PAZ LOS MARCIANOS Y LAS VENUSINAS

Los marcianos y las venusinas vivieron juntos en paz porque fueron capaces de respetar sus diferencias. Los marcianos aprendieron a respetar que las venusinas necesitaban hablar para sentirse mejor. Aun cuando él no tuviera mucho para decir, aprendió que al escuchar podía servir de gran apoyo. Las venusinas aprendieron a respetar que los marcianos necesitaran retirarse para enfrentar el estrés. La cueva ya no era un gran misterio o causa de alarma.

Lo que aprendieron los marcianos

Los marcianos se dieron cuenta de que aun cuando se sintieran atacados, culpados o criticados por las venusinas, se trataba sólo de algo temporario; pronto las venusinas se sentirían mejor, muy agradecidas y dispuestas a aceptarlos. Al aprender a escuchar, los marcianos descubrieron hasta qué punto las venusinas se enriquecían al hablar de los problemas.

Cada marciano encontró la paz mental cuando entendió finalmente que la necesidad de una venusina de hablar de sus problemas no era porque él le hubiese fallado de algún modo. Aprendió además que una vez que una venusina se siente escuchada deja de extenderse sobre sus problemas y se torna muy positiva. Con este conocimiento, un marciano era capaz de escuchar sin sentirse responsable de resolver todos los problemas de ella.

Muchos hombres e inclusive muchas mujeres se muestran muy críticos acerca de la necesidad de hablar sobre los problemas, porque nunca experimentaron hasta qué punto resulta saludable. No vieron cómo una mujer que se siente escuchada repentinamente puede cambiar, sentirse mejor y mantener una actitud positiva. En general vieron cómo una mujer (probablemente su madre) que no se sentía escuchada continuaba explayándose sobre sus problemas. Esto sucede con las mujeres cuando no se sienten amadas o escuchadas a lo largo de un período prolongado. Sin embargo, el verdadero problema no es el hecho de hablar de los problemas, sino que no se sienten amadas.

Cuando los marcianos aprendieron a escuchar, hicieron el descubrimiento más asombroso. Comenzaron a darse cuenta de que escuchar a una venusina hablar de sus problemas podía realmente ayudarlos a salir de sus cuevas del mismo modo en que lo hacían las noticias de la televisión o la lectura de un diario.

Asimismo, cuando los hombres aprenden a escuchar

sin sentirse culpados o responsables, el hecho de escuchar en sí se hace mucho más fácil. Cuando un hombre saca provecho de dicha actitud, se da cuenta de que escuchar puede ser una excelente manera de olvidar los problemas del día y puede brindar mucha satisfacción a su pareja. Pero los días en que él se siente realmente tenso, puede necesitar estar en su cueva y salir lentamente por medio de alguna otra distracción, como las noticias o un deporte competitivo.

Lo que aprendieron las venusinas

Las venusinas también encontraron la paz mental cuando entendieron finalmente que un marciano en su cueva no era signo de que ya no la amaba. Aprendieron a aceptarlo más en esos momentos porque él estaba experimentando mucho estrés.

Las venusinas no se sentían ofendidas cuando los marcianos se distraían con facilidad. Cuando una venusina hablaba y un marciano se distraía, ella dejaba cortésmente de hablar, permanecía allí y esperaba que él se diera cuenta. Luego comenzaba a hablar de nuevo. Entendía que algunas veces le resultaba difícil prestarle toda la atención. Las venusinas descubrieron que al solicitar la atención de los marcianos en forma relajada y comprensiva éstos se sentían felices de reorientar su atención.

Cuando los marcianos se mostraban totalmente preocupados en sus cuevas, las venusinas tampoco se lo tomaban en forma personal. Aprendieron que ése no era momento de mantener conversaciones íntimas sino de hablar sobre los problemas con sus amigas o de divertirse e irse de compras. Las venusinas descubrieron que cuando los marcianos se sentían así amados y aceptados, salían más rápidamente de sus cuevas.

Capítulo 4

CÓMO ESTIMULAR AL SEXO OPUESTO

Siglos antes de que se unieran los marcianos y las venusinas, se habían sentido felices viviendo en sus mundos separados. Luego un día, todo cambió. Los marcianos y las venusinas se sintieron repentinamente deprimidos en sus respectivos planetas. Sin embargo, dicha depresión fue la que los impulsó finalmente a unirse.

El hecho de entender los secretos de su transformación nos ayuda hoy a reconocer de qué manera se sienten estimulados hombres y mujeres. Con este nuevo conocimiento usted estará mejor equipado para apoyar a su pareja y recibir el apoyo que necesita en tiempos difíciles y tensos. Volvamos hacia atrás en el tiempo e imaginemos haber presenciado lo que ocurrió.

Cuando los marcianos se deprimieron, todos los habitantes del planeta abandonaron las ciudades y se metieron en sus cuevas por un largo tiempo. Estaban inmovilizados y no podían salir, hasta que un día un marciano logró ver por su telescopio a las hermosas venusinas. Cuando compartió su telescopio, la vista de esos hermosos seres inspiró a los marcianos y su depresión desapareció. De repente se sintieron necesitados. Salieron de sus cuevas y comenzaron a construir una flota de naves espaciales para volar a Venus.

Cuando las venusinas se deprimieron, para sentirse mejor se dispusieron en círculos y comenzaron a hablar entre sí acerca de sus problemas. Pero ello no parecía aliviar la depresión. Continuaron deprimidas durante mucho tiempo, hasta que, mediante su intuición, experimentaron una visión. Unos seres fuertes y prodigiosos (los marcianos) venían a través del universo para amarlas, servirlas y apoyarlas. De repente se sintieron apreciadas. Cuando compartieron su visión, su depresión desapareció y comenzaron a prepararse para la llegada de los marcianos.

Los hombres se sienten estimulados y fuertes cuando se sienten necesitados...
Las mujeres se sienten estimuladas y fuertes cuando se sienten apreciadas.

Estos secretos de la motivación siguen siendo aplicables. Los hombres se sienten estimulados y fuertes cuando se sienten necesitados. Cuando un hombre no se siente necesitado en una relación, gradualmente se torna pasivo y pierde energías; cada día que pasa tiene menos que ofrecer a la relación. Por otra parte, cuando siente que se tiene confianza en que hará todo lo posible para satisfacer las necesidades de ella y ve que sus esfuerzos son apreciados, se siente estimulado y tiene más para dar.

Como las venusinas, las mujeres se sienten estimuladas y fuertes cuando se sienten apreciadas. Cuando una mujer no se siente apreciada en una relación, poco a poco se torna compulsivamente responsable y agotada por dar demasiado. Por otra parte, cuando se siente atendida y respetada, está satisfecha y también tiene más para dar.

CUANDO UN HOMBRE AMA A UNA MUJER

Un hombre que se enamora de una mujer es similar al primer marciano que descubrió a las venusinas.

Metido en su cueva e incapaz de descubrir la fuente de su depresión, inspeccionaba el cielo con su telescopio. Como si hubiese sido golpeado por un rayo, su vida cambió en forma permanente en un glorioso instante. Por su telescopio había vislumbrado una visión que describió como de una belleza y gracia imponentes.

Había descubierto a las venusinas. Su cuerpo se encendió. Cuando observó a las venusinas, por primera vez en su vida comenzó a preocuparse por alguien que no fuera él mismo. A partir de un simple vistazo su vida adquirió un nuevo significado. Su depresión desapareció.

Los marcianos tienen una filosofía que apunta a ganar y perder. Yo quiero ganar y no me importa si tú pierdes. Mientras cada marciano sólo se preocupaba por sí mismo esta fórmula funcionó. Funcionó durante siglos, pero ahora tenía que ser modificada. Brindarse fundamentalmente a sí mismos ya no resultaba satisfactorio. Al estar enamorados, querían que las venusinas ganaran tanto como ellos.

En la mayoría de los deportes actuales podemos ver una extensión de este código competitivo marciano. Por ejemplo, en el tenis no sólo quiero ganar sino tratar también de que mi amigo pierda al dificultarle las respuestas a mis golpes. Gozo ganando aun cuando mi amigo pierda.

La mayoría de estas actitudes marcianas se producen en la vida, pero esta actitud de ganar y perder se torna perjudicial en nuestras relaciones adultas. Si busco satisfacer mis propias necesidades a expensas de mi pareja, experimentaré desdicha, resentimiento y conflicto. El secreto de formar una relación satisfactoria se centra en que los dos miembros de la pareja ganen.

Las diferencias atraen

Después de que el primer marciano se enamorara, comenzó a fabricar telescopios para todos sus hermanos marcianos. Muy rápidamente todos salieron de su depresión. Ellos también se enamoraron de las venusinas. Comenzaron a preocuparse por las venusinas tanto como por sí mismos.

Las extrañas y hermosas venusinas constituían una misteriosa atracción para los marcianos. Sus diferencias resultaron particularmente atrayentes para ellos. Donde los marcianos eran fuertes, las venusinas eran suaves. Donde los marcianos eran angulares, las venusinas eran redondas. Donde los marcianos eran fríos, las venusinas eran cálidas. En una forma mágica y perfecta, sus diferencias parecían complementarse entre sí. En un lenguaje no verbal las venusinas se comunicaban en forma fuerte y clara: "Los necesitamos. Su poder y su fuerza pueden brindarnos gran satisfacción y llenar un vacío profundo de nuestro ser. Juntos podríamos vivir con gran felicidad". Esta invitación estimuló y fortaleció a los marcianos.

Muchas mujeres entienden instintivamente cómo transmitir este mensaje. En el comienzo de una relación, una mujer le echa al hombre un breve vistazo que dice: "Tú podrías ser el que me haga feliz". De esa forma sutil inicia su relación. Esa mirada lo alienta a acercarse. Lo estimula a superar sus miedos. Desafortunadamente, una vez que iniciaron la relación y cuando los problemas comienzan a emerger, ella no sabe cuán importante sigue siendo para él ese mensaje, y no se ocupa de enviarlo.

Los marcianos se sintieron muy estimulados por la posibilidad de marcar una diferencia en Venus. La raza marciana estaba alcanzando un nuevo nivel de evolución. Ya no se sentían satisfechos con el hecho de ponerse a prueba a sí mismos y desarrollar su poder. Querían usar su poder y sus habilidades para el servicio de los demás, en especial para el servicio de las venusinas. Estaban comenzando a desarrollar una nueva filosofía, una filosofía que apuntaba a ganar y ganar. Querían un mundo donde todos se preocuparan por sí mismos y también por los demás.

El amor estimula a los marcianos

Los marcianos comenzaron a construir una flota de naves espaciales que los transportaría por los cielos hasta Venus. Nunca se habían sentido tan vivos. Al vislumbrar a las venusinas, por primera vez en su historia comenzaron a tener sentimientos que no eran egoístas.

De igual modo, cuando un hombre está enamorado se siente estimulado a ser lo mejor de que es capaz, a fin servir a los demás. Cuando su corazón está abierto, se siente tan confiado que es capaz de efectuar grandes cambios. Al brindársele la oportunidad de poner a prueba su potencial, expresa lo mejor de su personalidad. Sólo cuando piensa que no puede tener éxito, experimenta una regresión hacia sus viejas costumbres egoístas.

Cuando un hombre está enamorado, comienza a preocuparse por el otro tanto como por sí mismo. Se encuentra repentinamente liberado de las cadenas de sentirse estimulado sólo por sí mismo y queda libre para dar a otro, no para beneficio personal, sino como expresión de su preocupación altruista. Experimenta la satisfacción de su pareja como si fuera propia. Puede soportar fácilmente cualquier penuria para hacerla feliz, porque su felicidad lo hace feliz. Sus luchas se tornan más fáciles, siente la energía de un propósito más elevado.

En su juventud puede estar satisfecho de servirse sólo a sí mismo, pero cuando madura la autogratificación ya no resulta satisfactoria. Para experimentar satisfacción debe comenzar a vivir su vida estimulado por el amor.

La mayoría de los hombres no sólo están deseosos de dar amor sino que tienen sed de él. Su mayor problema es que no saben lo que se están perdiendo. Pocas veces vieron a sus padres lograr satisfacer a sus madres. Como resultado, no saben que una gran fuente de satisfacción para un hombre puede surgir del hecho de dar. Cuando sus relaciones fracasan se sienten deprimidos y se meten en la cueva. Dejan de preocuparse por los demás y no saben por qué están tan deprimidos.

En esos momentos se retiran de las relaciones o de la intimidad y permanecen metidos en sus cuevas. Se preguntan el para qué de todo y por qué deberían molestarse. No saben que han dejado de preocuparse por los demás porque no se sienten necesitados. No se dan cuenta de que si encontraran a alguien que los necesitara, podrían superar la depresión y sentirse nuevamente estimulados.

**Para un hombre, no ser necesitado
es una muerte lenta.**

Cuando un hombre no siente que representa una diferencia positiva en la vida de alguien, le resulta difícil continuar preocupándose por su vida y sus relaciones. No es fácil sentirse estimulado cuando no se es necesitado. Para sentirse nuevamente estimulado necesita sentir que es apreciado, que confían en él y que es aceptado. Para un hombre, no ser necesitado es una muerte lenta.

CUANDO UNA MUJER AMA A UN HOMBRE

Una mujer que se enamora de un hombre se parece a la primera venusina cuando creyó que llegaban los marcianos. Ella soñó que aterrizaría una flota de naves espaciales proveniente de los cielos y que aparecería una raza fuerte y protectora de marcianos. Esos seres no necesitarían cuidado sino que, por el contrario, querrían ser el sostén y la protección de las venusinas.

Esos marcianos eran fervientes y estaban inspirados por la belleza y la cultura venusinas. Los marcianos reconocieron que su poder y competencia carecían de significado sin alguien a quien servir. Esos seres imponentes y admirables encontraron alivio e inspiración en la promesa de servir, agradar y satisfacer a las venusinas. ¡Qué milagro!

Otras venusinas tuvieron sueños similares e instantáneamente salieron de su depresión. La comprensión que transformó a las venusinas fue la creencia de que la ayuda estaba en camino porque llegaban los marcianos. Las venusinas se deprimieron porque se sentían aisladas y solas. Para salir de la depresión necesitaban sentir esa ayuda afectuosa que estaba en camino.

La mayoría de los hombres casi no se da cuenta de lo importante que es para una mujer sentirse apoyada por alguien que se preocupa por ella. Las mujeres son felices cuando creen que sus necesidades serán satisfechas. Cuando una mujer se siente perturbada, abrumada, confundida, agotada o desesperada, lo que más necesita es el simple compañerismo. Necesita sentir que no está sola. Necesita sentirse amada y apreciada.

Empatía, comprensión, convalidación y compasión influyen mucho en ayudarla a tornarse más receptiva y reconocer el apoyo del hombre. Los hombres no se dan cuenta de esto, porque sus instintos marcianos les dicen que es mejor estar solos cuando se sienten perturbados. Cuando ella se siente perturbada, sin respeto alguno él la dejará sola, o bien, si se queda, empeorará las cosas tratando de resolver sus problemas. No se da cuenta en forma instintiva de hasta qué punto resulta importante para ella la cercanía, la intimidad y la participación.

Al compartir sus sentimientos ella comienza a recordar que merece amor y que sus necesidades serán satisfechas. La duda y la desconfianza desaparecen. Su tendencia a la compulsividad disminuye cuando recuerda que ella merece amor y que no debe ganárselo; puede relajarse, dar menos y recibir más. Ella lo merece.

> La tendencia de una mujer a la compulsividad
> disminuye cuando recuerda que ella merece amor
> y que no tiene que ganárselo; puede relajarse,
> dar menos y recibir más. Ella lo merece.

DAR MUCHO CANSA

Para enfrentar su depresión las venusinas se ocupaban en compartir sus sentimientos y en hablar de sus problemas. Cuando hablaban descubrían la causa de su depresión. Estaban cansadas de dar demasiado todo el tiempo. Se sentían mal por hacerse siempre responsables una de otra. Querían relajarse y que las cuidaran por un tiempo. Estaban cansadas de compartir todo con los demás. Querían ser especiales y poseer cosas propias. Ya no les satisfacía ser mártires y vivir para los demás.

En Venus, vivían según la filosofía de "perder y ganar": "Yo pierdo para que tú puedas ganar". En la medida que todos hacían sacrificios para los demás, todos recibían el cuidado correspondiente. Pero después de hacerlo durante siglos, las venusinas estaban cansadas de cuidar siempre al otro y de compartir todo. Ellas también estaban listas para una filosofía de "ganar y ganar".

Asimismo, muchas mujeres de hoy también están cansadas de dar. Quieren tiempo libre. Tiempo para explorar cómo es ser una misma. Tiempo para cuidarse primero a sí mismas. Querían que alguien les proporcionara un apoyo emocional, alguien del que no tuvieran que preocuparse. Los marcianos se adaptaron perfectamente a la situación.

En ese momento los marcianos aprendían a dar, mientras que las venusinas estaban listas para aprender a recibir. Después de siglos las venusinas y los marcianos habían alcanzado una etapa importante en su evolu-

71

ción. Las venusinas necesitaban aprender a recibir mientras que los marcianos tenían que aprender a dar.

Este mismo cambio se produce en general en hombres y mujeres cuando maduran. En sus años más jóvenes, una mujer se muestra mucho más dispuesta al sacrificio y se amolda para satisfacer las necesidades de su pareja. En su juventud, el hombre se muestra mucho más absorto en sí mismo e inconsciente de las necesidades de los demás. Cuando una mujer madura se da cuenta de hasta qué punto se autorrelegó para complacer a su pareja. Cuando un hombre madura se da cuenta de la manera en que puede servir y respetar mejor a los demás.

Cuando un hombre madura también toma conciencia de que quizás se esté dejando estar, pero su gran cambio apunta a saber cómo dar. De la misma manera, cuando una mujer madura también aprende nuevas estrategias para dar, pero su gran cambio tiende a establecer límites a fin de recibir lo que quiere.

ABANDONAR LA CULPA

Cuando una mujer se da cuenta de que ha dado demasiado, tiende a culpar a su pareja por su desdicha. Siente la injusticia de haber dado más de lo que recibió.

Aunque no recibió lo que merecía, para mejorar sus relaciones necesita reconocer cómo contribuyó al problema. Cuando una mujer da demasiado no debería echarle la culpa a su pareja. Asimismo, un hombre que da menos no debería echarle la culpa a su pareja por ser negativa o insensible. En los dos casos, la culpa no sirve.

La comprensión, la confianza, la solidaridad, la aceptación y el apoyo son la solución, no así la adjudicación de culpas. Cuando esta situación se produce, en lugar de echarle la culpa a su pareja femenina por sentirse resentida, un hombre puede mostrarse sensible y ofrecer su apoyo aun cuando ella no lo solicite, puede escucharla incluso cuando al principio parezca que lo está censurando, y ayudarla a confiar y abrirse a él haciendo pequeñas cosas a fin de demostrarle su interés.

En lugar de echarle la culpa a un hombre por dar menos, una mujer puede aceptar y perdonar las imperfecciones de su pareja, en especial cuando él la decepciona; puede confiar en que él quiere dar más cuando no le ofrece su apoyo, y alentarlo a que dé más mostrando aprecio por lo que sí da y seguir pidiendo su apoyo.

EL ESTABLECIMIENTO Y EL RESPETO DE LOS LÍMITES

Sin embargo, resulta importante señalar que una mujer necesita reconocer los límites de lo que puede dar sin provocar resentimiento en su pareja. En lugar de esperar que su compañero empareje la situación, debe lograrlo regulando lo que ella da.

Veamos un ejemplo. Cuando acudieron a recibir asesoramiento, Jim tenía treinta y nueve años y su esposa, Susan, cuarenta y uno. Susan quería el divorcio. Se quejaba de que había dado más que él durante doce años y ya no podía tolerarlo. Culpaba a Jim de ser abandonado, egoísta, dominante y carente de romanticismo. Dijo que a ella no le quedaba nada por dar y que estaba lista para irse. Él la convenció de hacer terapia, pero ella dudaba. En un período de seis meses fueron capaces de avanzar a través de las tres etapas para recomponer una relación. Hoy están felizmente casados, con tres hijos.

Etapa 1: Estímulo

Le expliqué a Jim que su esposa estaba experimentando doce años de resentimiento acumulado. Si quería salvar su matrimonio, tendría que escucharla mucho más para que ella se sintiera estimulada a salvar su matrimonio. En las primeras seis sesiones juntos, alenté a Susan a compartir sus sentimientos y ayudé pacientemente a Jim a entender los sentimientos negativos de Susan. Esa fue la parte más difícil de su proceso de recomposición. Cuando él comenzó a escuchar realmente el dolor de su pareja y sus necesidades insatisfechas, fue ganando en motivación y confianza en el sentido de efectuar los cambios necesarios para tener una relación afectuosa.

Antes de que Susan pudiera sentirse impulsada a salvar su relación, necesitaba ser escuchada y sentir que Jim convalidaba sus sentimientos: ése era el primer paso. Cuando Susan se sintió comprendida, pudieron pasar a la etapa siguiente.

Etapa 2: Responsabilidad

El segundo paso consistía en asumir responsabilidades. Jim necesitaba asumir la responsabilidad por no haber apoyado a su esposa, mientras que Susan tenía que asumir la responsabilidad por no haber establecido límites. Jim se disculpó por las distintas formas en que la había lastimado. Susan se dio cuenta de que en el momento en que él había pasado por encima de sus límites al tratarla en forma irrespetuosa (con gritos, gruñidos, rechazos y por medio de la invalidación de sentimientos), ella no había establecido sus límites. Aunque ella no necesitaba pedir disculpas, reconoció cierta responsabilidad por sus problemas.

Cuando aceptó, en forma gradual, que su incapacidad para establecer límites y su tendencia a dar más habían contribuido a agravar sus problemas, pudo mostrarse más indulgente. El hecho de asumir su responsabilidad por su problema resultó algo esencial para liberar su resentimiento. De esta manera, los dos se sintieron estimulados a aprender nuevas formas de apoyo mutuo a través del respeto de los límites.

Etapa 3: Práctica

Jim necesitaba saber en particular cómo respetar los límites de Susan, mientras que ésta necesitaba aprender cómo establecerlos. Ambos necesitaban aprender a expresar sentimientos francos de manera respetuosa. En esta tercera etapa convinieron en practicar el establecimiento y el respeto de los límites, sabiendo que a veces cometerían errores. El hecho de poder cometer errores les proporcionó cierta seguridad mientras practicaban:

- Susan practicó diciendo: "No me gusta la manera como estás hablando. Por favor deja de gritar o me iré de la habitación". Después de dejar la habitación por unos minutos, no necesitaba hacer nada más.
- Cuando Jim hacía pedidos que ella más tarde lamentaría cumplir, Susan practicaba diciendo: "No, necesito relajarme" o "No, hoy estoy demasiado ocupada". Descubrió que él se mostraba más atento porque comprendía hasta qué punto ella estaba ocupada o cansada.
- Susan le dijo que quería irse de vacaciones y cuando él dijo que estaba demasiado ocupado ella replicó que se iría sola. De repente él varió su actitud y quiso acompañarla.
- Cuando hablaban y Jim interrumpía, ella practicaba diciendo: "No terminé, por favor escúchame". De repente él comenzó a escuchar más y a interrumpir menos.
- La tarea más difícil de Susan era pedir lo que quería. Me dijo: "¿Por qué tengo que pedir

después de todo lo que hice por él?". Le expliqué que hacer que él asumiera la responsabilidad de conocer sus deseos no sólo era poco realista sino que representaba gran parte de sus problemas. Ella necesitaba asumir la responsabilidad de lograr la satisfacción de sus necesidades.

El mayor desafío para Jim era respetar los cambios de Susan y no esperar que ella fuera la misma compañera complaciente con la que se había casado. Reconoció que a ella le resultaba difícil establecer límites tanto como a él le resultaba duro ajustarse a ellos. Comprendió que se tornarían más indulgentes con más práctica.

Cuando un hombre experimenta límites, se siente estimulado a dar más. Al respetar los límites, se siente automáticamente estimulado a poner en tela de juicio sus pautas de comportamiento y a efectuar cambios. Cuando una mujer toma conciencia de que para recibir debe establecer límites, comienza en forma automática a perdonar a su pareja y a explorar nuevas vías para pedir y recibir apoyo. Cuando una mujer establece límites, aprende gradualmente a relajarse y a recibir más.

APRENDER A RECIBIR

El hecho de establecer límites y de recibir es algo que resulta muy alarmante para una mujer. Se muestra a menudo temerosa de necesitar demasiado y de ser entonces rechazada, juzgada o abandonada. El rechazo, el juicio y el abandono son muy dolorosos porque en la profundidad de su inconsciente ella mantiene la incorrecta creencia de que no merece recibir más. Esta creencia se formó y reforzó en la niñez cada vez que tuvo que reprimir sus sentimientos, necesidades o deseos.

Una mujer se muestra particularmente vulnerable a la negativa e incorrecta creencia de que no merece ser amada. Si de niña fue testigo de un abuso o directamente la destinataria de éste, será aún más vulnerable al sentimiento de no merecer amor; le resulta difícil determinar su valor. Oculto en el inconsciente, este sentimiento de inmerecimiento genera el temor de necesitar a otros. Parte de ella imagina que no será apoyada.

Debido a que teme no ser apoyada, inadvertidamente rechaza el apoyo que necesita. Cuando un hombre recibe el mensaje de que ella no confía en él para satisfacer sus necesidades, se siente inmediatamente rechazado y desalentado. La desesperación y desconfianza por parte de ella transforman sus necesidades válidas en expresiones desesperadas de necesidad y le comunican a la pareja masculina el mensaje de que no confía en que pueda apoyarla. Irónicamente, los hombres se sienten fundamentalmente estimulados por el hecho de ser necesitados, pero se desalientan ante la necesidad.

En esos momentos, una mujer supone erróneamente que tener necesidades lo ha desalentado, cuando en realidad lo que lo ha hecho es su desesperación, desesperanza y desconfianza. Si no reconoce que los hombres necesitan que se tenga confianza en ellos, a una mujer le resulta difícil y confuso entender la diferencia entre necesitar y necesidad.

"Necesitar" es acercarse abiertamente y pedir apoyo a un hombre en forma confiada, dando por sentado que él hará lo mejor posible. Esto lo estimula. "Necesidad", sin embargo, es necesitar desesperadamente apoyo porque uno no confía en obtenerlo. Aleja a los hombres y los hace sentir rechazados y no apreciados.

A las mujeres, el hecho de necesitar a los otros las confunde. Además, la decepción o el abandono les resulta particularmente doloroso, incluso en lo concerniente a las pequeñas cosas. No es fácil para ellas depender de los demás y luego ser ignoradas, olvidadas o despedidas. Necesitar a los otros las coloca en una posición vulnerable. Ser ignoradas o sentirse decepcionadas las lastima más porque consolida la incorrecta creencia de que carecen de méritos.

Cómo aprendieron las venusinas a sentirse valiosas.

Durante siglos las venusinas compensaron este temor fundamental a la falta de mérito mostrándose atentas y sensibles ante las necesidades de los demás. Daban y daban, pero en su interior no se sentían dignas de recibir. Esperaban que por el hecho de dar se tornarían más dignas. Después de siglos de dar se dieron finalmente cuenta de que merecían recibir amor y apoyo. Luego miraron hacia atrás y tomaron conciencia de que siempre habían sido dignas de apoyo.

Este proceso de dar a los demás las preparó para la sabiduría de la autoestima. Al dar a los otros pudieron ver que los otros eran verdaderamente dignos de recibir, y así comenzaron a ver que todos merecían ser amados. Por último, vieron que ellas también merecían recibir.

Aquí en la Tierra, cuando una niñita ve que su madre recibe amor, automáticamente se siente merecedora de afecto. Puede superar fácilmente el impulso venusino de dar demasiado. No tiene que superar el temor a recibir, porque se identifica totalmente con su madre. Si su madre aprendió esta sabiduría, entonces la niña la aprende automáticamente observando y sintiendo a su madre. Si la madre se muestra abierta para recibir, la niña aprenderá entonces la manera de recibir.

Las venusinas, sin embargo, no tenían modelos, de manera que les llevó miles de años abandonar su actitud de dar en forma compulsiva. Al ver gradualmente que otros eran dignos de recibir, se dieron cuenta de que ellas también merecían recibir. En ese momento mágico los marcianos también sufrieron una transformación y comenzaron a construir naves espaciales.

78

Cuando la venusina estuvo lista, apareció el marciano

Cuando una mujer toma conciencia de que realmente merece ser amada, está abriendo la puerta para que un hombre le entregue su amor. Pero cuando sólo diez años después de estar dando en exceso en un matrimonio, ella se da cuenta de que merece más, irónicamente siente como si cerrara la puerta y no le diera la oportunidad a su pareja. Puede llegar a sentir lo siguiente: "Yo te di y tú me ignoraste... Tuviste tu oportunidad. Merezco más. No puedo confiar en ti. Estoy demasiado cansada, no tengo nada más para dar. No dejaré que me lastimes otra vez».

Muchas veces, cuando ése era el caso, les aseguré a las mujeres que no tenían que dar más para tener una mejor relación. En realidad, su pareja les dará más si ellas dan menos. Cuando un hombre ignoró las necesidades de su pareja, es como si ambos hubieran estado dormidos. Cuando ella despierta y recuerda sus necesidades, él también despierta y quiere darle más.

Cuando ella despierta y recuerda sus necesidades, él también despierta y quiere darle más.

En forma previsible, él despertará de su estado pasivo y llevará realmente a cabo muchos de los cambios que ella solicita. Cuando ésta ya no da demasiado porque se siente internamente digna, él sale de su cueva y comienza a construir naves espaciales para venir y hacerla feliz. Aprender a darle más puede llevarle cierto tiempo, pero el paso más importante ha sido dado: él es consciente de que la ha descuidado y quiere cambiar.

También funciona en forma inversa. Habitualmente, cuando un hombre toma conciencia de que no es feliz y quiere más romance y amor en su vida, su esposa comenzará repentinamente a abrirse y a amarlo nuevamente. Los muros de resentimiento comienzan a desaparecer y el amor renace. Si hubo mucho descuido, puede pasar bastante tiempo hasta poder remediar los resentimientos acumulados, pero es posible lograrlo. En el capítulo 11 analizaré algunas técnicas fáciles y prácticas para hacer desaparecer dichos resentimientos.

En general, cuando un miembro de la pareja realiza un cambio positivo el otro también lo hará. Esta coincidencia previsible es una de esas cosas mágicas de la vida. Cuando el estudiante está listo, aparece el maestro. Cuando se hace la pregunta, se escucha la respuesta. Cuando estamos realmente listos para recibir, lo que necesitamos quedará entonces a nuestra disposición. Cuando las venusinas estuvieron listas para recibir, los marcianos estuvieron listos para dar.

APRENDER A DAR

El temor más profundo del hombre es no ser lo suficientemente bueno o ser incompetente. Compensa dicho temor centrándose en incrementar su poder y competencia. El éxito, la realización y la eficiencia son lo primero en su vida. Antes de descubrir a las venusinas, los marcianos estaban tan preocupados por estas cualidades que nada ni nadie les interesaba más. Un hombre se muestra muy descuidado cuando tiene miedo.

El temor más profundo del hombre es no ser lo suficientemente bueno o ser incompetente.

Así como las mujeres tienen miedo a recibir, los hombres tienen miedo a dar. El hecho de esforzarse en dar a los demás significa arriesgar el fracaso, la corrección y la desaprobación. Dichas consecuencias resultan muy penosas porque internamente, en su inconsciente, mantiene una creencia incorrecta en el sentido de que no es lo suficientemente bueno. Esta creencia se formó y reforzó en la niñez cada vez que pensaba que se esperaba de él un mejor desempeño. Cuando sus logros pasaban inadvertidos o no eran apreciados, en su inconsciente profundo comenzó a formar la creencia incorrecta de que no era lo suficientemente bueno.

Así como las mujeres tienen miedo de recibir, los hombres tienen miedo de dar.

Un hombre se muestra particularmente vulnerable a esta creencia incorrecta. Genera dentro de sí el temor a fracasar. Quiere dar pero teme fracasar, así que no lo intenta. Si su mayor temor es la falta de adecuación, evitará naturalmente todo riesgo innecesario.

Irónicamente, cuando un hombre se preocupa mucho, su temor al fracaso crece y él da menos. A fin de evitar el fracaso deja de dar a la gente a quien más quiere dar.

Cuando un hombre se siente inseguro puede compensarlo preocupándose únicamente por sí mismo. Su respuesta defensiva automática es decir: «No me importa». Por esta razón, los marcianos no se permitieron sentir o preocuparse mucho por los otros. Al tener éxito y poder, finalmente se dieron cuenta de que eran lo bastante buenos y podían dar. Fue entonces cuando descubrieron a las venusinas.

Aunque siempre habían sido buenos, el proceso de poner a prueba su poder los preparó para la sabiduría de la autoestima. Al tener éxito y mirar hacia atrás, tomaron conciencia de que cada fracaso resultaba necesario para alcanzar sus siguientes éxitos. Cada error les había enseñado una lección muy importante, necesaria para alcanzar sus objetivos. Así se dieron cuenta de que siempre habían sido lo suficientemente buenos.

ESTÁ BIEN EQUIVOCARSE

El primer paso de un hombre para aprender a dar

más consiste en tomar conciencia de que está bien equivocarse y está bien fracasar y que no tiene por qué tener todas las respuestas.

Recuerdo la historia de una mujer que se lamentaba de que su pareja nunca se había comprometido a casarse. A ella le parecía que a él no le importaba tanto como a ella. Un día, sin embargo, ella señaló que se sentía muy feliz con él. Aunque fueran pobres, ella querría estar con él. Al día siguiente, él le propuso matrimonio. Él necesitaba la aceptación y el aliento de sentirse bueno para ella, para sentir hasta qué punto le importaba la situación.

LOS MARCIANOS TAMBIÉN NECESITAN AMOR

Así como las mujeres se muestran sensibles al sentirse rechazadas cuando no reciben la atención que necesitan, los hombres se muestran sensibles al sentir que fracasaron cuando una mujer habla acerca de sus problemas. Esa es la razón por la que les resulta a veces tan difícil escuchar. Él quiere ser su héroe. Cuando ella se siente decepcionada o desdichada, él lo vive como un fracaso. La desdicha de ella confirma su temor más profundo: no es lo suficientemente bueno. Muchas mujeres no toman conciencia de lo vulnerables que son los hombres y de hasta qué punto ellos también necesitan amor. El amor los ayuda a saber que él puede satisfacer a los demás.

A un hombre le resulta difícil escuchar a una mujer cuando ésta es desdichada o cuando está decepcionada, porque él lo vive como un fracaso.

Un muchacho que tiene la suerte de ver que su padre logra satisfacer a su madre traba relaciones como adulto con la confianza de que puede satisfacer a su pareja. No se siente aterrorizado por el compromiso, porque sabe que puede dar. También sabe que cuando no da sigue valiendo y sigue mereciendo amor y aprecio por estar haciendo lo mejor que puede. No se condena a sí mismo, porque sabe que no es perfecto y que siempre está haciendo sus mejores esfuerzos y que éstos son lo suficientemente buenos. Es capaz de disculparse por sus errores porque espera perdón, amor y aprecio por hacer lo mejor que puede.

Sabe que todos cometen errores. Vio a su padre cometer errores y continuar amándose a sí mismo. Vio también a su madre amar y perdonar a su padre a pesar de todos sus errores. Él sintió la confianza y el aliento de ella, aun cuando a veces su padre la hubiera decepcionado.

Muchos hombres no tuvieron modelos de éxito mientras crecían. Para ellos el hecho de permanecer enamorados, casarse y tener una familia resulta tan difícil como volar un "jumbo jet" sin entrenamiento. Podrían ser capaces de levantar vuelo, pero tienen la seguridad de estrellarse. Es difícil seguir volando cuando el avión se ha estrellado varias veces. O bien después de haber sido testigos del fracaso de su padre. Sin un buen manual de entrenamiento para las relaciones, resulta fácil entender por qué muchos hombres y mujeres desisten de tener relaciones.

Capítulo 5

HABLAR DIFERENTES IDIOMAS

Cuando los marcianos y las venusinas se juntaron por primera vez, se toparon con muchos de los problemas de relaciones que tenemos hoy. Al reconocer que eran diferentes, fueron capaces de resolverlos. Uno de los secretos de su éxito fue la buena comunicación.

Irónicamente, se comunicaron bien porque hablaban diferentes idiomas. Cuando tenían problemas, simplemente acudían a un traductor en busca de asistencia. Todos sabían que la gente de Marte y la gente de Venus hablaban diferentes idiomas, de manera que cuando se producía un conflicto no empezaban a juzgar o a pelear sino que sacaban a relucir sus diccionarios para comprenderse mejor. Si eso no funcionaba, acudían a un traductor en busca de ayuda.

Los idiomas de los marcianos y las venusinas tenían las mismas palabras, pero la manera de usarlas ofrecía significados diferentes.

Los idiomas de los marcianos y las venusinas tenían las mismas palabras, pero la manera de usarlas ofrecía diferentes significados. Sus expresiones eran similares, pero tenían diferentes connotaciones o énfasis emocional. Las malas interpretaciones eran muy comunes. De manera que cuando surgían problemas de comunicación, suponían que se trataba simplemente de uno de esos malentendidos esperados y que con un poco de ayuda seguramente terminarían entendiéndose. Experimentaban una confianza y una aceptación pocas veces sentidas en la actualidad.

LA EXPRESIÓN DE LOS SENTIMIENTOS
FRENTE A LA EXPRESIÓN
DE LA INFORMACIÓN

Aún hoy seguimos necesitando traductores. Hombres y mujeres pocas veces quieren decir las mismas cosas aun cuando utilicen las mismas palabras. Por ejemplo, cuando una mujer afirma: "Siento que nunca me escuchas", no espera que la palabra nunca sea tomada en forma literal. El uso de la palabra nunca es sólo una manera de expresar la frustración que siente en ese momento. No debe tomarse como si se tratara de una información real.

Para expresar plenamente sus sentimientos, las mujeres adoptan la licencia poética y usan varios superlativos, metáforas y generalizaciones.

Para expresar plenamente sus sentimientos, las mujer adoptan la licencia poética y usan varios superlativos, metáforas y generalizaciones. Los hombres toman erróneamente dichas expresiones en forma literal. Como no entienden el significado buscado, reaccionan en forma negativa sin brindar apoyo alguno. En el diagrama siguiente se enuncian diez quejas fácilmente malinterpretadas y la manera en que un hombre puede responder negando su apoyo.

DIEZ QUEJAS COMUNES FÁCILMENTE MALINTERPRETADAS

Las mujeres dicen cosas como éstas	Los hombres responden así
"No salimos nunca."	"Eso no es verdad. Salimos la semana pasada."
"Todos me ignoran."	"Estoy seguro de que algunos se fijan en ti."
"Estoy tan cansada, no puedo hacer nada."	"Eso es ridículo. No eres una inútil."
"Quiero olvidar todo."	"Si no te gusta tu empleo, renuncia."
" La casa es siempre un lío."	"No siempre es un lío."
"Ya nadie me escucha."	"Pero si te estoy escuchando en este momento."
"Nada funciona."	"¿Estás diciendo que es culpa mía?"
"Ya no me amas."	"Por supuesto que sí. Por eso estoy aquí."
'Siempre estamos apurados."	"No es así. El viernes estábamos relajados."
"Quiero más romance."	"¿Acaso estás diciendo que no soy romántico?"

Podrá verse de qué manera la traducción "literal" de

las palabras de una mujer podría fácilmente engañar a un hombre acostumbrado a utilizar el discurso como un medio de transmitir sólo hechos e información. También podemos ver de qué manera las respuestas de un hombre pueden conducir a una discusión. Una comunicación poco clara y poco afectuosa constituye el principal problema en las relaciones. La queja número uno de las mujeres respecto de las relaciones es la siguiente: "No me siento escuchada". ¡Incluso esta queja es comprendida e interpretada en forma errónea!

La queja número uno de las mujeres respecto de las relaciones es la siguiente: "No me siento escuchada".¡Incluso esta queja es comprendida e interpretada en forma errónea!

La traducción literal de un hombre para la expresión "No me siento escuchada" lo conduce a invalidar y discutir los sentimientos de ella. Piensa que sí la escuchó dado que puede repetir lo que ella dijo. Una traducción de la expresión de una mujer que dice "No me siento escuchada" para que un hombre pueda interpretarla en forma correcta es la siguiente: "Siento como si no entendieras totalmente lo que en realidad quiero decir, o no te interesaras en lo que siento. ¿Podrías mostrarme que estás interesado en lo que tengo que decir?"

Si un hombre realmente entendió su queja, discutirá menos y podrá entonces responder en forma más positiva. Cuando hombres y mujeres están a punto de discutir, significa que no se están entendiendo. En esos momentos resulta importante repensar o traducir lo que han escuchado.

Debido a que muchos hombres no entienden que las mujeres expresan los sentimientos en forma diferente, juzgan o invalidan inapropiadamente los sentimientos de su pareja. Esto desemboca en discusiones. Los antiguos marcianos aprendieron a evitar muchas discusiones mediante una correcta comprensión. Cada vez que observaban cierta resistencia a escuchar, consultaban su *Diccionario de expresiones venusinomarcianas* para obtener una interpretación correcta.

CUANDO HABLAN LAS VENUSINAS

La siguiente sección contiene varios extractos del perdido *Diccionario de expresiones venusinomarcianas*. Cada una de las diez quejas enunciadas más arriba se encuentra traducida para que el hombre pueda entender la intención del significado real. Cada traducción contiene también una pista sobre la manera en que ella quiere que él responda.

Cuando una venusina se siente perturbada no sólo usa generalidades sino que pide un tipo particular de apoyo. No pide directamente dicho apoyo porque en Venus todos sabían que un lenguaje dramático implicaba un pedido particular.

En cada una de las traducciones, este pedido oculto de apoyo queda revelado. Si un hombre que escucha a una mujer puede reconocer el pedido implícito y responde en conformidad, ella se sentirá realmente escuchada y amada.

El diccionario venusinomarciano

No salimos nunca, traducido al marciano, significa: "Tengo ganas de salir y hacer algo juntos. Siempre nos divertimos tanto y me gusta estar contigo. ¿Qué te parece? ¿Me llevarías a cenar afuera? Ya pasaron varios días desde que salimos por última vez".

Sin esta traducción, cuando una mujer dice "no salimos nunca" un hombre puede escuchar: "No estás haciendo tu trabajo. Resultaste una decepción. Ya nunca hacemos nada juntos porque eres perezoso, poco romántico y simplemente aburrido".

Todos me ignoran, traducido al marciano, significa: "Hoy me siento ignorada y no reconocida. Siento como si nadie me viera. Por supuesto estoy segura de que algunos me ven, pero parece que no les importo. Supongo que me siento muy decepcionada porque últimamente tú estás muy ocupado. Realmente aprecio lo mucho que trabajas y a veces comienzo a sentir que no soy importante para ti. Me temo que tu trabajo sea más importante que yo.

¿Podrías abrazarme y decirme cuán especial soy para ti?"

Sin la traducción, cuando una mujer dice "todos me ignoran" un hombre puede escuchar: "Me siento desdichada. No puedo atraer la atención que necesito. Todo está completamente perdido. Ni siquiera tú me llevas el apunte y eres la persona que se supone me ama. Deberías avergonzarte. Eres tan poco afectuoso. Yo nunca te ignoraría de ese modo".

Estoy tan cansada, no puedo hacer nada, traducido al marciano, significa: "Hoy estuve haciendo muchas cosas. Realmente necesito un descanso antes de poder hacer algo más. Tengo mucha suerte de contar con tu apoyo. ¿Podrías abrazarme y decirme que estoy haciendo un buen trabajo y merezco un descanso?"

Sin esta traducción, cuando una mujer dice: "Estoy tan cansada, no puedo hacer nada", un hombre puede llegar a escuchar: "Yo hago todo y tú no haces nada. Deberías hacer más. No puedo hacerlo todo. Me siento tan desesperada. Quiero vivir con un hombre de verdad. Elegirte a ti fue un gran error".

Quiero olvidar todo, traducido al marciano, significa: "Quiero que sepas que me gusta mi trabajo y mi vida, pero hoy me siento abrumada. Me gustaría hacer algo realmente útil para mí antes de volver a ser responsable. ¿Podrías preguntarme: '¿Qué ocurre?' y luego escuchar con empatía sin ofrecer ningún tipo de soluciones? Sólo quiero que entiendas las presiones que siento. Me haría sentir mucho mejor. Me ayuda a relajarme. Mañana seré nuevamente responsable y me haré otra vez cargo de las cosas".

Sin esa traducción, cuando una mujer dice: "Quiero olvidar todo", un hombre puede llegar a escuchar: "Tengo que hacer tantas cosas que no quiero hacer nada. Me siento desdichada contigo y nuestra relación. Quiero un mejor compañero que pueda hacer mi vida más satisfactoria. Estás haciendo muy mal las cosas".

Esta casa es siempre un lío, traducido al marciano, significa: "Hoy quisiera relajarme pero la casa está muy desordenada. Me siento frustrada y necesito un descanso. Espero que no pretendas que lo limpie todo. ¿Estarías de acuerdo conmigo en que es un lío y me ofrecerías una mano para limpiar?"

Sin esa traducción, cuando una mujer dice: "Esta casa es siempre un lío" un hombre puede llegar a escuchar: "Esta casa es un lío por culpa tuya. Yo hago lo posible para limpiarla y antes de terminar tú la desordenas de nuevo. Eres un sujeto indolente y no quiero vivir contigo a menos que cambies. ¡Limpia o despeja el terreno!"

Ya nadie me escucha, traducido al marciano, significa: "Me temo que te estoy aburriendo. Temo que ya no estás interesado en mí. Parece que hoy estoy muy sensible. ¿Podrías prestarme una atención especial? Me encantaría. Tuve un día pesado y siento como si nadie quisiera escuchar lo que tengo que decir. Deseo que me escuches y me hagas preguntas solidarias como: '¿Qué ocurrió hoy? ¿Qué otra cosa sucedió? ¿Cómo te sientes? ¿Qué querías? ¿Qué otra cosa sientes?'. Apóyame también diciendo cosas tranquilizadoras y atentas como: 'Dime más' o 'Está bien' o 'Sé a lo que te refieres' o 'Entiendo'. O simplemente escucha y de vez en cuando, en el momento en que yo haga una pausa, emite uno de estos sonidos tranquilizadores: 'oh, mmm, ajá' » *(Nota:* los marcianos nunca habían escuchado esos sonidos antes de llegar a Venus.)

Sin esta traducción, cuando una mujer dice: "Ya nadie me escucha" él puede llegar a escuchar: "Te presto atención pero no me escuchas. Antes solías hacerlo. Te has convertido en una persona muy aburrida. Quiero a alguien excitante e interesante y tú definitivamente no eres esa persona. Me has decepcionado. Eres egoísta, descuidado y malo".

Nada funciona, traducido al marciano, significa: "Hoy me siento abrumada y agradecida de poder compartir mis sentimientos contigo. Me ayuda a sentirme mejor. Hoy parecciera que nada de lo que hago funciona. Sé que eso no es verdad, pero me siento así cuando estoy abrumada por todas las cosas que aún tengo que hacer. ¿Podrías abrazarme y decirme que estoy haciéndolo muy bien? Sin duda me sentiría mejor".

Sin esta traducción, cuando una mujer dice: "Nada funciona", un hombre puede llegar a escuchar: "Nunca haces algo bien. No puedo confiar en ti. Si no te hubiera escuchado no estaría en este lío. Otro hombre habría arreglado las cosas, pero tú las has empeorado".

Ya no me amas, traducido al marciano, significa: "Hoy me siento como si no me amaras. Tengo miedo de haberte apartado. Sé que realmente me amas, haces tanto por mí. Hoy simplemente me siento un poco insegura. ¿Podrías tranquilizarme con tu amor y decirme esas dos palabras mágicas: 'te amo'? Cuando lo haces me siento bien".

Sin esta traducción, cuando una mujer dice: "Ya no me amas" un hombre puede llegar a escuchar: "Te he dado los mejores años de mi vida y tú no me has dado nada. Me usaste. Eres egoísta y frío. Haces lo que quieres hacer, para ti y sólo para ti. Nadie te importa. Fui una tonta al amarte. Ahora no tengo nada".

Siempre estamos apurados, traducido al marciano, significa: "Hoy me siento apremiada. No me gusta precipitarme. Ojalá nuestra vida no fuera tan acelerada. Sé que no es culpa de nadie y ciertamente no te echo la culpa a ti. Sé que estás haciendo lo mejor que puedes y realmente aprecio lo mucho que te preocupas. ¿Quieres expresar empatía y decir algo como 'En efecto resulta difícil precipitarse. No siempre me gusta apurarme'?"

Sin esta traducción, cuando una mujer dice: "Siempre estamos apurados" un hombre puede llegar a escuchar: "Eres un irresponsable. Esperas hasta el último minuto para hacer todo. Nunca puedo sentirme feliz cuando estoy contigo. Siempre estamos precipitándonos para no llegar tarde. Siempre arruinas las cosas cuando estoy contigo. Me siento mucho más feliz cuando no estoy cerca de ti".

Quiero más romance, traducido al marciano, significa: "Querido, has estado trabajando mucho últimamente. Tomémonos un poco de tiempo para nosotros mismos. Me encanta cuando podemos relajarnos y estar solos sin los niños cerca y sin presiones laborales. Eres tan romántico. ¿Querrías sorprenderme uno de estos días con algunas flores e invitándome a salir?

Me encanta sentir el romance".

Sin esa traducción, cuando una mujer dice: "Quiero más romance", un hombre puede llegar a escuchar: "Ya no me satisfaces. Ya no me atraes. Tus habilidades románticas son definitivamente inadecuadas. Nunca llegaste a satisfacerme realmente. Ojalá fueras como otros hombres con los que he estado".

Después de usar este diccionario durante unos años, un hombre no necesita recurrir a él cada vez que se siente culpable de algo o criticado. Comienza a comprender la manera en que piensan y sienten las mujeres. Aprende que ese tipo de expresiones dramáticas no deben tomarse en forma literal. Se trata simplemente de la manera en que las mujeres expresan más plenamente sus sentimientos. ¡Así se hacía en Venus, y la gente de Marte debe recordarlo!

CUANDO LOS MARCIANOS NO HABLAN

Uno de los desafíos más grandes para los hombres es interpretar correctamente y apoyar a una mujer cuando habla de sus sentimientos. El mayor desafío para las mujeres es interpretar correctamente y apoyar a un hombre cuando no habla. El silencio resulta muy fácilmente malinterpretado por las mujeres.

El mayor desafío para las mujeres es interpretar correctamente y apoyar a un hombre cuando no habla.

Muy a menudo un hombre deja repentinamente de comunicarse y se torna silencioso. Esto nunca había sido visto en Venus. Al principio una mujer piensa que el hombre es sordo. Piensa que quizás no oye lo que se está diciendo y por eso no responde.

Hombres y mujeres piensan y procesan información

en forma muy diferente. Las mujeres piensan en voz alta compartiendo su proceso de descubrimiento interior con un oyente interesado. Aún hoy, una mujer a menudo descubre qué quiere decir a través del simple proceso verbal. Este proceso de dejar simplemente que los pensamientos fluyan en libertad y expresarlos en voz alta, la ayuda a sacar provecho de su intuición. Este proceso es perfectamente normal y a veces especialmente necesario.

Pero los hombres procesan la información en forma muy diferente. Antes de hablar o responder, "meditan" o piensan en lo que escucharon o experimentaron. Interna y silenciosamente imaginan la respuesta más correcta y útil. Primero la formulan en su interior y luego la expresan. Este proceso podría tomar minutos u horas. Y para confundir aún más a las mujeres, si no tienen suficiente información para procesar una respuesta, pueden llegar a no responder.

Las mujeres necesitan entender que cuando él está en silencio, está diciendo: "Todavía no sé qué decir, pero estoy pensando en ello". En lugar de eso, ellas escuchan: "No te estoy respondiendo porque tú no me importas y yo voy a ignorarte. Lo que me has dicho no es importante y por lo tanto no responderé".

Cómo reacciona ella ante el silencio de él

Las mujeres malinterpretan el silencio de un hombre. Según cómo se sienta ese día, ella puede llegar a imaginar lo peor: "Me odia, no me ama, me está abandonando para siempre". Ese hombre provoca entonces su temor más profundo, que es "Me temo que si me rechaza, nunca seré amada. No merezco ser amada".

Cuando un hombre está en silencio, una mujer puede fácilmente imaginar lo peor, porque las únicas veces en que una mujer permanece en silencio es cuando lo que tiene que decir resulta perjudicial o cuando no quiere hablar con una persona porque ya no confía en ella y no quiere tener nada más que ver con ella. ¡No sorprende entonces que una mujer se torne insegura cuando un hombre se vuelve repentinamente silencioso!

Cuando un hombre está en silencio una mujer puede fácilmente imaginar lo peor.

Cuando una mujer escucha a otra mujer, la tranquilizará al demostrarle que escucha y que le importa. En forma instintiva, cuando la que habla hace una pausa, la otra la tranquilizará emitiendo respuestas como: "oh, ajá, hmmmm, ah".

Sin estas respuestas tranquilizadoras, el silencio de un hombre puede resultar muy amenazador. Al comprender la existencia de la cueva de un hombre, las mujeres pueden aprender a interpretar el silencio de un hombre correctamente, y responder a él.

La comprensión de la cueva

Las mujeres tienen mucho que aprender acerca de los hombres antes de que sus relaciones lleguen a ser realmente satisfactorias. Tienen que aprender que cuando un hombre está perturbado o tensionado, automáticamente dejará de hablar y se meterá en su "cueva" para resolver las cosas. Necesitan aprender que nadie puede entrar en esa cueva, ni siquiera los mejores amigos del hombre. Así sucedía en Marte. Las mujeres no deberían temer que hayan hecho algo terriblemente mal. Tienen que aprender en forma gradual que si uno simplemente deja que los hombres se metan en sus cuevas, después de un tiempo ellos saldrán y todo estará bien.

Esta lección es difícil para las mujeres porque en

Venus una de las reglas de oro era nunca abandonar a una amiga cuando estaba perturbada. No les parece bueno abandonar a su marciano favorito cuando se siente perturbado. Al preocuparse por él, una mujer quiere ingresar en su cueva y ofrecerle ayuda.

Además, ella a menudo supone en forma errónea que si pudiera hacerle muchas preguntas sobre la manera en que se siente y ser una buena oyente, él se sentiría mejor. Esto sólo perturba aún más a los marcianos. Ella quiere apoyarlo instintivamente en la misma forma en que a ella le gustaría ser apoyada. Sus intenciones son buenas, pero el resultado es contraproducente.

Tanto hombres como mujeres deben dejar de ofrecer su método preferido de demostrar preocupación y comenzar a aprender las diferentes maneras en que piensa, siente y reacciona su pareja.

POR QUÉ LOS HOMBRES SE METEN EN SUS CUEVAS

Los hombres se meten en sus cuevas o se tornan silenciosos por distintas razones:

1. Necesitan pensar en un problema y encontrar una solución práctica.

2. No tienen la respuesta para una pregunta o un problema. A los hombres nunca se les enseñó a decir: "Oh, no tengo respuesta. Tengo que ir a mi cueva y encontrar una". Los otros hombres suponen que cuando se torna silencioso está haciendo precisamente eso.

3. Están perturbados o tensionados. En esos momentos necesitan estar solos para calmarse y recobrar nuevamente el control. No quieren hacer ni decir nada que puedan lamentar después.

4. Tienen que encontrarse a sí mismos. Esta cuarta razón se torna muy importante cuando los hombres están enamorados. A veces comienzan a perderse y a olvidarse de sí mismos. Pueden sentir que demasiada intimidad les quita poder. Necesitan regular sus acercamientos. Cuando se acercan demasiado hasta el punto de perderse, suena la alarma y se ponen en camino hacia la cueva. Como resultado se sienten rejuvenecidos y vuelven a encontrar su yo afectuoso y poderoso.

POR QUÉ LAS MUJERES HABLAN

Las mujeres hablan por una variedad de motivos. A veces, por las mismas razones que los hombres dejan de hablar. Las siguientes son cuatro de las más comunes:

1. Para transmitir o reunir información. (Esta es en general la única razón por la que un hombre habla.)

2. Para analizar y descubrir qué quiere decir. (Él deja de hablar para imaginar dentro de sí qué quiere decir. Ella habla para pensar en voz alta.)

3. Para sentirse mejor y más concentrada cuando está perturbada. (Él deja de hablar cuando se siente perturbado. En su cueva tiene oportunidad de calmarse.)

4. Para crear intimidad. Al compartir sus sentimientos íntimos es capaz de conocer su personalidad afectuosa. (Un marciano deja de hablar para volver a encontrarse. Teme que demasiada intimidad lo aparte de sí mismo.)

Sin esta comprensión fundamental de nuestras diferencias y necesidades, resulta fácil ver por qué las parejas se pelean tanto en sus relaciones.

DEJARSE QUEMAR POR EL DRAGÓN

Resulta importante para las mujeres entender que no deben intentar y hacer que un hombre hable antes de que esté listo.

Mientras analizábamos este tema en uno de mis seminarios, una india norteamericana manifestó que en su tribu las madres enseñaban a las jóvenes que se casaban que recordaran que cuando un hombre estaba perturbado o tensionado se retiraría a su cueva. Ellas no tenían que tomarlo como algo personal porque eso ocurriría de vez en cuando. No significaba que él no la amara. Le aseguraban que él volvería. Pero sobre todo les advertían a las jóvenes que nunca lo siguieran a la cueva. Si lo hacían serían quemadas por el dragón que protegía la cueva.

**¡Nunca entres en la cueva de un hombre
o serás quemada por el dragón!**

Ciertos conflictos innecesarios surgieron porque una mujer siguió a un hombre hasta su cueva. Las mujeres no entendieron que los hombres necesitan realmente estar solos o en silencio cuando están perturbados. Cuando un hombre se retira a su cueva, una mujer simplemente no entiende lo que sucede. Trata de hacerlo hablar. Si hay algún problema ella espera estimularlo sacándolo afuera y haciéndolo hablar al respecto.

Ella pregunta: "¿Pasa algo?". Él responde: "No". Pero ella percibe que está perturbado. Se pregunta por qué oculta sus sentimientos. En lugar de dejarlo meditar en su cueva, interrumpe inadvertidamente su proceso interno. Pregunta nuevamente:

—Sé que hay algo que te molesta, ¿qué es?

—Nada —responde él.

—No, algo te molesta —insiste ella—. ¿Qué estás sintiendo?

—Mira, estoy bien. ¡Ahora déjame tranquilo! —se ofusca él.

—¿Cómo puedes tratarme así? Ya no hablas más conmigo. ¿Cómo puedo saber qué sientes? No me amas. Me siento tan rechazada por ti —se queja ella.

En ese momento él pierde el control y comienza a decir cosas que lamentará más tarde. Su dragón sale y la quema.

CUANDO LOS MARCIANOS HABLAN

Las mujeres se queman no sólo cuando invaden inadvertidamente el tiempo introspectivo del hombre sino también cuando malinterpretan sus expresiones, las cuales son en general advertencias de que se encuentra o bien en su cueva o en camino a ésta. Cuando le preguntan: "¿Qué ocurre?", un marciano responderá algo breve como: "No es nada" o "Estoy bien".

Estas breves señales son en general la única manera en que una venusina sabe que debe darle espacio para que él solucione solo sus problemas. En lugar de decir: "Estoy perturbado y necesito un poco de tiempo a solas", los hombres simplemente permanecen en silencio.

En el diagrama siguiente se enuncian seis señales de advertencia abreviadas y comúnmente expresadas, así como las maneras en que una mujer podría responder a ellas inadvertidamente en forma entrometida y poco comprensiva:

SEIS SEÑALES COMUNES
DE ADVERTENCIA ABREVIADAS

Cuando una mujer pregunta: "¿Qué ocurre?"

Un hombre dice:	Una mujer puede responder:
"Estoy perfecto" o "Está todo perfecto".	"Sé que algo pasa. ¿Qué es?"
"Estoy bien" o "Está todo bien".	"Pero pareces perturbado. Hablemos."
"No es nada"	"Quiero ayudar. Sé que algo te molesta. ¿Qué es?"
"Está todo en orden" o "Estoy en orden."	"Estás seguro? Me alegraría ayudarte."
"No importa mucho."	"Pero algo te está molestando. Creo que deberíamos hablar."
"No hay problema."	"Sí que lo hay. Yo podría ayudar."

Cuando un hombre hace uno de los comentarios arriba mencionados, en general quiere una aceptación silenciosa o algo de espacio. En esos momentos, a fin de evitar una mala interpretación y un pánico innecesario, las venusinas consultan su *Diccionario de expresiones marcianovenusinas*. Sin esta asistencia, las mujeres malinterpretan estas expresiones abreviadas.

Las mujeres tienen que saber que cuando un hombre

dice "Estoy perfecto", es una versión abreviada que realmente quiere decir: "Estoy perfecto porque puedo enfrentar esto solo. No necesito ninguna ayuda. Por favor apóyame no preocupándote por mí. Confía en que puedo enfrentarlo por mi propia cuenta".

Sin esta traducción, cuando él se siente perturbado y dice "Estoy perfecto" a ella le suena como si él quisiera negar sus sentimientos o problemas. Ella trata entonces de ayudarlo haciendo preguntas o hablando acerca del problema que ella piensa que lo aqueja. Ella no sabe que él está hablando un lenguaje abreviado. Los siguientes son extractos de su diccionario de expresiones:

El diccionario de expresiones marcianovenusinas

Estoy perfecto, traducido al venusino, significa: «Estoy perfecto, puedo enfrentar mi perturbación. No necesito ninguna ayuda, gracias".

Sin esta traducción, cuando dice "Estoy perfecto» ella puede llegar a interpretar: "No estoy perturbado porque no me importa» o bien: "No tengo ganas de compartir contigo mis sentimientos perturbadores. No confío en tu ayuda».

Estoy bien, traducido al venusino, significa: "Estoy bien porque estoy enfrentando con éxito mi perturbación o mi problema. No necesito ayuda. En caso de necesitarla, la pediré».

Sin esta traducción, cuando él dice "Estoy bien" ella puede llegar a interpretar: "No me importa lo que ocurrió. No es un problema importante para mí. Aun cuando te perturbe a ti, no me importa".

No es nada, traducido al venusino, significa: "Cualquier cosa que me moleste puedo manejarla solo. Por favor no hagas más preguntas al respecto".

Sin esta traducción, cuando él dice "No es nada" ella puede llegar a interpretar: "No sé lo que me está molestando. Necesito que me hagas preguntas para ayudarme a descubrir lo que está sucediendo". En ese momento ella lo hace enojar haciéndole preguntas cuando en realidad él quiere que lo dejen tranquilo.

Está todo en orden, traducido al venusino, significa: "Hay un problema pero no es culpa tuya. Puedo resolverlo solo si no interrumpes mi proceso haciéndome más preguntas u ofreciendo sugerencias. Actúa como si no hubiera ocurrido, de manera que yo pueda procesarlo dentro de mí con más eficiencia".

Sin esta traducción, cuando él dice "Está todo en orden" ella puede llegar a interpretar: "Se supone que así debe ser. No hay nada que deba cambiarse", o bien: "Está todo en orden esta vez, pero recuerda que es culpa tuya. Puedes hacer eso una vez pero no lo hagas de nuevo, de lo contrario...»

No importa mucho, traducido al venusino, significa: "No importa mucho porque puedo hacer que las cosas funcionen de nuevo. Por favor no te extiendas sobre este problema o no hables más acerca de él. Eso me perturba más aún. Acepto la responsabilidad de resolver este problema. Resolverlo me hace feliz".

Sin esta traducción, cuando él dice "No importa mucho" ella puede llegar a interpretar: "Estás haciendo mucho lío por nada. Lo que te preocupa no es importante. No exageres".

No hay problema, traducido al venusino, significa: "No tengo problema en hacer esto o en resolver este problema. Me complace ofrecerte esto a ti".

Sin esta traducción, cuando él dice "No hay problema", ella puede llegar a interpretar: "Esto no es problema. ¿Por qué estás convirtiéndolo en un problema o pidiendo ayuda?" Ella le explica entonces en forma errónea por qué es un problema.

El hecho de usar este *Diccionario de expresiones marcianovenusinas* puede contribuir a que las mujeres entiendan lo que los hombres realmente quieren decir cuando abrevian lo que están diciendo. A veces lo que él dice realmente es lo opuesto de lo que ella escucha.

QUÉ HACER CUANDO ÉL SE METE EN SU CUEVA

En mis seminarios, cuando explico el tema de las cuevas y los dragones, las mujeres quieren saber cómo acortar el tiempo que pasan los hombres en sus cuevas. En ese momento les pido a los hombres que respondan y en general éstos dicen que cuanto más tratan las mujeres de hacerlos salir o de hablar, más tiempo tardan en hacerlo.

Otro comentario común hecho por los hombres es el siguiente: "Resulta difícil salir de la cueva cuando siento que mi pareja desaprueba el tiempo que paso en ella". El hecho de hacer sentir mal a un hombre por estar en su cueva tiene el efecto de volverlo a meter en la cueva cuando quiere salir.

Cuando un hombre se mete en su cueva generalmente se siente herido o tenso y está tratando de resolver su problema solo. Darle el apoyo que desearía una mujer resultaría contraproducente. Existen básicamente seis maneras de apoyar a un hombre que se mete en la cueva. (El hecho de ofrecerle este apoyo también acortará el tiempo que necesita pasar solo.)

Cómo apoyar a un hombre metido en su cueva

1. No desaprobar su necesidad de retirarse.
2. No tratar de ayudarlo a resolver su problema ofreciéndole soluciones.
3. No tratar de estimularlo haciéndole preguntas acerca de sus sentimientos.
4. No sentarse junto a la puerta de la cueva para esperar a que salga.
5. No preocuparse o sentir pena por él.
6. Hacer algo que la haga feliz a usted.

Si necesita "hablar", escríbale una carta para que la lea más tarde, cuando salga, y si usted necesita estímulo, hable con una amiga. No haga que él sea su única fuente de satisfacción.

Un hombre quiere que su venusina favorita confíe en que él puede manejar lo que le está molestando. Esto resulta muy importante para su honor, su orgullo y su autoestima.

No preocuparse por él le resulta a ella muy difícil. Preocuparse por los demás es una manera en que las mujeres expresan su amor y su interés. Es una forma de mostrar amor. Para una mujer, sentirse feliz cuando la persona a la que ama se siente perturbada no parece algo correcto. No hay duda de que él no quiere que ella se sienta feliz porque él esta perturbado, pero sí quiere que ella esté feliz. Quiere que ella se sienta feliz para tener un problema menos que resolver. Además él quiere que se sienta feliz porque eso lo ayuda a sentirse amado por ella. Cuando una mujer está feliz y libre de preocupaciones, a él le resulta más fácil salir.

Irónicamente, los hombres muestran su amor al no preocuparse. Un hombre se pregunta: "¿Cómo puedes preocuparte por alguien a quien admiras y en quien confías?". Los hombres se apoyan unos a otros diciendo frases como: "No te preocupes, puedes manejarlo" o "Eso es problema de ellos, no tuyo" o "Estoy seguro de que todo saldrá bien". Los hombres se apoyan entre sí al no preocuparse o al minimizar sus dificultades.

Me llevó años entender que mi esposa realmente quería que yo me preocupara por ella cuando se sentía perturbada. Sin este conocimiento de nuestras necesidades diferentes, yo minimizaba la importancia de sus preocupaciones. Esto sólo lograba perturbarla aún más.

Cuando un hombre se mete en su cueva, generalmente está tratando de resolver un problema. Si su pareja está feliz o no se siente necesitada de atención en ese momento, tiene entonces un problema menos que resolver antes de salir. El hecho de saber que ella está feliz con él también le da más fuerza para enfrentar su problema mientras está en la cueva.

Cualquier cosa que la distraiga o la ayude a sentirse mejor le resultará útil a él. Véanse los siguientes ejemplos:

> Leer un libro
> Llamar a una amiga para conversar
> Escuchar música
> Trabajar en el jardín
> Escribir en un diario
> Hacer ejercicio
> Ir de compras
> Ir a hacerse un masaje
> Orar o meditar
> Escuchar cintas de automejoramiento
> Ir a caminar
> Darse un baño de burbujas
> Darse el gusto con algo delicioso
> Acudir a un terapeuta
> Mirar televisión o una película

Los marcianos también recomendaban a las venusinas que hicieran algo que les diera placer. Resultaba duro concebir el sentirse felices cuando un amigo sufría, pero las venusinas encontraron su manera de lograrlo. Cada vez que su marciano favorito se metía en su cueva, se iban a hacer compras o salían a hacer cualquier otra excursión placentera. A las venusinas les encantaba ir de compras. Mi esposa Bonnie utiliza a veces esta técnica. Cuando ve que estoy en mi cueva, sale de compras. Nunca siento que tenga que disculparme por mi lado marciano. Cuando ella puede arreglárselas sola, me siento bien arreglándomelas solo y metiéndome en mi cueva. Ella confía en que regresaré y me mostraré más afectuoso.

Ella sabe que el momento en que me meto en mi cueva no es el adecuado para hablar. Cuando comienzo a mostrarle signos de interés, ella sabe que estoy saliendo de la cueva y que ése es el momento de hablar. A veces dirá en forma casual: "Cuando desees hablar, quisiera pasar un poco de tiempo juntos. ¿Me avisarás cuándo?" De esta manera puede tantear el terreno sin ser molesta o exigente.

CÓMO COMUNICAR APOYO A UN MARCIANO

Incluso cuando están fuera de sus cuevas, los marcianos quieren que los demás confíen en ellos. No les gusta recibir un consejo o empatía no solicitados. Necesitan ponerse a prueba. Ser capaces de realizar cosas sin la ayuda de los demás constituye un motivo de orgullo. (Mientras que, para una mujer, cuando alguien la asiste, tener una relación de comprensión resulta un motivo de orgullo para ella.) Un hombre se siente apoyado cuando una mujer se comunica de la siguiente manera: "Confío en ti para manejar las cosas a menos que pidas ayuda directamente".

Al principio, aprender a apoyar a los hombres de esta manera puede resultar muy difícil. Muchas mujeres sienten que la única manera en que pueden obtener lo que quieren en una relación es criticar a un hombre cuando éste comete un error y ofrecer consejos no solicitados. Sin un modelo de madre que sabía cómo recibir apoyo de un hombre, a las mujeres no se les ocurre que pueden alentar a un hombre a dar más pidiendo apoyo directamente, sin necesidad de tener que mostrarse críticas ni de ofrecer consejos. Además, si él se comporta desagradablemente para ella, puede decirle en forma simple y directa que no le gusta su comportamiento sin juzgar si es equivocado o no.

Cómo acercarse a un hombre
con críticas o consejos

Muchas mujeres, al no comprender hasta qué punto pueden provocar el alejamiento de los hombres mediante consejos y críticas no solicitados, se sienten impotentes para obtener lo que necesitan y quieren de un hombre. Nancy se sentía frustrada en sus relaciones. Ella afirmaba: "Todavía no sé cómo acercarme a un hombre por medio de críticas y consejos. ¿Qué pasa si sus modales en la mesa son espantosos o si se viste realmente muy mal? ¿Qué sucede si es un buen tipo pero una ve que se comporta de tal manera con la gente que lo hace aparecer como un idiota y eso le causa dificultades en las relaciones con los demás? ¿Qué debería hacer yo? Cualquiera sea la manera en que se lo diga, se enoja o se coloca a la defensiva o simplemente me ignora".

La respuesta es que de ninguna manera tiene que ofrecer sus críticas o consejos si él no se los pide. Por el contrario, ella debería ofrecerle una aceptación afectuosa. Eso es lo que él necesita, no sermones. Cuando él comience a percibir su aceptación, comenzará a preguntarle qué piensa. Sin embargo, si él detecta que ella le está exigiendo un cambio, no solicitará consejos o sugerencias. En especial en una relación íntima, los hombres necesitan sentirse muy seguros antes de poder abrirse y pedir apoyo.

Además, si al confiar pacientemente en que su pareja crezca y cambie, una mujer no obtiene lo que necesita y quiere, puede y debería compartir sus sentimientos y pedir (pero nuevamente sin dar consejos o criticar). Este es un arte que requiere cuidado y creatividad. Los siguientes son cuatro enfoques posibles:

1. Una mujer le puede decir a un hombre que no le gusta cómo se viste sin darle una conferencia acerca de cómo vestirse. Podría decir en forma casual mientras él se viste: "No me gusta como te queda esa camisa. ¿Te pondrías otra esta noche?" Si él se siente molesto por el comentario, ella tendría que respetar entonces su sensibilidad y disculparse. Podría decir: "Lo lamento, no pretendí decirte cómo vestir".

2. Si es muy quisquilloso—y algunos hombres lo son—, ella podría entonces tratar de hablar del tema en otra ocasión. Podría decir: "¿Recuerdas esa camisa azul que te pusiste con pantalones verdes? No me gustó esa combinación. ¿Querrías tratar de ponértela con los pantalones grises?"

3. Ella podría preguntar directamente: "¿Me dejarías llevarte de compras algún día? Me encantaría elegir para ti alguna ropa". Si él dice que no, ella puede entonces sentirse segura de que él ya no quiere recibir sugerencias. Si dice que sí, no le ofrezca demasiados consejos. Recuerde su sensibilidad.

4. Ella podría decir: "Hay algo de lo que quisiera hablar pero no sé cómo decirlo. *(Pausa)*. No quiero ofenderte, pero quiero realmente decírtelo. ¿Querrías escuchar y luego sugerirme cómo decirlo mejor?" Esto hace que él se prepare para recibir el choque y luego descubra contento que no era tan importante.

Analicemos otro ejemplo. Si a ella no le gustan sus modales en la mesa y están solos, ella podría decir (sin mirada de desaprobación): "¿Querrías usar tus cubiertos?" o "¿Querrías beber de tu vaso?". Sin embargo, en caso de estar con otras personas, es mejor no decir nada y ni siquiera fijarse en ello. Otro día podría decir: "¿Querrías usar los cubiertos cuando comes frente a los niños?" o bien: "Odio cuando comes con los dedos. Me pongo muy quisquillosa respecto de esas pequeñas cosas. Cuando comas conmigo, ¿querrías usar los cubiertos?"

Si su comportamiento la hace sentir incómoda, espere a que no haya nadie alrededor y luego comparta sus sentimientos. No le diga "cómo comportarse" o que está equivocado; por el contrario, comparta sentimientos francos en forma sintética y afectuosa. Podría decir: "La otra noche, en la fiesta, no me gustó cuando hablabas tan fuerte. Cuando estoy cerca, ¿podrías tratar de hablar más bajo?" Si él se enoja y el comentario no le cae bien, pida simplemente disculpas por las críticas.

Este arte de ofrecer respuestas negativas y pedir apoyo se analiza a fondo en los capítulos 9 y 12. Además, los mejores momentos para mantener este tipo de conversaciones se estudian en el capítulo siguiente.

Cuándo un hombre no necesita ayuda

Un hombre suele sentirse abrumado cuando una mujer trata de alentarlo o ayudarlo a resolver un problema. Se siente como si ella no lo creyera capaz de manejar sus propios problemas. Puede sentirse controlado, como si ella lo tratara como a un niño, o sentir que ella quiere cambiarlo.

Esto no significa que un hombre no necesite un amor reconfortante. Las mujeres tienen que entender que lo alientan cuando se abstienen de ofrecer consejos no solicitados para resolver los problemas. Él necesita su apoyo afectuoso pero en una forma distinta de la que ella piensa. Al tratar de no corregir o de no mejorar a un hombre, la mujer lo está alentando. Dar consejos puede resultar estimulante sólo si él lo pide directamente.

Un hombre busca consejo o ayuda sólo cuando ya ha hecho lo que puede hacer solo. Si recibe demasiada asistencia o demasiado pronto, perderá su sentido de poder y fuerza. Se torna o perezoso o inseguro. Los hombres apoyan en forma instintiva a otro hombre ofreciendo consejos o ayuda sólo si este último lo pide específicamente.

Al enfrentar los problemas, un hombre sabe que primero debe avanzar cierta distancia solo y, luego, si necesita ayuda puede pedirla sin perder su fuerza, poder y dignidad. El hecho de ofrecer ayuda a un hombre en el momento equivocado podría muy bien ser tomado como un insulto.

Cuando un hombre está cortando el pavo del día de Acción de Gracias y su pareja insiste en dar consejos sobre cómo y qué cortar, él siente su desconfianza. La rechaza y se decide a hacerlo a su manera. Por otra parte, si un hombre le ofrece ayuda a ella para cortar el pavo, ésta se siente amada y cuidada.

Cuando una mujer sugiere que su marido siga el consejo de un experto, él puede sentirse ofendido. Recuerdo el caso de una mujer que me preguntaba por qué su marido se enojaba tanto con ella. Me explicó que antes de tener relaciones sexuales le había preguntado a su marido si había revisado sus apuntes sobre una conferencia grabada por mí acerca de los secretos de tener una buena relación sexual. No se había dado cuenta de que era un insulto para él. Aunque él había apreciado las grabaciones, no quería que ella le dijera qué hacer recordándole seguir mi consejo. ¡Quería que ella confiara en que él sabía qué hacer"

Mientras los hombres quieren que se confíe en ellos,

las mujeres quieren demostrar interés. Cuando un hombre le dice a una mujer: "¿Qué pasa, querida?" con una mirada de preocupación, ella se siente reconfortada por su interés. Cuando una mujer le dice a un hombre con la misma actitud: "¿Qué pasa, querido?", él puede sentirse insultado o rechazado. Siente como si ella no confiara en su capacidad para manejar las cosas.

A un hombre le resulta muy difícil diferenciar entre empatía y conmiseración. Odia despertar lástima. Una mujer puede decir: "Lamento haberte lastimado". Él dirá: "No era muy importante" y rechazará su apoyo. Por otra parte, a ella le encanta escucharlo decir: "Lo lamento, te lastimé". Ella siente entonces que él se preocupa realmente. Los hombres tienen que encontrar formas de demostrar interés, mientras que las mujeres tienen que encontrar formas de demostrar confianza.

A un hombre le resulta difícil diferenciar entre empatía y conmiseración. Odia despertar lástima.

Demasiado interés resulta agobiante

Cuando me casé con Bonnie, la noche antes de dejar la ciudad para dar un seminario de fin de semana, ella me preguntó a qué hora me levantaría. Luego me preguntó a qué hora salía el avión. Luego hizo unos cálculos mentales y me advirtió que no tenía tiempo suficiente para tomar el avión. Ella pensó que me estaba apoyando, pero yo no lo sentí así. Me sentí ofendido. Hacía catorce años que viajaba por todo el mundo dando cursos, y nunca había perdido un avión.

A la mañana siguiente, antes de irme, ella me hizo una serie de preguntas: "¿Tienes el pasaje? ¿Llevas tu billetera? ¿Tienes dinero suficiente? ¿Guardaste tus medias? ¿Sabes dónde alojarte?" Pensaba que estaba demostrándome amor, pero yo sentí que desconfiaba de mí y me molesté. Finalmente le dije que apreciaba sus afectuosas intenciones pero que no me gustaba ser sobreprotegido de ese modo.

Le comuniqué que si ella quería sobreprotegerme debía hacerlo demostrándome un amor y una confianza incondicionales. Le dije: "Si pierdo el avión, no me digas 'te lo dije'. Confía en que aprenderé la lección y haré los ajustes necesarios. Si olvido mi cepillo de dientes o mi equipo para afeitar, deja que yo me enfrente con el problema. No me lo señales cuando llame". Con el conocimiento de lo que yo quería, en lugar de lo que hubiera querido ella, le resultó más fácil tener éxito en su intención de apoyarme.

Una historia de éxito

Una vez, de viaje a Suecia para ofrecer mi seminario sobre las relaciones, llamé a California desde Nueva York y le informé a Bonnie que había olvidado mi pasaporte en casa. Ella reaccionó entonces en forma muy afectuosa y hermosa. No me dio lecciones sobre cómo ser más responsable. En lugar de ello, se rió y dijo: "Oh Dios, John, te pasa cada cosa. ¿Qué harás?"

Le pedí que enviara un fax con mi pasaporte al consulado de Suecia y el problema estaba resuelto. Ella se mostró muy solidaria. Ni una sola vez sucumbió a la tentación de darme sermones sobre cómo ser más precavido. Se mostró incluso orgullosa de mí por haber encontrado una solución para mi problema.

HAY QUE HACER PEQUEÑOS CAMBIOS

Un día observé que cuando mis hijos me pedían que hiciera cosas, siempre respondía: "No hay problema". Era mi manera de decir que me sentía feliz de hacerlo. Mi hijastra Julie me preguntó un día: "¿Por qué siempre dices 'no hay problema'?". No lo sabía. Después de un momento me di cuenta de que se trataba de otro de esos hábitos marcianos profundamente arraigados. Con este nuevo conocimiento empecé a decir: "Me sentiría muy contento de hacerlo". Esta frase expresaba mi mensaje implícito y ciertamente sonaba más afectuoso para mi hija venusina.

Este ejemplo simboliza un secreto muy importante para mantener relaciones enriquecedoras. Podemos efectuar pequeños cambios sin sacrificar quiénes somos. Ese era el secreto del éxito para marcianos y venusinas. Ambos fueron cuidadosos de no sacrificar sus verdaderas naturalezas, pero también se mostraron deseosos de efectuar pequeños cambios en su comportamiento. Aprendieron a mejorar sus relaciones al crear y cambiar algunas simples expresiones.

El punto importante aquí es que para enriquecer nuestras relaciones tenemos que efectuar pequeños cambios. Los grandes cambios generalmente requieren sacrificar parte de lo que verdaderamente somos. Eso no es bueno.

El hecho de ofrecer cierta tranquilidad cuando se mete en su cueva representa para el hombre un pequeño cambio que puede hacer sin cambiar su naturaleza. Para efectuar dicho cambio debe darse cuenta de que las mujeres realmente necesitan cierta tranquilidad, en especial si tienen que preocuparse menos. Si un hombre no entiende las diferencias entre hombres y mujeres, no puede comprender por qué su silencio repentino es causa de tal preocupación. Al brindar cierta tranquilidad puede remediar la situación.

Por otra parte, si no sabe de qué modo él es diferente, cuando ella se perturbe por su tendencia a meterse en su cueva, él puede renunciar a entrar en la cueva en un intento por satisfacerla. Este es un gran error. Si renuncia a la cueva (y niega su verdadera naturaleza) se torna irritable, excesivamente sensible, se muestra a la defensiva, débil, pasivo o ruin. Y para empeorar las cosas, no sabe por qué se ha convertido en una persona tan desagradable.

Cuando una mujer se muestra perturbada porque él se mete en la cueva, en lugar de renunciar al encierro, un hombre puede efectuar pequeños cambios y aliviar así el problema. No necesita negar sus verdaderas necesidades o rechazar su naturaleza masculina.

CÓMO COMUNICAR APOYO A UNA VENUSINA

Tal como lo hemos analizado, cuando un hombre penetra en su cueva o se torna silencioso está diciendo: "Necesito algo de tiempo para pensar en esto, por favor deja de hablarme. Volveré". No se da cuenta de que una mujer puede interpretar lo siguiente: "No te amo, no soporto escucharte, me voy, ¡y no volveré nunca!" Para contrarrestar ese mensaje y para darle el mensaje correcto él puede aprender a decir la palabra mágica: "Volveré".

Cuando un hombre se aparta, la mujer aprecia que le diga en voz alta: "Necesito un poco de tiempo para pensar en eso, volveré" o "Necesito un poco de tiempo para estar solo. Volveré". Es sorprendente observar cómo una sola palabra —"volveré"— puede cambiar todo.

Las mujeres aprecian mucho esta palabra tranquilizadora. Cuando un hombre comprende lo importante que es esto para una mujer, está entonces en condiciones de recordar que tiene que darle esa tranquilidad.

Si una mujer se sintió abandonada o rechazada por su padre o si su madre se sintió rechazada por su marido, entonces ella (la niña) será más sensible al hecho de sentirse abandonada. Por esa razón, nunca debería ser juzgada por necesitar esa tranquilidad. Del mismo modo, un hombre nunca debería ser juzgado por su necesidad de ingresar en su cueva.

Una mujer no debería ser juzgada por necesitar esa tranquilidad, y un hombre nunca debería ser juzgado por su necesidad de retirarse.

Cuando una mujer se siente menos herida por su pasado y si entiende la necesidad de un hombre de pasar tiempo en la cueva, su necesidad de ser tranquilizada será entonces menor.

Recuerdo haber mencionado este punto en un seminario y la siguiente observación por parte de una mujer: "Soy muy sensible al silencio de mi marido, y sin embargo de niña nunca me sentí abandonada o rechazada. Mi madre nunca se sintió rechazada por mi padre. Aun cuando se divorciaron, lo hicieron en forma amistosa".

Entonces rió. Se dio cuenta de su engaño. Luego echó a llorar. Era evidente que su madre se había sentido rechazada. Era evidente que ella se había sentido rechazada. ¡Sus padres se habían divorciado! Como sus padres, ella también había negado su sentimiento de dolor.

En una época en que el divorcio es tan común, resulta mucho más importante aún que los hombres se muestren sensibles y den tranquilidad. Así como los hombres pueden apoyar a las mujeres llevando a cabo pequeños cambios, las mujeres deben hacer lo mismo.

CÓMO COMUNICARSE SIN CULPAR A NADIE

Un hombre se siente comúnmente atacado y culpado por los sentimientos de una mujer, en especial cuando ella se siente perturbada y habla de determinados problemas. Por no comprender hasta qué punto somos diferentes, él no capta la necesidad de su pareja de hablar de todos sus sentimientos.

Él supone erróneamente que ella le está hablando de sus sentimientos porque piensa que de alguna manera él es responsable o debe ser culpado de algo. Por el hecho de que ella está perturbada y le está hablando, él supone que ella está enojada con él. Cuando ella se lamenta, él interpreta que le está echando la culpa. Muchos hombres no entienden la necesidad (venusina) de compartir sentimientos de enojo con la gente que aman.

Con práctica y con el conocimiento de nuestras diferencias, las mujeres pueden aprender a expresar sus sentimientos sin echar culpas. Para tranquilizar a un hombre en el sentido de no sentirse acusado de algo, cuando una mujer expresa sus sentimientos podría hacer una pausa después de unos minutos de compartir lo que siente y decirle hasta qué punto lo aprecia por escucharla.

Podría hacer algunos de los siguientes comentarios:

- "Estoy muy feliz de poder hablar de esto."

- "Hablar de esto me hace sentir muy bien."

- "Me siento aliviada de poder hablar de esto."

- "Me siento muy feliz de poder quejarme de todo esto. Me hace sentir mucho mejor."

- "Bueno, ahora que hablé de eso, me siento mucho mejor. Gracias."

Esta simple variación puede cambiar todo.

En el mismo sentido, mientras ella describe sus problemas, puede apoyarlo apreciando las cosas que él ha hecho para que su vida sea más fácil y satisfactoria. Por ejemplo, si ella se está lamentando del trabajo, de vez en cuando puede mencionar que tenerlo en su vida es bueno y que se siente contenta de volver a casa; si se está quejando de la casa, podría mencionar entonces que aprecia que él haya arreglado la cerca; o si se está lamentando de las finanzas, podría mencionar que aprecia realmente cuánto trabaja él; o si se lamenta de las frustraciones de ser madre, podría mencionar que se

alegra de contar con su ayuda.
Compartir la responsabilidad

Una buena comunicación requiere participación de los dos lados. Un hombre debe esforzarse en recordar que el quejarse de los problemas no significa echar culpas y que cuando una mujer se lamenta está simplemente dejando salir sus frustraciones al hablar de éstas. Una mujer puede esforzarse en hacerle saber que, aun cuando se esté quejando, ella igual lo aprecia.

Por ejemplo, mi esposa entró hace un rato y me preguntó cómo estaba saliendo este capítulo. Yo respondí: "Está casi terminado. ¿Qué tal tu día?"

Ella dijo: "Oh, hay tanto para hacer. Casi no tenemos tiempo para estar juntos". Mi viejo ya se hubiera puesto a la defensiva y le hubiera recordado todo el tiempo que pasamos juntos o le hubiera dicho qué importante era que yo cumpliera con mi plazo de entrega. Esto sólo hubiese creado tensión.

El nuevo yo, consciente de nuestras diferencias, comprendió que ella estaba buscando tranquilidad y comprensión y no justificaciones y explicaciones. Afirmé entonces: "Tienes razón, estuvimos realmente ocupados. Siéntate aquí sobre mis rodillas y déjame abrazarte. Ha sido un día largo".

Ella dijo entonces: "Me siento realmente bien aquí". Era la muestra de aprecio que yo necesitaba para abrirme más a ella. Ella continuó luego con sus quejas acerca de su día y contó lo agotada que estaba. Después de unos minutos, hizo una pausa. Le ofrecí entonces llamar a la *babysitter* para que pudiera relajarse y meditar antes de la cena.

Ella respondió: "¿En serio, la llamarías? Eso sería muy bueno, ¡gracias!" Nuevamente me demostró el aprecio y la aceptación que yo necesitaba para sentirme como un buen compañero, aun cuando ella estuviera cansada y agotada.

Las mujeres no piensan en demostrar aprecio porque

suponen que un hombre ya sabe cuánto ella aprecia ser escuchada. Él no lo sabe. Cuando ella está hablando sobre los problemas él necesita recibir la tranquilidad de saber que lo siguen amando y apreciando.

Los hombres se sienten frustrados por los problemas a menos que estén haciendo algo por resolverlos. Al demostrarle aprecio, una mujer puede ayudarlo a darse cuenta de que simplemente al escuchar él también está ayudando.

Una mujer no tiene por qué suprimir sus sentimientos ni tampoco cambiarlos para apoyar a su pareja. Sin embargo lo que sí tiene que hacer es expresarlos de tal modo que él no se sienta atacado, acusado o culpado. Hacer unos pocos cambios puede variar toda la situación.

Cuatro palabras mágicas de apoyo

Las cuatro palabras mágicas para apoyar a un hombre son: "No es culpa tuya". Cuando una mujer está expresando los sentimientos que la perturban, puede apoyar a un hombre al hacer una pausa de vez en cuando para alentarlo diciendo: "Realmente aprecio que estés escuchando, y si suena como si estuviera diciendo que todo esto es culpa tuya, no es mi intención que así sea. No es culpa tuya".

Una mujer puede aprender a demostrar sensibilidad hacia su pareja cuando comprende la tendencia de éste a sentirse un fracaso al escuchar que le cuentan un montón de problemas.

El otro día me llamó mi hermana y me contó acerca de una experiencia difícil por la que estaba pasando. Mientras escuchaba me propuse recordar que para apoyar a mi hermana no tenía que ofrecerle solución alguna para su problema. Ella simplemente necesitaba que alguien la escuchara. Después de diez minutos de escucharla y de decirle de vez en cuando cosas como "oh" y "¿en serio?", ella me dijo: "Bueno, gracias John. Me siento mucho mejor".

Era mucho más fácil escucharla porque sabía que no me estaba echando la culpa de nada. Le estaba echando la culpa a otra persona. Me resulta más difícil cuando mi mujer se siente desdichada, porque entonces suelo sentirme acusado de algo. Sin embargo, cuando mi esposa me alienta a escuchar demostrándome aprecio, resulta mucho más fácil ser un buen oyente.

Qué hacer cuando uno tiene ganas de culpar a alguien

El hecho de tranquilizar a un hombre diciéndole que no es su culpa o que no se lo acusa de nada funciona siempre que ella no esté realmente culpándolo de algo, que no le esté expresando desaprobación o alguna crítica. Si lo está atacando, entonces tendría que compartir sus sentimientos con otra persona. Debería esperar hasta sentir más afecto y compostura para hablar con él. Podría compartir su resentimiento con alguien con el que no esté enojada, capaz de ofrecerle el apoyo que ella necesita. Luego, cuando sienta que puede dar más afecto y que puede disculparlo, ella podrá acercarse a él con más éxito para compartir sus sentimientos. En el capítulo 11 analizaremos con mayores detalles la manera de comunicar sentimientos difíciles.

Cómo escuchar sin culpar a alguien

Un hombre a menudo acusa a una mujer de estar culpándolo cuando ella habla inocentemente acerca de los problemas. Esto resulta muy destructivo para la relación, porque bloquea la comunicación.

Imagínese a una mujer que dice: "Todo lo que hacemos es trabajar, trabajar, trabajar. Ya no nos divertimos más. Eres tan serio". Un hombre podría muy bien sentir que ella lo está culpando.

Se siente atacado. Sugiero que, por su parte, evite atacar y decir: "Siento que me estás culpando».

Por el contrario, sugiero que diga: "Es difícil escucharte decir que soy tan serio. ¿Estás diciendo que el hecho de que no nos divirtamos más es todo culpa mía?"

O podría decir: "Duele escucharte decir que soy tan serio y que no nos divertimos más. ¿Estás diciendo que todo es culpa mía?"

Además, a fin de mejorar la comunicación él puede ofrecerle una salida. Podría decir: "Pareciera que estás diciendo que si trabajamos mucho es culpa mía. ¿Es así?"

O podría decir: "Cuando dices que no nos divertimos y que soy demasiado serio, siento que estás echándome toda la culpa a mí. ¿Es así?"

Todas estas respuestas son respetuosas y le brindan a ella la oportunidad de retirar cualquier acusación que él pudo haber percibido. Cuando ella dice: "Oh, no, no estoy diciendo que todo sea culpa tuya" probablemente él se sienta algo más aliviado.

Otro enfoque que puede resultar útil es recordar que ella siempre tiene derecho a sentirse perturbada y que una vez que lo manifieste se sentirá mucho mejor. Este conocimiento me permite relajarme y recordar que si puedo escuchar sin tomarlo como algo personal, cuando ella necesite quejarse me demostrará mucho aprecio. Aun cuando me culpe de algo, no se aferrará a esa idea.

El arte de escuchar

Cuando un hombre aprende a escuchar y a interpretar correctamente los sentimientos de una mujer, la comunicación se torna más fácil. Como ocurre con cualquier arte, escuchar requiere práctica. Cada día cuando vuelvo a casa, generalmente busco a Bonnie y le pregunto cómo fue su día practicando así el arte de escuchar.

Si está alterada o tuvo un día de tensiones, sentiré al principio que de alguna manera me está atribuyendo la responsabilidad y las culpas de los problemas. Mi mayor desafío es no tomarlo en forma personal, no malinterpretarla. Logro esto recordando continuamente que hablamos idiomas diferentes. Cuando pregunto: "¿Qué otra cosa ocurrió?" descubro que hay muchas otras cosas que la están molestando. Gradualmente me doy cuenta de que no soy el único responsable de su perturbación. Después de un rato, cuando comienza a apreciarme por estar escuchándola, entonces, aun cuando yo fui parcialmente responsable de su aflicción, comienza a mostrarse agradecida, bien dispuesta y afectuosa.

Aunque escuchar es una habilidad importante que uno debe practicar, algunos días el hombre se muestra demasiado sensible o tensionado para traducir la intención de las expresiones de su pareja. En esos momentos él no debería ni siquiera tratar de escuchar. En lugar de ello, tendría que decir amablemente: "Este no es un buen momento para mí. Hablemos más tarde".

A veces un hombre recién se da cuenta de que no puede escuchar en el momento en que ella comienza a hablar. Si se siente muy frustrado mientras escucha no debería tratar de continuar; no haría más que incrementar su perturbación. Eso no le sirve ni a él ni a ella. Por el contrario, debe decir en forma respetuosa: "Realmente quiero escuchar lo que estás diciendo, pero en este preciso momento me resulta muy difícil hacerlo. Creo que necesito tiempo para pensar lo que acabas de decir".

Gracias a que Bonnie y yo hemos aprendido a comunicarnos de modo de respetarnos las diferencias y comprender las necesidades de cada uno, nuestro matrimonio se hizo mucho más fácil. He sido testigo de esta misma transformación en miles de individuos y parejas.

Las relaciones se enriquecen cuando la comunicación refleja una pronta aceptación y respeto de las diferencias innatas de la gente.

Cuando surgen las malas interpretaciones, recuerde que hablamos idiomas diferentes; tómese el tiempo necesario para traducir lo que su pareja realmente pretende o quiere decir. Esto sin duda exige práctica, pero vale la pena.

Capítulo 6

LOS HOMBRES SON COMO BANDAS ELÁSTICAS

Los hombres son como bandas elásticas. Cuando se apartan, pueden estirarse hasta un punto y luego saltar hacia atrás. Un banda elástica constituye la metáfora perfecta para comprender el ciclo de la intimidad masculina. Dicho ciclo incluye el acercamiento, el alejamiento y luego un nuevo acercamiento.

A la mayoría de las mujeres les sorprende darse cuenta de que, incluso cuando un hombre ama a una mujer, periódicamente necesita retirarse antes de poder acercarse más. Los hombres sienten en forma instintiva esa urgencia de retirarse. No es una decisión o una elección. Simplemente sucede. No es culpa de él ni de ella. Es un ciclo natural.

**Cuando un hombre ama a una mujer,
periódicamente necesita retirarse
antes de poder acercarse más.**

Las mujeres malinterpretan el alejamiento del hombre porque en general una mujer se retira por razones diferentes. Ella se retira cuando no confía en que él entienda sus sentimientos, cuando ha sido lastimada y siente temor de serlo nuevamente o cuando él ha hecho algo mal y la ha decepcionado.

No hay duda de que el hombre puede retirarse por las mismas razones, pero también se retira aun cuando ella no haya hecho nada equivocado. Puede amarla y confiar en ella y luego de repente comienza a retirarse. Como una banda elástica estirada, se apartará y luego regresará solo.

Un hombre se retira a fin de satisfacer su necesidad de independencia o autonomía. Cuando se ha retirado completamente, saltará entonces de inmediato hacia atrás. Cuando se apartó totalmente, comenzará a sentir la necesidad de amor e intimidad. Automáticamente se sentirá más estimulado a dar su amor y a recibir el amor que necesita. Cuando un hombre salta hacia atrás, retoma la relación en el grado de intimidad en el que se encontraba antes de haberse retirado. No siente ninguna necesidad de un período de reacomodación.

LO QUE TODA MUJER DEBERÍA SABER ACERCA DE LOS HOMBRES

Si se lo entiende, dicho ciclo masculino de intimidad enriquece una relación, pero si no se lo entiende correctamente, crea problemas innecesarios. Analicemos un ejemplo:

Maggie estaba angustiada, ansiosa y confundida. Ella y su novio, Jeff, se habían estado viendo durante seis meses. Todo había sido muy romántico. Luego, sin ninguna razón aparente, él comenzó a distanciarse emocionalmente. Maggie no podía entender por qué se había retirado en forma tan repentina. Ella me dijo: "Un minuto se mostraba muy atento y al minuto siguiente ni siquiera quería hablar conmigo. Hice todo lo posible para que regresara, pero eso empeoraba las cosas. Parecía tan distante. No sé en qué me equivoqué. ¿Soy tan espantosa?"

124

Cuando Jeff se distanció, Maggie se lo tomó en forma personal. Se trata de una reacción común. Pensó haber hecho algo malo y se culpó a sí misma. Quería hacer las cosas "bien de nuevo", pero cuanto más trataba de acercarse a Jeff, más éste se alejaba.

Después de haber asistido a mi seminario, Maggie se sintió muy aliviada. Su ansiedad y confusión desaparecieron de inmediato. Más que nada, dejó de culparse. Tomó conciencia de que cuando Jeff se retiraba no era culpa de ella. Además aprendió por qué él se distanciaba y cómo enfrentar la situación. Meses más tarde, en el curso de otro seminario, Jeff me agradeció por lo que había aprendido Maggie. Me contó que ahora estaban comprometidos para casarse. Maggie había descubierto un secreto acerca de los hombres que pocas mujeres conocían.

Maggie se había dado cuenta de que cuando trataba de acercarse mientras Jeff trataba de retirarse, ella en realidad le impedía estirarse hasta donde podía para luego saltar hacia atrás. Al correr detrás de él, ella no le permitía sentir que la necesitaba y que quería estar con ella. Se dio cuenta de que había hecho lo mismo con todas sus relaciones. En forma inadvertida había obstruido un ciclo importante. Al tratar de mantener un grado de intimidad lo había impedido.

Cómo un hombre se transforma repentinamente

Si un hombre no tiene la oportunidad de distanciarse, nunca tiene la oportunidad de sentir un fuerte deseo de acercarse. Resulta fundamental que las mujeres entiendan que si insisten en una intimidad continua o en "correr tras" su compañero masculino cuando éste se retira, él tratará entonces de escapar y tomar distancia; nunca tendrá oportunidad de sentir apasionado anhelo de amor.

En mis seminarios demuestro esto con una gran banda elástica. Imagine que está sosteniendo una banda elástica. Ahora comienza a estirar su banda elástica tirando hacia la derecha. Esta banda elástica particular puede estirarse hasta doce pulgadas. Cuando la banda elástica se encuentra estirada esas doce pulgadas sólo puede volver hacia atrás. Y cuando vuelve tiene mucho poder y mucha energía.

Del mismo modo, cuando un hombre se ha apartado hasta su distancia máxima, regresará con mucho poder y energía. Una vez alcanzado su límite, comienza a experimentar una transformación. Toda su actitud comienza a variar. Ese hombre a quien su pareja no parecía importarle (mientras se estaba alejando) repentinamente siente que no puede vivir sin ella. Experimenta ahora otra vez su necesidad de intimidad. Recobra su fuerza porque su deseo de amar y ser amado han sido despertados nuevamente.

En general, esto confunde a las mujeres porque, según sus experiencias, cuando ellas se retiran, recobrar la intimidad requiere un período de reacomodamiento. Si ellas no entienden que los hombres son distintos en este sentido, pueden llegar a sentir desconfianza hacia su deseo repentino de intimidad y rechazarlos.

Los hombres también tienen que comprender esta diferencia. Cuando un hombre salta hacia atrás, antes de que una mujer pueda abrirse nuevamente, por lo general necesita tiempo y conversación para reconectarse. Esta transición puede resultar más agradable si un hombre entiende que una mujer puede llegar a necesitar más tiempo para recobrar el mismo nivel de intimidad, en especial si ella se sintió herida cuando él se distanció. Sin esta comprensión de las diferencias, un hombre puede tornarse impaciente porque está repentinamente dispuesto a retomar el nivel de intimidad en el punto de intensidad en el que estaba cuando se retiró mientras que ella, en cambio, no lo está.

Por qué se distancian los hombres

Los hombres comienzan a sentir su necesidad de autonomía e independencia después de haber satisfecho su necesidad de intimidad. Automáticamente, cuando comienza a retirarse, ella comienza a sentir pánico. Ella no se da cuenta de que cuando él se retira y satisface su necesidad de autonomía, repentinamente querrá recobrar la intimidad. Un hombre alterna automáticamente entre la necesidad de intimidad y de autonomía.

**Un hombre alterna automáticamente
entre la necesidad de intimidad y de autonomía.**

Por ejemplo, en el comienzo de su relación Jeff era fuerte y estaba lleno de deseo. Su banda elástica se encontraba totalmente estirada. Quería impresionarla, satisfacerla, complacerla y acercarse a ella. Ella también quiso acercarse más. Al abrir su corazón, él se acercó cada vez más. Cuando alcanzaron la intimidad, él se sintió maravillosamente. Pero después de un breve período se produjo un cambio.

Imagínese lo que le ocurrió a la banda elástica. La banda elástica se aflojó. Su poder y estiramiento desaparecieron. Ya no hubo movimiento. Eso es exactamente lo que ocurre con el deseo de un hombre de acercarse después de lograr la intimidad.

Aun cuando esta cercanía le resulte satisfactoria un hombre comenzará inevitablemente a experimentar un cambio interior. Comenzará a sentir la urgencia de distanciarse. Al haber saciado en forma temporaria su sed de intimidad, ahora siente su sed de independencia, de autosuficiencia. Esa necesidad de otra persona ha sido colmada. Puede sentir que se ha tornado demasiado dependiente o quizás no sepa por qué siente necesidad de retirarse.

Por qué las mujeres se dejan ganar
por el pánico

Cuando Jeff se retira en forma instintiva sin darle ninguna explicación a Maggie (o a sí mismo), Maggie reacciona con temor. Se deja ganar por el pánico y corre tras él. Ella piensa que ha hecho algo equivocado y que le ha provocado rechazo. Imagina que él espera que ella restablezca la intimidad. Teme que él no vuelva nunca más.

Para empeorar las cosas, ella se siente impotente para hacerlo regresar porque no sabe qué hizo para alejarlo. No sabe que eso es sólo parte de su ciclo de intimidad. Cuando ella le pregunta qué sucede, él no tiene una respuesta clara para ofrecerle, de manera que se resiste a hablar al respecto. Simplemente sigue distanciándose aún más.

Por qué hombres y mujeres dudan de su amor

Sin la comprensión de dicho ciclo, resulta fácil observar cómo hombres y mujeres comienzan a dudar de su amor. Sin ver cómo ella estaba impidiendo que Jeff descubriera su pasión, Maggie podía fácilmente suponer que Jeff no la amaba. Sin tener la oportunidad de retirarse, Jeff perdía contacto con su deseo y pasión de acercarse. Podía fácilmente suponer que ya no amaba a Maggie.

Después de aprender a dejar que Jeff tomara distancia o "espacio", Maggie descubrió que sí regresaba. Practicó frenar el impulso de correr tras él cuando se retiraba y confió en que todo estaba bien. Él siempre regresaba.

A medida que crecía su confianza en ese proceso, le resultó más fácil no caer en el pánico. Cuando él se retiraba, ella no corría tras él y ni siquiera pensaba en que había algo mal. Aceptó este aspecto de Jeff. Cuanto más lo aceptaba en esos momentos, más pronto regresaba él. Cuando Jeff comenzó a entender sus sentimientos y necesidades cambiantes, confió más en su amor. Estaba en condiciones de contraer un compromiso. El secreto de Maggie y el éxito de Jeff se basaron en la comprensión y aceptación de que los hombres son como bandas elásticas.

CÓMO LAS MUJERES MALINTERPRETAN A LOS HOMBRES

Sin la comprensión de que los hombres son como bandas elásticas, a las mujeres les resulta muy fácil malinterpretar las reacciones del hombre. Surge una confusión común cuando ella dice: "Hablemos" y él de inmediato toma distancia emocional. Justo cuando ella quiere abrirse y acercarse, él quiere retirarse. Escucho en general la queja: "Cada vez que quiero hablar, él se aleja. Siento como si yo no le importara". Ella concluye erróneamente que él nunca quiere hablar con ella.

Esta analogía de la banda elástica explica por qué a un hombre le puede importar mucho su pareja pero repentinamente se aleja. Cuando se retira no es porque no quiere hablar. Por el contrario, necesita pasar cierto tiempo a solas; tiempo para ser él mismo cuando no es responsable de ninguna otra persona. Es tiempo de cuidarse a sí mismo. Cuando regresa, está entonces en condiciones de hablar.

En cierta medida, un hombre se pierde a sí mismo al conectarse con su pareja. Al sentir las necesidades, los problemas, los deseos y las emociones de ella puede llegar a perder contacto con su propio sentido de la personalidad. El alejamiento le permite restablecer sus límites personales y satisfacer su necesidad de sentirse autónomo.

> ### En cierta medida un hombre se pierde a sí mismo al conectarse con su pareja.

Algunos hombres, sin embargo, pueden describir este alejamiento en forma distinta. Para ellos se trata sólo de un sentimiento de "Necesito un poco de paz" o "Necesito estar solo". Sin considerar cómo se describe dicho sentimiento, cuando un hombre se retira está satisfaciendo una necesidad válida de ocuparse de sí mismo por un tiempo.

Así como no decidimos tener hambre, un hombre no decide retirarse. Se trata de un impulso instintivo. Puede acercarse hasta cierto punto y luego comienza a perderse. En ese momento comienza a sentir su necesidad de autonomía y se distancia. Al comprender este proceso, las mujeres pueden interpretar correctamente dicho alejamiento.

Por qué los hombres se retiran cuando las mujeres se acercan

Para muchas mujeres, un hombre tiende a retirarse precisamente cuando ella quiere hablar o intimar. Esto sucede por dos razones:

1. Una mujer sentirá en forma inconsciente cuándo un hombre se está retirando y justo en esos momentos ella tratará de restablecer su conexión íntima y dirá: "Hablemos". Cuando él sigue alejándose, ella concluye erróneamente que no quiere hablar y que ella ya no le importa.

2. Cuando una mujer se abre y comparte los sentimientos más profundos e íntimos puede hacer que el hombre sienta la necesidad de retirarse. Un hombre sólo puede manejar tanta

intimidad antes de que suene su alarma diciendo que es tiempo de encontrar cierto equilibrio mediante el alejamiento. En los momentos más íntimos, un hombre puede cambiar en forma repentina y automática, sentir su necesidad de autonomía y alejarse.

Para una mujer resulta muy confuso que un hombre se aleje por algo que ella ha dicho o hecho. En general, cuando una mujer comienza a hablar de cosas con sentimiento, un hombre comienza a sentir el impulso de alejarse. Ello ocurre porque los sentimientos hacen que los hombres se acerquen y creen intimidad; y cuando un hombre se acerca demasiado, automáticamente se retira.

No es que no quiera escuchar cuáles son los sentimientos de ella. En otro momento de su ciclo de intimidad, cuando siente la necesidad de acercarse, los mismos sentimientos que pudieron haber provocado su partida lo harán acercarse. No son las cosas que ella dice lo que provoca su alejamiento, sino el momento en que las dice.

CUÁNDO HABLAR CON UN HOMBRE

Cuando un hombre se está alejando no es el momento de hablar o de tratar de acercarse. Déjelo retirarse. Después de cierto tiempo, regresará. Se mostrará afectuoso y actuará como si nada hubiese ocurrido. Ese es el momento de hablar.

En esos tiempos dorados, cuando un hombre quiere intimidad y está realmente dispuesto a hablar, las mujeres generalmente no inician conversaciones. Esto ocurre por las siguientes tres razones comunes:

1. Una mujer teme hablar porque la última vez que quiso hacerlo él se alejó. Ella supone errónea-

mente que a él no le importa y que no quiere escuchar.

2. Una mujer teme que el hombre esté enojado con ella y espera que él inicie una conversación acerca de sus sentimientos. Sabe que si ella se alejara repentinamente de él, antes de volver a ponerse en contacto necesitaría hablar acerca de lo ocurrido. Espera que él inicie la conversación sobre lo que lo perturbó. Sin embargo, él no necesita hablar acerca de sus sentimientos de perturbación porque no se siente perturbado.

3. Una mujer tiene tanto que decir, que no quiere ser grosera y hablar demasiado. Para ser cortés, en lugar de hablar acerca de sus propios pensamientos y sentimientos comete el error de hacerle preguntas acerca de los sentimientos y pensamientos de él. Cuando éste no tiene nada que decir, ella concluye que él no quiere conversar con ella.

Con todas estas creencias incorrectas sobre el hecho de que un hombre no habla, no sorprende que las mujeres se sientan frustradas con los hombres.

CÓMO HACER QUE UN HOMBRE HABLE

Cuando una mujer quiere hablar o siente la necesidad de acercarse, tendría que iniciar la conversación sin esperar que el hombre lo haga. Para iniciar una conversación ella necesita ser la primera en comenzar a compartir aun cuando su pareja tenga poco que decir. A medida que ella sienta aprecio porque él la escucha, él gradualmente tendrá más cosas que decirle.

Un hombre puede mostrarse muy abierto para man-

132

tener una conversación con una mujer, pero al principio podría no tener nada que decir. Lo que las mujeres no saben sobre los marcianos es que necesitan tener una razón para hablar. No hablan simplemente por el hecho de querer compartir algo. Pero cuando una mujer habla durante un rato, un hombre comenzará a abrirse y a comentar la manera en que se relaciona con lo que ella transmitió.

Por ejemplo, si ella habla de algunas de sus dificultades durante el día, él podría compartir algunas de las dificultades de su propio día de manera de entenderse entre sí. Si ella habla de sus sentimientos sobre los niños, él podría entonces hablar acerca de los suyos. A medida que ella se abre y no se siente culpada o presionada, él gradualmente comienza a abrirse.

Cómo las mujeres presionan a los hombres para que hablen

Una mujer que comparte sus pensamientos naturalmente estimula a un hombre a hablar. Pero si él siente la exigencia de hablar, su mente se pone en blanco. No tiene nada que decir. Aun cuando tenga algo para decir, se resistirá a hacerlo porque siente que ella se lo exige.

A un hombre le resulta duro que una mujer le exija hablar. En forma inadvertida, al interrogarlo ella provoca su rechazo. En especial cuando él no siente la necesidad de hablar. Una mujer supone erróneamente que un hombre "necesita hablar" y por lo tanto "debería" hacerlo. Ella olvida que él es de Marte y que no siente tanto la necesidad de hablar.

Ella siente incluso que si él no habla, eso significa que no la ama. Rechazar a un hombre por no hablar es asegurar que él no tiene nada que decir. Un hombre necesita sentirse aceptado tal como es y luego comenzará gradualmente a abrirse. No se siente aceptado cuando ella quiere que hable más o se siente resentida porque él se aleja.

Un hombre que necesita retirarse mucho antes de poder aprender a compartir y abrirse necesitará primero escuchar mucho. Necesita ser apreciado por el hecho de escuchar, y luego gradualmente comenzará a hablar más.

Cómo iniciar una conversación con un hombre

Cuanto más trate una mujer de hacer hablar a un hombre más éste se resistirá. Tratar directamente de hacerlo hablar no constituye el mejor enfoque, en especial si él se está alejando. En lugar de preguntarse cómo hacer para obligarlo a hablar, podría decirse: "¿Cómo alcanzar una mayor intimidad, conversación y comunicación con mi pareja?".

Si una mujer siente la necesidad de hablar más en la relación —y ello ocurre con la mayoría de las mujeres—, puede iniciar entonces una conversación con mayor frecuencia pero con el conocimiento maduro que la haga no sólo aceptar sino esperar el hecho de que a veces él estará bien dispuesto y otras se alejará en forma instintiva.

Cuando él se encuentra bien dispuesto, en lugar de hacerle veinte preguntas o de exigirle que hable, ella podría comunicarle que lo aprecia incluso cuando él se limita a escuchar. Al principio debería incluso desalentarlo a hablar.

Por ejemplo, Maggie podría decir: "Jeff, ¿me escucharías por un momento? He tenido un mal día y quiero hablar sobre ello. Me haría sentir mucho mejor". Después de hablar durante un par de minutos, podría hacer una pausa y decir: "Realmente aprecio mucho cuando escuchas cuáles son mis sentimientos, significa mucho para mí". Este comentario alienta a un hombre a escuchar más.

Sin aprecio y aliento, un hombre puede llegar a perder interés porque siente que escuchar no "sirve para

134

nada". No se da cuenta de lo valioso que es para ella que él la escuche. Sin embargo, la mayoría de las mujeres instintivamente saben lo importante que es escuchar. Esperar que un hombre sepa esto sin cierto entrenamiento equivale a esperar que él sea como una mujer. Afortunadamente, después de recibir el aprecio de una mujer por escuchar, un hombre aprende efectivamente a respetar el valor de hablar.

CUANDO UN HOMBRE NO HABLA

Sandra y Larry estaban casados desde hacía veinte años. Sandra quería el divorcio y Larry quería que las cosas funcionaran. Ella dijo: "¿Cómo puede decir que quiere seguir casado? No me ama. No siente nada. Se aleja cuando necesito que hable. Es frío y no tiene corazón. Durante veinte años ha ocultado sus sentimientos. No quiero perdonarlo. No me interesa seguir casada. Estoy demasiado cansada de tratar de que se abra y comparta sus sentimientos y se muestre vulnerable".

Sandra no sabía hasta qué punto ella había contribuido a la creación de sus problemas. Creía que era todo culpa de su marido. Pensó que había hecho todo para alentar la intimidad, la conversación y la comunicación, y él se había resistido a ello durante veinte años.

Después de escuchar hablar sobre los hombres y las bandas elásticas en el seminario, estalló en lágrimas de perdón para su marido. Se dio cuenta de que el problema de "él" era un problema de "ellos". Reconoció cómo había contribuido a la creación de su problema.

Afirmó: "Recuerdo que en nuestro primer año de matrimonio, yo me abría, hablaba de mis sentimientos y él simplemente se alejaba. Pensé que no me amaba. Después de que esto ocurrió varias veces, desistí. No quería ser herida nuevamente. No sabía que en otro

135

momento él estaría en condiciones de escuchar mis sentimientos. No le di oportunidad. Dejé de ser vulnerable. Quería que él se abriera antes que yo".

Conversaciones unilaterales

Las conversaciones de Sandra eran en general unilaterales. Ella trataba de hacerlo hablar primero haciéndole una serie de preguntas. Luego, antes de compartir lo que quería expresar, ella se enojaba por sus respuestas breves. Cuando finalmente compartía sus sentimientos, éstos eran siempre los mismos. Ella se enojaba porque él no se mostrara abierto, afectuoso y deseoso de compartir sus sentimientos.

El siguiente es un ejemplo de lo que podría ser una conversación unilateral:

SANDRA: ¿Cómo te fue hoy?

LARRY: Bien.

SANDRA: ¿Qué ocurrió?

LARRY: Lo habitual.

SANDRA: ¿Qué tienes ganas de hacer este fin de semana?

LARRY: Me da lo mismo. ¿Qué quieres hacer?

SANDRA: ¿Quieres invitar a nuestros amigos?

LARRY: No lo sé... ¿Sabes dónde está el programa de televisión?

SANDRA: *(Enojada)* ¿Por qué no me hablas?

LARRY: *(Asombrado y en silencio.)*

SANDRA: ¿Me amas?

LARRY: Por supuesto que te amo. Me casé contigo.

SANDRA: ¿Cómo que me amas? Ya no hablamos. ¿Cómo puedes quedarte sentado allí y no decir nada? ¿No te importo?

En ese momento, Larry tal vez se levante y salga a caminar un rato. A su regreso actuará como si nada hubiese sucedido. Sandra también actuará como si todo estuviera bien, pero interiormente replegará su amor y calidez. En la superficie tratará de mostrarse afectuosa, pero en su interior crecerá el resentimiento. De vez en cuando explotará y comenzará otro interrogatorio unilateral sobre los sentimientos de su marido. Después de veinte años de reunir pruebas de que no la amaba, ella ya no quería vivir privada de intimidad.

Aprender a apoyarse mutuamente sin tener que cambiar

En el seminario Sandra afirmó: "Pasé veinte años tratando de que Larry hablara. Quería que se abriera y fuera vulnerable. No me di cuenta de que lo que me estaba perdiendo era un hombre que me ayudara a ser abierta y vulnerable. Eso era lo que realmente necesitaba. Compartí más sentimientos íntimos con mi marido durante este fin de semana que en veinte años. Me sentí amada. Eso es lo que me estuve perdiendo. Pensé que él tenía que cambiar. Ahora sé que no hay nada malo en él o en mí. Simplemente no sabíamos cómo apoyarnos mutuamente".

Sandra se había lamentado siempre de que Larry no hablaba. Se había convencido de que su silencio tornaba imposible toda intimidad. En el seminario aprendió a compartir sus sentimientos sin esperar o exigir que Larry hiciera lo mismo con ella. En lugar de rechazar su silencio, aprendió a apreciarlo. Esto convirtió a su marido en un mejor oyente.

Larry aprendió el arte de escuchar. Practicó el arte de escuchar sin tratar de arreglar nada. Es mucho más efectivo enseñarle a un hombre a escuchar que a abrirse y a ser vulnerable. Cuando aprende a escuchar a alguien, se interesa por dicha persona y recibe aprecio como respuesta; luego se abrirá gradualmente y compartirá sus sentimientos en forma automática.

Cuando un hombre se siente apreciado por el hecho de escuchar y no se siente rechazado por no compartir más, comenzará gradualmente a abrirse. Cuando siente que no tiene por qué hablar más, entonces lo hará en forma natural. Pero primero necesita sentirse aceptado. ¡Si ella se sigue sintiendo frustrada por su silencio, está olvidando que los hombres son de Marte!

CUANDO UN HOMBRE NO SE DISTANCIA

Lisa y Jim estuvieron casados durante dos años. Hacían todo juntos. No se separaban nunca. Después de un tiempo, Jim se tornó cada vez más irritable, pasivo, malhumorado y temperamental. En una sesión privada, Lisa me dijo: "Ya no es divertido estar con él. Intenté todo para levantarle el ánimo, pero no funcionó. Yo quería que hiciéramos cosas divertidas juntos, como ir a restaurantes, de compras, viajar, ir al teatro, a fiestas, a bailar, pero él no quería. Ya no hacemos nada. Sólo miramos televisión, comemos, dormimos y trabajamos. Trato de amarlo, pero estoy enojada. Antes era tan encantador y romántico. Vivir con él ahora es como vivir con un haragán. No sé qué hacer. ¡Simplemente no se mueve!"

Después de haber tomado conocimiento del ciclo de la intimidad masculina y de la teoría de la banda elástica, Lisa y Jim se dieron cuenta de lo que ocurría. Pasaban demasiado tiempo juntos. Jim y Lisa necesitaban pasar más tiempo separados. Cuando un hombre se acerca demasiado y no se distancia, los síntomas comunes son un creciente malhumor, irritabilidad, pasividad y una posición defensiva. Jim no había aprendido a retirarse. Se sentía culpable de pasar tiempo solo. Pensaba que tenía que compartir todo con su esposa.

Lisa también pensaba que se suponía que tenían que hacer todo juntos. Cuando Lisa solicitó mi asesoramiento le pregunté por qué pasaba tanto tiempo con Jim.

Ella respondió: "Tenía miedo de que se enojara si hacía algo divertido sin él. Una vez me fui de compras y él se enojó mucho conmigo".

Jim afirmó: "Recuerdo ese día. Pero no estaba enojado contigo. Estaba molesto por perder algo de dinero en un negocio. En realidad, recuerdo ese día porque observé qué bien me sentía al tener toda la casa para mí. No me atreví a decirte eso porque pensé que heriría tus sentimientos".

Lisa dijo: "Pensé que no querías que saliera sin ti. Parecías tan distante".

Hacerse más independiente

Con este nuevo conocimiento, Lisa tuvo permiso para no preocuparse mucho por Jim. Este, al retirarse, la ayudó en realidad a que se hiciera más autónoma e independiente. Ella comenzó a cuidarse más. Cuando comenzó a hacer las cosas que quería hacer y a recibir más apoyo de sus amigas, se sintió mucho más feliz.

Liberó su resentimiento hacia Jim. Se dio cuenta de que había estado esperando demasiado de él. Al escuchar la teoría de la banda elástica, ella se dio cuenta de cómo contribuía al problema de los dos. Tomó conciencia de que él necesitaba más tiempo para estar solo. Sus sacrificios afectuosos no sólo impedían que su marido pudiera retirarse y luego regresar sino que su actitud dependiente también lo estaba abrumando.

Lisa empezó a hacer cosas divertidas sin él, algunas que siempre había deseado hacer. Una noche salió a comer con algunas amigas. Otra noche fue a ver una obra de teatro. Otra noche fue a una fiesta de cumpleaños en una cancha de bowling.

Lo que más la sorprendió fue la rapidez con que cambió su relación. Jim le prestó mucho más atención y se interesó mucho más en ella. En un par de semanas, Jim comenzó a recobrar su antigua personalidad. Quería hacer cosas divertidas con ella y comenzó a planear salidas. Había recuperado su impulso.

En las sesiones de asesoramiento él dijo: "Me siento tan aliviado. Me siento amado... Cuando Lisa viene a casa se siente feliz de verme. Me siento tan bien de extrañarla cuando se va. Me siento bien de volver a "sentir". Casi me había olvidado de cómo era. Antes parecía que todo lo que yo hacía estaba mal. Lisa estaba siempre tratando de que yo hiciera cosas, me decía qué tenía que hacer y me hacía preguntas".

Lisa afirmó: "Me di cuenta de que le estaba echando la culpa por mi desdicha. Cuando me responsabilicé por mi desdicha, vi que Jim mostraba más energía y más vida. Es un milagro".

LA OBSTRUCCIÓN DEL CICLO DE INTIMIDAD

Hay dos maneras en que una mujer puede obstruir inadvertidamente el ciclo natural de intimidad de su pareja. En primer lugar, perseguirlo cuando él se distancia y en segundo lugar, castigarlo por el hecho de distanciarse.

La siguiente es una lista de las maneras más comunes en que una mujer "persigue" a un hombre y le impide retirarse:

Comportamientos de persecución

1. Físicos
Cuando él se retira, ella lo persigue físicamente. Si

él se dirige a otra habitación ella lo sigue. O, como en el ejemplo de Lisa y Jim, ella no hace las cosas que quiere hacer por estar con su pareja.

2. Emocionales

Cuando él se retira, ella lo sigue emocionalmente. Se preocupa por él. Quiere ayudarlo a sentirse mejor. Siente pena por él. Lo agobia con atenciones y elogios. Otro medio que puede utilizar para impedir emocionalmente que se retire es manifestar su desaprobación respecto de la necesidad de su marido de estar solo. A través de la desaprobación ella también lo está reteniendo emocionalmente.

Otro enfoque es mostrarse anhelante o herida cuando él se retira. De esta manera ella implora por su intimidad y él se siente controlado.

3. Mentales

Ella puede tratar de retenerlo mentalmente haciéndole preguntas cargadas de reproche tales como: "¿Cómo puedes tratarme de ese modo?" o "¿Qué te pasa?" o "¿No te das cuenta de cuánto me lastimas cuando te alejas?"

Otra manera de retenerlo es tratar de complacerlo. Ella se convierte en una persona excesivamente complaciente. Trata de ser perfecta para que él nunca tenga motivos para retirarse. Ella abandona su sentido de la personalidad y trata de convertirse en lo que cree que él quiere.

Tiene miedo de agitar el barco por temor a que él se aleje, de manera que reprime sus verdaderos sentimientos y evita hacer algo que pudiera perturbarlo.

Otra manera importante en que la mujer inadvertidamente interrumpe el ciclo de intimidad de un hombre es castigarlo por retirarse. La siguiente es una lista de las maneras más comunes en que una mujer "castiga" a un hombre y le impide regresar y abrirse:

141

Comportamientos de castigo

1. Físicos

Cuando él comienza a desearla nuevamente, ella lo rechaza. Aparta su cariño físico. Puede rechazarlo sexualmente. No le permite tocarla o estar cerca. Puede pegarle o romper cosas para mostrarle su desagrado. Cuando un hombre es castigado por retirarse, puede llegar a sentir miedo de hacerlo de nuevo. Este miedo puede impedirle alejarse en el futuro. Su ciclo natural queda entonces congelado. También puede hacerlo enojar e impedirle sentir su deseo de intimidad. Puede no regresar cuando se ha alejado.

2. Emocionales

Cuando él regresa, ella se siente desdichada y le echa la culpa a él. No le perdona haberla descuidado. No hay nada que él pueda hacer para complacerla o hacerla feliz. Él se siente incapaz de satisfacerla y abandona todo.

Cuando él regresa, ella expresa su desaprobación con palabras, con el tono de la voz y mirando a su pareja con aire de sentirse herida.

3. Mentales

Cuando él regresa, ella se niega a abrirse y a compartir sus sentimientos. Se torna fría y siente resentimiento hacia él por no abrirse y no hablar.

Ya no confía en que él realmente se preocupe y lo castiga no dándole la oportunidad de escuchar y ser el "buen" tipo. Cuando él regresa felizmente a ella, cae en desgracia.

Cuando un hombre se siente castigado por haberse retirado, puede llegar a temer perder el amor de su pareja si se aleja. Comienza a sentirse indigno de su amor si se aleja. Puede llegar a tener miedo de volver a conquistar su amor porque se siente indigno; supone que será rechazado. Este temor al rechazo le impide regresar de su viaje a la cueva.

CÓMO EL PASADO DE UN HOMBRE PUEDE AFECTAR SU CICLO DE INTIMIDAD

Este ciclo natural en un hombre puede verse obstaculizado desde su infancia misma. Puede sentir temor de retirarse porque fue testigo de la desaprobación de su madre respecto del distanciamiento emocional de su padre. Ese hombre puede incluso ignorar que necesita retirarse. Puede crear, inconscientemente, argumentos para justificar el alejamiento.

Este tipo de hombres naturalmente desarrolla más su lado femenino, pero a costa de suprimir parte de su poder masculino. Es un hombre sensible. Trata de complacer y de ser afectuoso pero pierde parte de su personalidad masculina en el proceso. Se siente culpable de retirarse. Sin saber lo que ha ocurrido pierde su deseo, su poder y su pasión; se torna pasivo y excesivamente dependiente.

Puede sentir miedo de estar solo o de meterse en su cueva. Puede pensar que no le gusta estar solo porque en su interior teme perder amor. Ya experimentó en su niñez el rechazo de su madre hacia su padre o directamente hacia él.

Mientras otros hombres no saben cómo retirarse, otros no saben cómo acercarse. El "machista" no tiene problemas en alejarse. Simplemente no puede regresar y abrirse. En su interior puede sentir miedo de ser indigno de amor. Teme estar cerca y mostrarse interesado. No tiene idea de lo bienvenido que sería si se acercara un poco más. Tanto el hombre sensible como el "machista" no logran percibir una situación positiva o experimentar su ciclo natural de intimidad.

El hecho de comprender este ciclo masculino de la intimidad resulta tan importante para los hombres como para las mujeres. Algunos hombres se sienten culpables por necesitar pasar cierto tiempo en sus cuevas o pueden sentirse confundidos cuando comienzan a retirarse y luego más tarde regresan. El hecho de comprender estos secretos acerca de los hombres constituye un gran alivio tanto para hombres como para mujeres.

HOMBRES Y MUJERES SENSATOS

Los hombres en general no toman conciencia de la manera en que su alejamiento repentino y su posterior regreso afecta a las mujeres. Con este nuevo conocimiento acerca de cómo se ven afectadas las mujeres por su ciclo de intimidad, un hombre puede reconocer la importancia de escuchar con sinceridad a una mujer. Comprende y respeta la necesidad de su pareja de comprobar su interés por ella. Cuando no siente la necesidad de retirarse, el hombre sensato se da tiempo para iniciar la conversación y preguntarle a su pareja cómo se siente.

Crece para comprender sus propios ciclos y cuando se retira le asegura a su pareja que regresará. Podría decir: "Necesito algo de tiempo para estar solo y luego pasaremos un tiempo especial juntos sin distracciones". O bien, si comienza a retirarse mientras ella está hablando, podría decir: "Necesito un poco de tiempo para pensar en esto. Retomemos más tarde esta conversación".

El hombre crece para comprender sus propios ciclos y cuando se retira le asegura a su pareja que regresará.

Cuando regresa para hablar, ella podría ponerlo a prueba para comprender por qué se fue. Si él no está seguro, algo que sucede muchas veces, él podría decir:

144

"No estoy seguro. Sólo necesitaba un poco de tiempo para mí. Pero sigamos nuestra conversación".

Él toma mayor conciencia de que ella necesita ser escuchada y de que él tiene que escuchar más cuando no se está retirando. Además, sabe que escuchar lo ayuda a tomar conciencia de lo que quiere compartir en una conversación.

Para iniciar una conversación, la mujer sensata aprende a no exigirle hablar al hombre pero le pide que realmente la escuche. Dado que su énfasis se ha modificado, desaparece la presión sobre él. Ella aprende a abrirse y a compartir sus sentimientos sin exigir que él haga lo mismo.

Ella confía en que él se abrirá más cuando se sienta aceptado y escuche sus sentimientos. Ella no lo castiga ni lo persigue. Comprende que a veces sus sentimientos íntimos provocan la necesidad de su pareja de retirarse mientras que otras veces (cuando él está regresando) él sí puede mostrarse capaz de escuchar sus sentimientos íntimos. La mujer sensata no se rinde. Persiste paciente y afectuosamente con un conocimiento que pocas mujeres poseen.

Capítulo 7

LAS MUJERES
SON COMO OLAS

Una mujer es como una ola. Cuando se siente amada su autoestima sube y baja con movimiento ondulante. Cuando se siente realmente bien alcanzará un pico, pero luego su humor puede cambiar repentinamente y su ola termina rompiéndose. Pero dicho rompimiento es temporario. Después de alcanzar el fondo, su humor variará en forma súbita y se sentirá nuevamente bien. Automáticamente su ola comenzará a levantarse.

Cuando la ola de una mujer sube, siente que tiene mucho amor para dar, pero cuando cae siente un vacío interior que necesita ser llenado con amor. Salir del fondo equivale a hacer una limpieza emocional.

Si ha suprimido algunos sentimientos negativos o se ha negado a sí misma a fin de mostrarse más afectuosa durante el movimiento hacia arriba de su ola, luego en el movimiento hacia abajo comienza a experimentar esos sentimientos negativos y esas necesidades insatisfechas. Durante ese período de descenso necesita especialmente hablar de los problemas y ser escuchada y comprendida.

Mi esposa, Bonnie, afirma que esta experiencia de "bajar" es como descender por un pozo oscuro. Cuando una mujer se mete en su "pozo" se hunde conscientemente en su yo inconsciente, en la oscuridad y en los sentimientos diluidos. Puede sentir en forma repentina gran cantidad de emociones y sentimientos imprecisos que no tienen explicación. Puede sentirse desesperanzada y pensar que está totalmente sola y sin apoyo. Pero poco después de haber alcanzado el fondo, si se siente amada y apoyada, automáticamente comenzará a sentirse mejor. Con la misma rapidez con la que experimentó su descenso, se levantará automáticamente e irradiará nuevamente amor en sus relaciones.

La autoestima de una mujer sube y baja como una ola. Cuando alcanza el fondo, es tiempo de llevar a cabo una limpieza emocional.

La capacidad de una mujer para dar y recibir amor en sus relaciones es generalmente un reflejo de cómo se está sintiendo con respecto a sí misma. Cuando no se siente tan bien consigo misma, es incapaz de mostrar tanta aceptación y aprecio hacia su pareja. En sus períodos de descenso, tiende a sentirse abrumada o a reaccionar en forma más emocional. Cuando su ola alcanza el fondo, se muestra más vulnerable y necesita más amor. Resulta fundamental que su pareja comprenda lo que ella necesita en esos períodos; de lo contrario podría hacerle exigencias irracionales.

CÓMO REACCIONAN LOS HOMBRES ANTE LA OLA

Cuando un hombre ama a una mujer ésta comienza a brillar de amor y satisfacción. La mayoría de los hombres esperan con ingenuidad que dicho brillo dure para siempre. Pero esperar que la naturaleza afectuosa de ella sea constante equivale a esperar que el clima no cambie nunca y que el sol brille siempre. La vida está llena de ritmos: el día y la noche, el verano y el invierno, la primavera y el otoño, días nublados y días despejados. Del mismo modo, en una relación, hombres y mujeres poseen sus propios ritmos y ciclos. Los hombres se retiran y luego se acercan, mientras que las mujeres suben y bajan en cuanto a su capacidad de amarse a sí mismas y a los demás.

En las relaciones, los hombres se retiran y luego se acercan, mientras que las mujeres suben y bajan en cuanto a su capacidad para amarse a sí mismas y a los demás.

Un hombre supone que el súbito cambio de humor de su pareja se basa únicamente en el comportamiento de él. Cuando ella se siente feliz su pareja se lo acredita a él, y cuando ella se muestra desdichada él también se siente responsable. El hombre puede sentirse extremadamente frustrado porque no sabe cómo mejorar las cosas. Un minuto ella parece feliz; por lo tanto él piensa que está actuando bien. Y al minuto siguiente ella se siente desdichada. Él entonces se conmociona porque pensaba que estaba actuando bien.

No trate de arreglarlo

Bill y Mary estuvieron casados durante seis años. Bill había observado esta pauta de comportamiento ondulante en Mary, pero, como no la comprendía había tratado de "arreglarla", lo que empeoró las cosas. Él pensó que algo no funcionaba con esa tendencia de subir y bajar. Trataba de explicarle a su esposa que no necesitaba sentirse perturbada. Mary sólo se sintió más incomprendida aún y por lo tanto más angustiada.

Aunque él pensaba que estaba "arreglando" las cosas, en realidad no le permitía a su esposa sentirse mejor. Cuando una mujer se mete en su pozo, él tiene que saber que ése es el momento en que ella más lo necesita y que no se trata de un problema que deba ser resuelto o arreglado, sino de una oportunidad para apoyarla con un amor incondicional.

Bill afirmó: "No puedo entender a mi esposa. Durante semanas ella es la mujer más maravillosa. Me ofrece su amor, a mí y a los demás, en forma totalmente incondicional. Luego, de repente, se muestra abrumada por todo lo que está haciendo por los demás y comienza a manifestarme su desaprobación. No es mi culpa que ella se sienta desdichada. Se lo explico y no hacemos más que pelearnos con mayor virulencia".

Como muchos hombres, Bill cometió el error de tratar de impedir que su pareja "bajara" o hacer que "saliera del fondo". Trató de rescatarla levantándola. Él no había aprendido que cuando su esposa estaba descendiendo necesitaba tocar fondo antes de poder subir.

Cuando su esposa Mary comenzó a experimentar el rompimiento de su ola, su primer síntoma fue sentirse abrumada. En lugar de escucharla con cuidado, calidez y empatía, él trató de levantarla con explicaciones que trataban de hacerle ver por qué no debía sentirse tan perturbada.

Lo último que una mujer necesita cuando está descendiendo es alguien que le diga que no debería estar abajo. Lo que necesita es alguien que esté con ella mientras baja, para escucharla mientras comparte sus sentimientos y para mostrar empatía hacia lo que ella está atravesando. Aun cuando un hombre no pueda comprender plenamente la razón por la que una mujer se siente abrumada, puede ofrecer su amor, su atención y su apoyo.

Cómo se confunden los hombres

Después de aprender que las mujeres son como olas, Bill seguía confundido. La vez siguiente en que su esposa

149

parecía estar en su pozo, él llevó a la práctica el ejercicio de escucharla. Cuando ella le habló de las cosas que le molestaban, él llevó a la práctica el ejercicio de no ofrecer sugerencias para "arreglarla" o hacerla sentir mejor. Después de unos veinte minutos se fastidió mucho porque ella no se sentía mejor.

Bill me dijo entonces: "Al principio escuché y ella pareció abrirse y compartir más. Pero luego comenzó a sentirse aún más perturbada. Parecía que cuanto más la escuchaba yo, más perturbada se sentía ella. Le dije que no debía sentirse más perturbada y nos enfrentamos en una gran discusión".

Aunque Bill estaba escuchando a Mary, de todos modos seguía tratando de arreglar las cosas. Esperó que ella se sintiera mejor de inmediato. Lo que Bill no sabía era que cuando una mujer se mete en su pozo, el sentirse apoyada no significa necesariamente que se sienta mejor de inmediato. Puede sentirse peor. Pero ése es un signo de que el apoyo de él puede resultar de ayuda. Su apoyo puede en realidad ayudarla a alcanzar el fondo más rápidamente y luego ella podrá sentirse mejor y efectivamente lo hará. Para poder subir realmente, ella necesita primero tocar fondo. Ese es el ciclo.

Bill se sentía confundido porque, mientras la escuchaba, ella no parecía obtener beneficio alguno de su apoyo. Para él, ella sólo parecía hundirse más. Para evitar esta confusión un hombre tiene que recordar que a veces, mientras le está brindando su apoyo, la mujer puede sentirse aún más perturbada. Mediante la comprensión de que una ola debe tocar fondo antes de volver a levantarse, el hombre puede liberarse de sus expectativas de una inmediata mejoría de la mujer en respuesta a su asistencia.

Aun cuando el hombre tenga éxito en su apoyo a la mujer, ésta puede sentirse aún más perturbada.

Con esta nueva percepción, Bill estaba en condiciones de mostrarse más comprensivo y paciente con Mary. Después de obtener un mayor éxito en su apoyo a Mary, él aprendió también que no hay manera de predecir cuánto tiempo permanecerá perturbada; a veces su pozo era más profundo que otras.

CONVERSACIONES Y DISCUSIONES RECURRENTES

Cuando una mujer sale del pozo vuelve a recuperar su personalidad afectuosa habitual. Esta variación positiva es en general malinterpretada por los hombres. Un hombre piensa, típicamente, que lo que la estaba perturbando, ahora ya está remediado o resuelto por completo. No es así. Es una ilusión. Por el hecho de que ella se muestre repentinamente más afectuosa y positiva, él comete el error de pensar que todos los temas han sido resueltos.

Cuando su ola rompe nuevamente, surgirán temas similares. Cuando estos temas vuelven a aparecer él se torna impaciente porque piensa que ya habían sido resueltos. Sin poder comprender el fenómeno de la ola, le cuesta convalidar y estimular los sentimientos de la mujer mientras ella está en el "pozo"

Cuando los sentimientos no resueltos de una mujer son recurrentes, él puede responder en forma inapropiada diciendo:

1. "¿Cuántas veces tendremos que pasar por esto?"
2. "Ya escuché todo eso antes."
3. "Pensé que ya habíamos llegado a una conclusión al respecto."
4. "¿Cuándo te librarás de todo eso?"
5. "No quiero tratar ese tema de nuevo"

151

6. "¡Esto es una locura! Estamos discutiendo sobre el mismo tema."
7. "¿Por qué tienes tantos problemas?"

Cuando una mujer se mete en su pozo, sus temas más profundos tienden a salir a la superficie. Dichos temas pueden tener que ver con la relación, pero habitualmente llevan la pesada carga de sus relaciones pasadas y de su niñez. Aparecerá inevitablemente todo lo que no ha sido resuelto en el pasado. Los siguientes son algunos de los sentimientos que ella suele experimentar cuando se mete en el pozo:

SIGNOS DE ADVERTENCIA PARA QUE LOS HOMBRES SE DEN CUENTA DE QUE ELLA SE ESTÁ METIENDO EN SU POZO O DE QUE NECESITA SU AMOR COMO NUNCA

Ella se siente	Ella dice
Abrumada	"Hay tanto para hacer."
Insegura	"Necesito más."
Resentida	"Yo hago todo."
Preocupada	"Qué sucede con..."
Confundida	"No entiendo por qué..."
Agotada	"No puedo hacer nada más."
Desesperanzada	"No sé qué hacer."
Pasiva	"No me importa, haz lo que quieras."
Exigente	"Deberías..."
Negativa	"No, no quiero..."
Desconfiada	"¿Qué quieres decir con eso?"
Dominante	"Bueno, ¿hiciste...?"
Crítica	"¿Cómo pudiste olvidar...?"

Cuando se siente cada vez más apoyada en esos momentos difíciles, comienza a confiar en la relación y puede viajar dentro y fuera de su pozo sin conflictos en su relación o sin luchas en su vida. Esa es la bendición de una relación afectuosa.

El hecho de apoyar a una mujer cuando está en su pozo constituye un don que ella apreciará mucho. Gradualmente se liberará de la absorbente influencia de su pasado. Seguirá experimentando altibajos pero ya no serán tan extremos como para opacar su naturaleza afectuosa.

LA COMPRENSIÓN DE LAS NECESIDADES

Durante mi seminario sobre relaciones Tom se lamentó diciendo: "Al comienzo de nuestra relación Susan parecía muy fuerte, pero luego de repente se mostró muy necesitada. Recuerdo haberla tranquilizado diciendo que la amaba y que ella era importante para mí. Después de mucho hablar superamos esa dificultad, pero un mes más tarde experimentó nuevamente la misma inseguridad. Era como si no me hubiera escuchado la primera vez. Me sentí tan frustrado con ella que nos enredamos en una gran discusión".

Tom estaba sorprendido de ver que muchos otros hombres compartían su experiencia. Cuando Tom conoció a Susan ella estaba ascendiendo la ola. A medida que la relación progresó, el amor de Susan hacia Tom creció. Después del pico de su ola, ella comenzó repentinamente a sentirse muy necesitada y posesiva. Se tornó muy insegura y exigió más atención.

Ese era el comienzo de su descenso hacia el pozo. Tom no pudo comprender por qué había cambiado, pero después de una conversación muy intensa que duró horas, Susan se sintió mucho mejor. Tom le había garantizado su amor y apoyo y Susan estaba ahora ascendiendo nuevamente. Él se sintió interiormente aliviado.

Después de esta interacción, Tom pensó que había resuelto con éxito ese problema en su relación. Pero un mes más tarde Susan comenzó a experimentar el rompimiento de su ola y a sentirse otra vez del mismo modo. Esta vez Tom se mostró mucho menos comprensivo y ya no manifestó su aceptación como antes. Se tornó impaciente. Se sintió insultado por el hecho de que ella desconfiara nuevamente de él después de haberle garantizado su amor un mes antes. En su actitud defensiva, él juzgó negativamente su recurrente necesidad de ser tranquilizada. Como resultado de ello, discutieron.

Ideas tranquilizadoras

Al comprender que las mujeres son como olas, Tom se dio cuenta de que la necesidad y la inseguridad recurrentes de Susan eran algo natural, inevitable y temporario. Tomó conciencia de lo ingenuo que había sido al pensar que su respuesta afectuosa a los temas centrales más profundos de Susan podría resolverlos en forma permanente.

El hecho de que Tom hubiera aprendido a apoyar a Susan con éxito cuando ella estaba en su pozo no sólo facilitó la resolución interior de sus dificultades sino que contribuyó también a evitar las peleas en esos momentos. Tom se sentía alentado por la comprensión de los tres temas siguientes:

1. El amor y el apoyo de un hombre no pueden resolver instantáneamente las dificultades experimentadas por una mujer. Su amor, sin embargo, puede hacer que ella se interne con mayor seguridad y profundidad en su pozo. Resulta ingenuo esperar que una mujer se muestre perfec-

154

tamente afectuosa en todo momento. Él debe esperar que dichas dificultades surjan una y otra vez. Sin embargo, cada vez será capaz de ayudarla mejor.

2. El hecho de que una mujer se introduzca en su pozo no significa que sea culpa del hombre o que responda al fracaso de éste. Al demostrar más apoyo él no puede impedir que ello ocurra, pero puede ayudarla a atravesar esos momentos difíciles.

3. Una mujer tiene dentro de sí la capacidad de levantarse en forma espontánea después de haber tocado fondo. El hombre no tiene que "arreglar" nada. Ella no está quebrada, sino que necesita simplemente que él le ofrezca su amor, su paciencia y comprensión.

CUANDO UNA MUJER NO SE SIENTE SEGURA EN SU POZO

Esta tendencia de ser como una ola aumenta cuando una mujer mantiene una relación íntima. Resulta esencial que ella se sienta segura para atravesar ese ciclo. De lo contrario, ella se esfuerza por simular que todo está siempre en orden y suprime sus sentimientos negativos.

Cuando una mujer no se siente segura para entrar en su pozo, su única alternativa es evitar la intimidad y las relaciones sexuales o suprimir y entumecer sus sentimientos a través de distintas adicciones como la bebida, la comida, el exceso de trabajo o la sobreprotección. Sin embargo, incluso con sus adicciones, ella caerá periódicamente en su pozo y sus sentimientos pueden llegar a surgir en una forma totalmente incontrolada.

Usted probablemente conozca historias de parejas que nunca se pelean o discuten y luego, ante la sorpresa de todos, deciden divorciarse. En muchos casos, la mujer ha reprimido sus sentimientos negativos a fin de evitar las peleas. Como resultado, se siente entumecida e incapaz de sentir su amor.

Cuando se suprimen los sentimientos negativos, también se suprimen los sentimientos positivos y el amor muere. El hecho de evitar las discusiones y las peleas ciertamente resulta saludable pero no es bueno reprimir los sentimientos. En el capítulo 9, analizaremos cómo evitar las discusiones sin suprimir los sentimientos.

Cuando se suprimen los sentimientos negativos también se suprimen los sentimientos positivos, y el amor muere.

La limpieza emocional

Cuando la ola de una mujer rompe es un momento de limpieza emocional. Sin esa limpieza o catarsis emocional, la mujer pierde lentamente su capacidad de amar y de crecer en el amor. A través de la controlada represión de sus sentimientos su naturaleza ondulante se ve obstruida y gradualmente queda desprovista de sentimientos y pasión.

Las mujeres que evitan enfrentar sus emociones negativas y rechazan el movimiento natural ondulante de sus sentimientos experimentan el síndrome premenstrual (SPM). Existe una fuerte correlación entre el SPM y la incapacidad de enfrentar los sentimientos negativos en forma positiva. En algunos casos las mujeres que aprendieron con éxito a enfrentar sus sentimientos sintieron que sus síntomas premenstruales habían desaparecido. En el capítulo 11 analizaremos otras técnicas para enfrentar las emociones negativas.

Incluso una mujer fuerte, confiada y con éxito tendrá necesidad de visitar su pozo de vez en cuando.

Los hombres cometen el error común de pensar que si su pareja tiene éxito en el mundo laboral, no experimentará entonces esos momentos de limpieza emocional. En realidad ocurre lo contrario.

Cuando una mujer se encuentra en el mundo laboral generalmente está expuesta al estrés y a la contaminación emocional. Su necesidad de limpieza emocional crece. Asimismo, la necesidad del hombre de alejarse como una banda elástica puede aumentar cuando soporta gran cantidad de estrés en el trabajo.

Un estudio reveló que la autoestima de una mujer generalmente aumenta y decae en un ciclo que abarca entre veintiuno y treinta y cinco días. No se han hecho estudios sobre la frecuencia con que un hombre se aleja como una banda elástica, pero mi experiencia me señala que se parece bastante al anterior. El ciclo de autoestima de la mujer no necesariamente debe sincronizarse con su ciclo menstrual, pero alcanza un promedio de veintiocho días.

Cuando una mujer se pone su traje de negocios puede tomar distancia de esa montaña rusa emocional, pero cuando regresa a casa necesita que su pareja le brinde un tierno apoyo afectuoso, siempre bien recibido y necesario para las mujeres en esos momentos.

Resulta importante reconocer que esta tendencia de meterse en el pozo no afecta necesariamente la competencia de la mujer en el trabajo, pero sí ejerce una gran influencia sobre su comunicación con la gente a la que ama íntimamente y necesita.

Cómo puede un hombre apoyar a una mujer en el pozo

Un hombre sensato aprende a salirse de su camino a fin de ayudar a una mujer a sentirse segura para subir y bajar. Libera sus juicios y exigencias y aprende a dar el apoyo requerido. Como resultado de ello goza de una relación que se intensifica en amor y pasión a lo largo de los años.

Él puede tener que resistir algunas tormentas o sequías emocionales, pero la recompensa es mucho mayor. El hombre no iniciado sigue soportando tormentas y sequías pero esto ocurre porque no conoce el arte de amarla a través de su tiempo en el pozo, su amor deja de crecer y es gradualmente reprimido.

CUANDO ELLA ESTÁ EN EL POZO Y ÉL EN LA CUEVA

Harris afirmó: "Puse a prueba todo lo que aprendí en el seminario. Realmente funcionaba. Estábamos muy cerca. Sentí como si estuviera en el paraíso. Luego, de repente mi esposa, Cathy, comenzó a lamentarse de que yo miraba demasiada televisión. Comenzó a tratarme como si fuera un niño. Tuvimos una enorme discusión. No sé lo que ocurrió. Nos estaba yendo tan bien".

Este es un ejemplo de lo que ocurre cuando los fenómenos de la ola y la banda elástica se producen más o menos al mismo tiempo. Después de haber asistido al seminario, Harris había conseguido darle más que nunca a su esposa y su familia. Cathy se sentía encantada. No podía creerlo. Se habían acercado más que nunca. Su ola se encontraba en su pico. Esto duró un par de semanas y luego Harris decidió quedarse hasta tarde una noche mirando televisión. Su banda elástica estaba comenzando a aflojarse. Necesitaba retirarse a su cueva.

Cuando así lo hizo, Cathy se sintió muy herida. Su ola comenzó a romperse. Consideró su alejamiento como el final de su nueva experiencia de intimidad. Las dos semanas anteriores habían sido todo lo que ella deseaba y ahora pensó que iba a perderlo. Desde que era una niñita ese tipo de intimidad había sido su sueño. El alejamiento de su esposo representó una enorme conmoción para ella. Para la niñita vulnerable que había dentro suyo equivalía a la experiencia de darle caramelos a un bebé y luego quitárselos. Se enojó mucho.

La lógica marciana y venusina

La experiencia de abandono de Cathy resulta difícil de entender para un marciano. La lógica marciana afirma: "Me sentí maravillosamente durante las dos últimas semanas. ¿No me da eso derecho a un poco de tiempo libre? Te he dado todo ese tiempo, ahora me toca a mí. Deberías sentirte más segura y tranquila que nunca acerca de mi amor".

La lógica venusina enfoca la experiencia en forma distinta: "Estas dos últimas semanas han sido maravillosas. Me abrí más que nunca. El hecho de perder tu atención afectuosa resulta más doloroso que nunca. Yo empecé realmente a abrirme y luego tú te retiras".

Cómo aparecen los sentimientos del pasado

Al no confiar y no abrirse plenamente, Cathy había pasado años protegiéndose para no ser herida. Pero durante sus dos semanas de vivir enamorada ella comenzó a abrirse más que nunca en su vida adulta. El apoyo de Harris le había permitido ponerse en contacto con tranquilidad con sus viejos sentimientos.

De repente comenzó a sentir como se sentía de niña cuando su padre estaba demasiado ocupado para prestarle atención. Sus sentimientos no resueltos de ira y de impotencia fueron proyectados sobre la actitud de Harris mirando televisión. Si dichos sentimientos no hubiesen aparecido, Cathy hubiera sido capaz de aceptar con buena disposición el deseo de Harris de mirar televisión.

Debido a la aparición de sus sentimientos del pasado, ella se sintió herida cuando él comenzó a mirar televisión. Si hubiese tenido la oportunidad de compartir y explorar su dolor, hubiesen emergido sentimientos profundos y dolorosos. Cathy hubiera tocado fondo y luego se hubiera sentido mucho mejor. Una vez más, se hubiese mostrado deseosa de confiar en la intimidad aun sabiendo que el momento en que él se retirara en forma temporaria podría resultar doloroso.

Cuando se hieren los sentimientos

Pero Harris no entendió por qué ella se sentía herida. Le dijo que no debía sentirse así. Y comenzó la discusión. Decirle a una mujer que no debería sentirse lastimada es la peor cosa que puede decir un hombre. Esto hiere aún más, como si uno escarbara con un palo en una herida abierta.

Cuando una mujer se siente herida, puede sonar como si le echara la culpa a él. Pero si ella recibe cuidados y comprensión, la culpa desaparecerá. Tratar de explicarle por qué ella no debería sentirse herida empeorará radicalmente las cosas.

A veces, cuando una mujer se siente ofendida, puede llegar incluso a estar de acuerdo intelectualmente en que no debería sentirse ofendida. Pero emocionalmente sigue estando ofendida y no quiere escuchar que él le diga que no debería estarlo. Lo que necesita de su pareja masculina es que comprenda la razón por la que ella se siente ofendida.

Cuando hombres y mujeres se pelean

Harris malinterpretó completamente la reacción ofendida de Cathy. Pensó que ella estaba exigiendo que él abandonara la televisión para siempre. Cathy no estaba exigiendo que Harris dejara de ver televisión. Sólo quería que él supiera cuán penoso le resultaba a ella.

Las mujeres saben en forma instintiva que, si su pena puede ser escuchada, ellas pueden entonces confiar en su pareja para efectuar cualquier cambio que él pueda hacer. Cuando Cathy compartió su dolor, sólo necesitaba ser escuchada y recibir tranquilidad en el sentido de que no estaba volviendo a ser el viejo Harris, adicto a la televisión y emocionalmente no disponible.

Ciertamente Harris merecía mirar televisión, pero Cathy tenía derecho a estar perturbada. Ella merecía ser escuchada, comprendida y tranquilizada. Harris no estaba equivocado por el hecho de mirar televisión y Cathy no estaba equivocada por el hecho de sentirse fastidiada.

Los hombres discuten por el derecho a ser libres mientras que las mujeres lo hacen por el derecho a sentirse fastidiadas. Los hombres quieren espacio mientras que las mujeres quieren comprensión.

Debido al hecho de que Harris no comprendía el fenómeno de la ola que afectaba a Cathy, pensó que su reacción era injusta. Pensó que tenía que invalidar sus sentimientos si quería tomarse tiempo para mirar televisión. Se tornó irritable y pensó: ¡No puedo ser afectuoso y defender mi intimidad al mismo tiempo!

Harris sintió que tenía que desvirtuar los sentimientos de su mujer para obtener el derecho a mirar televisión, vivir su vida y ser él mismo. Discutió por su derecho a mirar televisión en el momento en que Cathy sólo necesitaba ser escuchada. Esta discutió por el derecho a sentirse herida y perturbada.

LA RESOLUCIÓN DE CONFLICTOS A TRAVÉS DE LA COMPRENSIÓN

Harris se mostró ingenuo al pensar que la ira, el resentimiento y los sentimientos de impotencia de ser descuidada durante doce años iban a desaparecer después de dos semanas de estar enamorada.

Cathy se mostró igualmente ingenua al pensar que Harris podía mantener su atención enfocada en ella y la familia sin tomarse un tiempo para retirarse y centrarse en sí mismo.

Cuando Harris comenzó a retirarse esto puso en marcha el descenso de la ola de Cathy. Sus sentimientos no resueltos comenzaron a aparecer. No sólo estaba reaccionando ante la actitud de Harris de mirar televisión esa noche sino ante los años que se había sentido desatendida. Su discusión terminó en un griterío. Después de dos horas de gritar, ya no se hablaban.

Al comprender el panorama más amplio de lo que había ocurrido, estaban en condiciones de resolver su conflicto y de hacer las paces. Harris comprendió que cuando comenzó a retirarse había puesto en marcha el período de limpieza emocional de Cathy. Ella necesitaba hablar sobre sus sentimientos, y no que le hicieran sentir que estaba equivocada. Harris se sintió alentado al darse cuenta de que ella luchaba por ser escuchada así como él luchaba por ser libre. Aprendió que al apoyar su necesidad de ser escuchada ella podría apoyar su necesidad de ser libre.

**Al apoyar él su necesidad de ser escuchada,
ella podría apoyar su necesidad de ser libre.**

Cathy comprendió que Harris no tenía la intención de invalidar sus sentimientos heridos. Además entendió que, aunque él se estuviera retirando, regresaría y podrían experimentar nuevamente algo de intimidad.

Ella se dio cuenta de que su creciente intimidad había puesto en marcha su necesidad de retirarse. Aprendió que sus sentimientos heridos lo hacían sentirse controlado y él tenía que sentir que ella no estaba tratando de decirle lo que él podía hacer.

Qué puede hacer un hombre cuando no puede escuchar

Harris preguntó: "¿Qué ocurre si yo no puedo escuchar y necesito estar en mi cueva? A veces comienzo a escuchar y me pongo furioso".

Le aseguré que eso era normal. Cuando rompe la ola de su esposa y ésta necesita ser escuchada con más atención, a veces la banda elástica ha comenzado a estirarse y él necesita retirarse. No puede darle a su esposa lo que necesita. Se mostró de acuerdo en forma enfática y afirmó: "Sí, es verdad. Cuando quiero retirarme, ella quiere hablar".

Cuando un hombre necesita retirarse y una mujer necesita hablar, si él trata de escuchar igual no hace más que empeorar las cosas. Después de un rato o bien comenzará a juzgarla y posiblemente explote de ira; o se cansará; o se distraerá de un modo increíble y ella se enojará aún más. Cuando él no es capaz de escuchar con atención, esmero, comprensión y respeto, las tres acciones siguientes pueden resultar de cierta utilidad:

TRES PASOS PARA APOYARLA CUANDO ÉL NECESITA RETIRARSE

1. Acepte sus limitaciones

Lo primero que tiene que hacer es aceptar que necesita distanciarse y que no tiene nada para dar. No importa lo afectuoso que quiera ser, usted no puede escuchar atentamente. No trate de escuchar cuando no puede hacerlo.

2. Comprenda el dolor de ella

Luego, tiene que comprender que ella necesita más de lo que usted puede dar en ese momento. Su dolor es válido. No la haga sentir mal por necesitar más o por estar dolorida. Duele ser abandonada cuando se necesita amor. Usted no está equivocado por necesitar espacio y ella no está equivocada por querer estar cerca. Usted puede temer que ella no lo perdone o que deje de confiar. Ella puede demostrar más confianza y perdón si usted se interesa y entiende su dolor.

3. Evite discutir y dé tranquilidad Al comprender su dolor no la hará sentir equivocada por estar perturbada y dolorida. Aunque no pueda dar el apoyo que ella quiere y necesita, puede evitar empeorar las cosas a través de la discusión. Asegúrele que regresará y luego podrá darle el apoyo que merece.

Qué puede decir él en lugar de discutir

No había nada de malo en la necesidad de Harris de estar solo o de mirar televisión, y tampoco había nada de malo en los sentimientos de dolor de Cathy. En lugar de discutir en favor de su derecho a mirar televisión, podría haberle dicho lo siguiente: "Entiendo que estés perturbada y en este momento realmente necesito mirar TV y relajarme. Cuando me sienta mejor hablaremos". Esto le daría tiempo para mirar TV y una oportunidad para calmarse y prepararse a escuchar el dolor de su pareja sin hacerla sentir mal.

Esa respuesta puede llegar a caerle mal a ella, pero la respetará. No hay duda de que quiere que él sea la persona afectuosa habitual, pero si éste necesita retirarse, entonces esa necesidad es válida. No puede dar lo que no tiene. Lo que él puede hacer es evitar que las cosas empeoren. La solución reside en respetar las necesidades de ambos. Él se tomará el tiempo necesario y luego regresará y le dará a su pareja lo que necesita.

Cuando un hombre no puede escuchar los sentimientos de dolor de una mujer porque necesita retirarse, puede decir lo siguiente: "Entiendo que te sientas herida y necesito un poco de tiempo para pensar en ello. Tomémonos nuestro tiempo". Es mucho mejor para un hombre disculparse de esa manera y dejar de escuchar que tratar de explicar el dolor de su pareja.

Qué puede hacer ella en lugar de discutir

Al escuchar esta sugerencia, Cathy dijo: "Si él puede meterse en su cueva, ¿qué pasa entonces conmigo? Le doy espacio, ¿pero qué gano yo?"

Lo que Cathy obtiene es lo mejor que puede darle su pareja en ese momento. Al no exigir que él la escuche cuando ella quiere hablar, puede evitar empeorar el problema dejando de lado una enorme discusión. En segundo lugar, ella obtiene su apoyo cuando su pareja regresa, es decir cuando está realmente en condiciones de apoyarla.

Recuerde: si un hombre necesita retirarse como una banda elástica, cuando regrese tendrá mucho más amor para dar. Entonces podrá escuchar. Es el mejor momento para iniciar una conversación.

El hecho de aceptar la necesidad de un hombre de meterse en su cueva no significa abandonar la necesidad de hablar. Significa dejar de lado la exigencia de que escuche en el momento en que ella quiere hablar. Cathy aprendió a aceptar que a veces un hombre no puede escuchar o hablar y aprendió que en otros momentos sí podía. La oportunidad era muy importante. Ella se vio alentada no a abandonar la iniciativa de conversar sino a encontrar el momento en que él podía escuchar.

Cuando un hombre se retira es el momento de

obtener más apoyo de los amigos. Si Cathy siente la necesidad de hablar pero Harris no puede escuchar, Cathy podría entonces hablar más con sus amigos. El hecho de convertir a un hombre en la única fuente de amor y apoyo lo hace sentirse demasiado presionado. Cuando la ola de una mujer rompe y su pareja está en la cueva, resulta fundamental que ella disponga de otras fuentes de apoyo. De lo contrario sólo podrá sentirse impotente y manifestar resentimiento hacia su pareja.

El hecho de convertir a un hombre en la única fuente de amor y apoyo lo hace sentirse demasiado presionado.

DE QUÉ MANERA EL DINERO PUEDE CREAR PROBLEMAS

Chris afirmó: "Me siento completamente confundido. Cuando nos casamos éramos pobres. Los dos trabajábamos mucho y apenas teníamos dinero para pagar el alquiler. A veces mi esposa, Pam, se lamentaba de lo dura que era su vida. Yo podía entenderlo. Pero ahora somos ricos. Los dos tenemos una carrera de éxito. ¿Cómo puede seguir desdichada y lamentándose? Otras mujeres darían cualquier cosa por estar en su lugar. Lo único que hacemos es pelear. Nos sentíamos más felices cuando éramos pobres; ahora queremos el divorcio".

Chris no comprendió que las mujeres son como olas. Cuando se casó con Pam, de vez en cuando rompía su ola. En esos momentos él escuchaba y comprendía su desdicha. Le resultaba fácil convalidar sus sentimientos negativos porque él los compartía. Desde su perspectiva ella tenía buenas razones para sentirse perturbada: no tenían mucho dinero.

El dinero no satisface las necesidades emocionales

Los marcianos tienden a pensar que el dinero es la solución a todos los problemas. Cuando Chris y Pam eran pobres y luchaban para vivir de sus ingresos, él escuchaba y mostraba empatía hacia el dolor de su pareja y decidía hacer más dinero para que ella no se sintiera desdichada. Pam sentía que él se preocupaba realmente.

Pero cuando su vida mejoró desde el punto de vista financiero, ella siguió sintiéndose perturbada de vez en cuando. Él no podía comprender por qué no era feliz. Pensó que ella se sentiría feliz todo el tiempo porque eran ricos. Pam sintió que él no se preocupaba por ella.

Chris no se dio cuenta de que el dinero no podía impedir que Pam se sintiera perturbada. Cuando su ola rompía, ellos peleaban porque él invalidaba su necesidad de sentirse perturbada. Irónicamente, cuanto más ricos eran, más peleaban.

Cuando eran pobres, el dinero era el factor fundamental del dolor de Pam, pero cuando alcanzaron una mayor seguridad financiera, ella tomó más conciencia de lo que le faltaba emocionalmente. Esta progresión resulta natural, normal y previsible.

Cuando las necesidades financieras de una mujer son satisfechas, toma mayor conciencia de sus necesidades emocionales.

Una mujer rica necesita más permiso para sentirse perturbada

Recuerdo haber leído la siguiente cita en un artículo: "Una mujer rica sólo puede recibir la empatía de un psiquiatra rico". Cuando una mujer tiene mucho dinero, la gente (y en especial su marido) no le dan el derecho a sentirse perturbada. No tiene permiso de ser como una ola y romper de vez en cuando. No tiene permiso de explorar sus sentimientos o de necesitar más en cualquier área de su vida.

Se supone que una mujer con dinero debe estar satisfecha todo el tiempo porque su vida podría ser mucho peor sin esa abundancia financiera. Dicha suposición no sólo no es práctica sino que es irreverente. Más allá de la riqueza, la condición social, los privilegios o las circunstancias, una mujer necesita el permiso de sentirse perturbada y de que su ola pueda romper.

Chris se sintió alentado cuando percibió que podía hacer feliz a su esposa. Recordó que había convalidado los sentimientos de su esposa cuando eran pobres y podía hacerlo nuevamente aun cuando fueran ricos. En lugar de sentirse desesperanzado, se dio cuenta de que sabía cómo apoyarla. Se había desviado del camino correcto al pensar que su dinero la haría feliz cuando en realidad la fuente de satisfacción de su esposa había sido su preocupación y su comprensión.

LOS SENTIMIENTOS SON IMPORTANTES

Si al sentirse desdichada una mujer no recibe apoyo entonces no podrá nunca sentirse verdaderamente feliz. Para ser auténticamente feliz la mujer debe hundirse profundamente en el pozo a fin de liberar, resolver y purificar las emociones. Se trata de un proceso natural y saludable.

Si experimentamos los sentimientos positivos del amor, la felicidad, la confianza y la gratitud, también tenemos que sentir periódicamente la ira, la tristeza, el temor y la pena. Una mujer puede atender estas emociones negativas cuando baja muy profundamente en su pozo.

Los hombres también necesitan procesar sus sentimientos negativos para poder experimentar luego sus sentimientos positivos. Cuando un hombre se mete en su cueva estará en condiciones de sentir y procesar en silencio sus sentimientos negativos. En el capítulo 11 analizaremos una técnica para liberar los sentimientos negativos que funciona tanto para las mujeres como para los hombres.

Cuando una mujer experimenta su movimiento ascendente puede sentirse satisfecha con lo que tiene. Pero en el movimiento descendente, ella tomará entonces conciencia de lo que le falta. Cuando se siente bien está en condiciones de ver y responder a las cosas buenas de su vida. Pero cuando toca fondo, su visión positiva se nubla y reacciona más ante lo que le falta en su vida.

Así como un vaso de agua puede considerarse medio lleno o medio vacío, cuando la mujer está en su ciclo ascendente está en condiciones de ver la plenitud de su vida. En su ciclo descendente ella percibe el vacío. Cualquier vacío que no logra percibir en su ciclo ascendente sobresale más en su ciclo descendente camino al fondo de su pozo.

Si los hombres no aprenden que las mujeres son como olas, no pueden entender o apoyar a sus esposas. Se sienten confundidos cuando las cosas mejoran en lo exterior pero empeoran en el marco de la relación. Al recordar esta diferencia, un hombre dispone de la llave para darle a su pareja el amor que ella merece cuando más lo necesita.

Capítulo **8**

EL DESCUBRIMIENTO DE NUESTRAS NECESIDADES EMOCIONALES

Los hombres y las mujeres no saben en general que tienen diferentes necesidades emocionales. Como resultado de ello no saben en forma instintiva cómo apoyarse mutuamente. En general, los hombres dan en las relaciones lo que ellos quieren, mientras que las mujeres dan lo que ellas quieren. Cada uno supone erróneamente que el otro tiene las mismas necesidades y los mismos deseos. Por lo tanto, ambos quedan insatisfechos y llenos de resentimientos.

Tanto los hombres como las mujeres sienten que dan y dan sin recibir nada. Sienten que su amor no es reconocido ni apreciado. La verdad es que ambos dan amor pero no en la forma deseada.

Por ejemplo, una mujer piensa que se muestra afectuosa cuando hace un montón de preguntas o expresa preocupación. Tal como lo hemos analizado anteriormente, esto puede resultar muy molesto para un hombre. Este puede llegar a sentirse controlado y busca espacio. Ella se confunde porque si ella recibiera ese tipo de apoyo se sentiría muy agradecida. Sus esfuerzos por mostrarse afectuosa son en el mejor de los casos ignorados y, en el peor, molestos.

Asimismo, los hombres piensan que se muestran afectuosos, pero la forma en que expresan su amor puede hacer que la mujer se sienta invalidada y sin apoyo. Por ejemplo, cuando una mujer se siente perturbada, su pareja piensa que demuestra afecto y apoyo al hacerle comentarios que minimizan la importancia de sus problemas. El hombre puede decir por ejemplo: "No te preocupes, no es tan importante". O bien puede ignorarla completamente, suponiendo que le está dando mucho "espacio" para tranquilizarse y meterse en su cueva. Lo que él piensa que es apoyo la hace sentir minimizada, poco amada e ignorada.

Tal como lo hemos analizado antes, cuando una mujer se siente desdichada necesita ser escuchada y comprendida. Sin esa percepción de las diferentes necesidades del hombre y la mujer, un hombre no entiende por qué sus intentos de ayuda fracasan.

LAS DOCE FORMAS DE AMAR

La mayoría de nuestras necesidades emocionales complejas pueden sintetizarse como la necesidad de amor. Hombres y mujeres tienen cada uno seis necesidades únicas de amor que son todas igualmente importantes. Los hombres necesitan fundamentalmente confianza, aceptación, aprecio, admiración, aprobación y aliento. Las mujeres necesitan fundamentalmente cuidado, comprensión, respeto, devoción, convalidación y tranquilidad. La enorme tarea de imaginar qué es lo que nuestra pareja necesita se simplifica mucho a través de la comprensión de esas doce formas diferentes de amar.

Al revisar esta lista uno puede ver fácilmente por qué su pareja puede no sentirse amada. Esta lista lo orientará hacia el mejoramiento de sus relaciones con el sexo opuesto cuando no sabe qué otra cosa hacer.

Las necesidades primarias de amor
de hombres y mujeres

Las siguientes son las diferentes formas de amor

171

enunciadas una junto a otra:

Las mujeres necesitan recibir	Los hombres necesitan recibir
1. Cuidado	1. Confianza
2. Comprensión	2. Aceptación
3. Respeto	3. Aprecio
4. Devoción	4. Admiración
5. Convalidación	5. Aprobación
6. Tranquilidad	6. Aliento

La comprensión de sus necesidades primarias

No hay duda de que en última instancia tanto hombres como mujeres necesitan los doce tipos de amor. El hecho de reconocer los seis tipos de amor fundamentalmente necesitados por las mujeres no implica que los hombres no necesiten esos mismos tipos de amor. Los hombres también necesitan el cuidado, la comprensión, el respeto, la devoción, la convalidación y la tranquilidad. Lo que se entiende por "necesidad" primaria es que se requiere satisfacer esa necesidad antes de que uno sea capaz de recibir y apreciar con plenitud los otros tipos de amor.

Se requiere satisfacer una necesidad primaria antes de que uno sea capaz de recibir y apreciar con plenitud los otros tipos de amor.

Un hombre recibe y aprecia plenamente los seis tipos de amor necesitados fundamentalmente por las mujeres (el cuidado, la comprensión, el respeto, la devoción, la convalidación y la tranquilidad), cuando sus propias necesidades primarias han sido previamente satisfechas. Asimismo, una mujer necesita la confianza, la aceptación, el aprecio, la admiración, la aprobación y el aliento. Pero antes de poder realmente valorar y apreciar esos tipos de amor, sus necesidades primarias deben ser previamente satisfechas.

La comprensión de los tipos fundamentales de amor que su pareja necesita constituye un secreto poderoso para mejorar las relaciones en la Tierra. Recordar que los hombres son de Marte la ayudará a recordar y aceptar que los hombres tienen distintas necesidades primarias de amor.

A una mujer le resulta fácil dar lo que ella necesita y olvidar que su marciano favorito puede necesitar otra cosa. Del mismo modo, los hombres tienden a centrarse en sus necesidades, obviando el hecho de que el tipo de amor que necesitan no siempre resulta apropiado o de utilidad para su venusina favorita.

El aspecto más poderoso y práctico de esta nueva comprensión del amor es que esos diferentes tipos de amor son recíprocos. Por ejemplo, cuando un marciano expresa su interés y comprensión, una venusina automáticamente comienza a corresponder y a devolverle la confianza y la aceptación que él fundamentalmente necesita. Lo mismo ocurre cuando una venusina expresa su confianza; un marciano comenzará automáticamente a responder con el interés que ella necesita.

En las seis secciones siguientes definiremos los doce tipos de amor en términos prácticos y revelaremos su naturaleza recíproca.

1. Ella necesita cuidado y él necesita confianza

Cuando un hombre muestra interés en los sentimientos de una mujer y una sincera preocupación por su bienestar, ella se siente amada y cuidada. Cuando él la hace sentir especial a través de su interés, logra satisfacer la primera necesidad primaria de su pareja. Naturalmente ésta comienza a confiar más en él. Cuando ella confía, se torna más abierta y receptiva.

Cuando la actitud de una mujer es abierta y receptiva hacia un hombre, éste siente que le tienen confianza. Confiar en un hombre es creer que está haciendo lo mejor que puede y que quiere lo mejor para su pareja. Cuando las reacciones de una mujer revelan una creencia positiva en las capacidades e intenciones de su hombre, la primera necesidad primaria de amor de este último se ve satisfecha. Automáticamente él se muestra más cuidadoso y atento respecto de los sentimientos y las necesidades de su pareja.

2. Ella necesita comprensión y él necesita aceptación

Cuando un hombre escucha sin juzgar —con empatía y en armonía— a la mujer que expresa sus sentimientos, ésta se siente escuchada y comprendida. Una actitud comprensiva no supone el conocimiento de los pensamientos o sentimientos de una persona; por el contrario, adquiere significado a partir de lo que se escucha y se orienta a convalidar lo que se comunica. Cuanto más satisfecha sea la necesidad de una mujer de ser escuchada y comprendida, tanto más fácil le resultará darle al hombre la aceptación que éste necesita.

Cuando una mujer recibe con afecto a un hombre sin tratar de cambiarlo, él se siente aceptado. Una actitud de aceptación no rechaza sino confirma el hecho de que él es favorablemente recibido. Esto no significa que la mujer crea que él es perfecto, sino que indica que ella no está tratando de mejorarlo, que confía en él para que éste lleve a cabo sus propios mejoramientos. Cuando un hombre se siente aceptado, le resulta mucho más fácil escuchar y brindarle a su mujer la comprensión que necesita y merece.

3. Ella necesita respeto y él necesita aprecio

Cuando un hombre responde a una mujer de tal modo que reconoce y le da prioridad a sus derechos, deseos y necesidades, ella se siente respetada. Cuando el comportamiento del hombre toma en consideración los pensamientos y sentimientos de la mujer, ella está segura de sentirse respetada. Las expresiones concretas y físicas de respeto, como regalarle flores y acordarse de los aniversarios, resultan esenciales para satisfacer la tercera necesidad primaria de amor de una mujer. Cuando ella se siente respetada, le resulta mucho más fácil brindarle al hombre el aprecio que merece.

Cuando una mujer reconoce haber recibido un beneficio y un valor personal de los esfuerzos y del comportamiento del hombre, éste se siente apreciado. El aprecio es la reacción natural frente al hecho de sentirse apoyado. Cuando un hombre recibe aprecio sabe que su esfuerzo no fue en vano y se ve entonces alentado a dar más. Cuando un hombre recibe aprecio está automáticamente en condiciones de respetar y motivar más a su pareja.

4. Ella necesita devoción y él necesita admiración

Cuando un hombre le da prioridad a las necesidades de una mujer y se compromete orgullosamente a apoyarla y satisfacerla, la cuarta necesidad primaria de amor de la mujer se ve satisfecha. Una mujer se enriquece cuando se siente adorada y especial. Un hombre satisface la necesidad de su pareja de ser amada de esa manera, cuando hace que los sentimientos y las necesidades de ésta sean más importantes que sus otros intereses tales como el trabajo, el estudio y el esparcimiento. Cuando una mujer siente que es el número uno en la vida de su pareja, entonces, con toda facilidad, ella lo admira.

Así como una mujer necesita sentir la devoción de un hombre, un hombre siente la necesidad primaria de ser admirado por la mujer. Admirar a un hombre es tomarlo en consideración con deslumbramiento, deleite y una aprobación complaciente. Un hombre se siente admirado cuando ella se siente felizmente asombrada por sus características o talentos únicos que pueden incluir el humor, la fuerza, la persistencia, la integridad, la honradez, el romanticismo, la bondad, el amor, la comprensión y otras virtudes llamadas "anticuadas". Cuando un hombre se siente admirado, se siente lo suficientemente seguro como para dedicarse a su mujer y adorarla.

5. Ella necesita convalidación y él necesita aprobación

Cuando un hombre no objeta o discute los sentimientos y los deseos de una mujer y, por el contrario, acepta y confirma su validez, una mujer se siente verdaderamente amada porque su quinta necesidad primaria se encuentra satisfecha. La actitud de convalidación por parte de un hombre confirma el derecho de una mujer a sentir en la forma en que lo hace. (Es importante recordar que uno puede convalidar el punto de vista de su mujer aun teniendo un punto de vista diferente.)

Cuando un hombre aprende cómo hacerle saber a una mujer que tiene esa actitud de convalidación, se asegura obtener la aprobación que fundamentalmente necesita.

Muy dentro suyo, todo hombre quiere ser el héroe o el caballero de armadura brillante de su mujer. El signo que indica que él pasó la prueba es la aprobación de la mujer. La actitud aprobatoria de una mujer reconoce la bondad en un hombre y expresa una satisfacción global con respecto a él. (Recuerde: el hecho de expresarle aprobación a un hombre no siempre significa estar de acuerdo con él.) Una actitud de aprobación reconoce o busca las buenas razones que sustentan la acción del hombre. Cuando éste recibe la aprobación que necesita, le resulta más fácil convalidar los sentimientos de su mujer.

6. Ella necesita tranquilidad y él necesita aliento

Cuando un hombre muestra repetidas veces que se interesa, comprende, respeta, convalida y se dedica a su pareja, la necesidad primaria de esta última de ser tranquilizada se ve satisfecha. Una actitud tranquilizadora le transmite a una mujer el mensaje de que es constantemente amada.

Un hombre comete habitualmente el error de pensar que una vez satisfechas todas las necesidades primarias de amor de la mujer y al sentirse feliz y segura, ella debería saber que de allí en adelante será amada. Esto no es así. Para satisfacer la sexta necesidad primaria de amor de la mujer, él debe recordar que será necesario tranquilizarla una y otra vez.

Un hombre comete habitualmente el error de pensar que una vez satisfechas todas las necesidades primarias de una mujer y al sentirse feliz y segura, ella debería saber que de allí en adelante será amada.

Del mismo modo, un hombre necesita fundamentalmente ser alentado por una mujer. La actitud alentadora de una mujer le da esperanza y coraje al confiar en sus capacidades y en su carácter. Cuando la actitud de una mujer expresa confianza, aceptación, aprecio, admiración y aprobación, ello alienta al hombre a ser todo lo que puede ser. El sentirse alentado lo motiva a brindarle a su mujer la tranquilidad que necesita.

Lo mejor del hombre sale a relucir cuando se encuentran satisfechas sus seis necesidades primarias de amor. Pero cuando una mujer no sabe qué es lo que necesita fundamentalmente y le brinda un amor protector en lugar de un amor confiado, puede estar saboteando su relación en forma inadvertida. La siguiente historia ejemplifica este punto.

EL CABALLERO DE BRILLANTE ARMADURA

En todo hombre existe un héroe o un caballero de brillante armadura. Más que nada él quiere tener éxito en su iniciativa de servir y proteger a la mujer que ama. Cuando él siente que confían en él, se encuentra en condiciones de aprovechar ese noble aspecto de sí mismo. Se torna más atento. Cuando siente que no confían en él pierde algo de su actividad y energía y después de un tiempo puede dejar de interesarse por el otro.

Imagínese a un caballero de brillante armadura que viaja por la campiña. De repente escucha a una mujer llorar de angustia. En un instante cobra vigor. Apura su caballo y corre hasta el castillo de la dama donde cae en la trampa de un dragón. El noble caballero saca su espada y mata al dragón. Como resultado de ello, es recibido afectuosamente por la princesa.

Cuando las puertas se abren es bien recibido y festejado por la familia de la princesa y la gente del pueblo. Es invitado a vivir en el pueblo y se lo reconoce como un héroe. Él y la princesa se enamoran.

Un mes después, el noble caballero emprende otro viaje. A su regreso, escucha a su amada princesa que grita pidiendo ayuda. Otro dragón ha atacado el castillo. Cuando llega el caballero, saca su espada para matar al dragón.

Antes de blandirla, la princesa le grita desde la torre: "No uses tu espada, usa este lazo corredizo. Funcionará mejor".

Ella le arroja el lazo y le hace señas para darle instrucciones sobre la manera de utilizarlo. Él sigue en forma vacilante sus instrucciones. Lo lanza alrededor del cuello del dragón y luego tira con fuerza. El dragón muere y todo el mundo se regocija.

Durante la cena de celebración el caballero siente que en realidad no ha hecho nada. De alguna manera, por el hecho de haber usado el lazo y no su espada, no se siente muy digno de la confianza y la admiración de la ciudad. Después del acontecimiento se siente levemente deprimido y olvida pulir su armadura.

Un mes más tarde emprende otro viaje. En el momento de irse con su espada, la princesa le recuerda que tenga cuidado y le pide que lleve el lazo. De regreso a casa observa que otro dragón está atacando el castillo. Esta vez se precipita hacia adelante con su espada pero vacila, pensando que quizás tendría que usar el lazo. En ese momento de vacilación, el dragón le echa fuego y le quema el brazo derecho. Confundido, mira hacia arriba y ve a la princesa que le hace señas desde la ventana del castillo.

"Usa el veneno —grita ella—. El lazo no funcionará".

Le arroja el veneno, que él vierte en la boca del dragón y éste muere. Todos se alegran y celebran, pero el caballero se siente avergonzado.

Un mes después, emprende otro viaje. En el momento de irse con su espada, la princesa le recuerda que tenga cuidado y que lleve el veneno y el lazo. Él se siente molesto por sus sugerencias, pero los lleva por las dudas.

Esta vez en su viaje escucha a otra mujer angustiada. En el momento de precipitarse en su ayuda, su depresión desaparece y se siente confiado y vivo. Pero cuando saca la espada para matar al dragón, vacila nuevamente. Se

179

pregunta: "¿Debería usar mi espada, el lazo o el veneno? ¿Qué diría la princesa?"

Por un momento se siente confundido. Pero entonces recuerda cómo se había sentido antes de conocer a la princesa, en aquellos días en que sólo llevaba espada. Con un estallido de confianza renovada, se desprende del lazo y el veneno y ataca al dragón con su confiable espada. Mata al dragón y el pueblo de la ciudad se alegra.

El caballero de armadura brillante nunca regresó a su princesa. Se quedó en esa nueva aldea y vivió feliz por el resto de sus días. Finalmente se casó, pero sólo después de haberse asegurado de que su nueva pareja no sabía nada sobre lazos y venenos.

El hecho de recordar que en cada hombre hay un caballero de brillante armadura representa una poderosa metáfora que sirve para recordar las necesidades fundamentales de un hombre. Aunque éste puede llegar a apreciar a veces el cuidado y la asistencia, ofrecidos en exceso disminuirán su confianza o lo harán alejarse.

CÓMO PUEDE UNO INADVERTIDAMENTE HACER QUE SU PAREJA SE ALEJE

Sin el conocimiento de lo que resulta importante para el sexo opuesto, hombres y mujeres no se dan cuenta de hasta qué punto pueden llegar a lastimar a su pareja. Podemos ver que tanto los hombres como las mujeres se comunican inadvertidamente en formas que no sólo son contraproducentes sino que pueden significar un cambio de rumbo.

Hombres y mujeres hieren mutuamente sus sentimientos cuando no entienden el tipo de amor fundamental que necesitan. Las mujeres no se dan cuenta en general de las formas de comunicación que no sirven de apoyo y que son perjudiciales para el ego masculino. Una mujer puede intentar mostrarse sensible frente a los sentimientos de un hombre, pero debido a que sus necesidades de amor primarias son diferentes a las de ella, no logra anticipar instintivamente las necesidades del hombre.

A través de la comprensión de las necesidades primarias de amor de un hombre, una mujer puede tener mayor conciencia y sensibilidad respecto de las fuentes del descontento masculino. La siguiente es una lista de errores comunes de comunicación que cometen las mujeres con respecto a las necesidades fundamentales de amor del hombre.

Errores cometidos comúnmente por las mujeres	Por qué él no se siente amado
1. Ella trata de mejorar el comportamiento de él o de ayudarlo ofreciéndole consejos no solicitados.	1. No se siente amado porque ella ya no confía en él.
2. Trata de cambiar o controlar el comportamiento de su pareja compartiendo sus sentimientos negativos. (Es bueno compartir sentimientos pero no cuando se intenta manipular o castigar.)	2. No se siente amado porque ella no lo acepta tal como es.
3. No reconoce lo que él hace por ella pero se queja de lo que no ha hecho.	3. Siente que ella lo da todo por sentado y no se siente amado porque ella no aprecia lo que él hace.
4. Corrige su comportamiento y le dice qué hacer como si él fuera un niño.	4. No se siente amado porque no se siente admirado.

5. Expresa sus sentimientos de perturbación indirectamente con preguntas retóricas como: "¿Cómo pudiste hacer eso?"	5. No se siente amado porque piensa que le ha retirado su aprobación. Ya no se siente como el buen muchacho.
6. Cuando él toma decisiones o iniciativas, ella lo corrige o lo critica.	6. No se siente amado porque ella no lo alienta a hacer cosas por sí solo.

Así como las mujeres cometen errores con facilidad cuando no entienden lo que los hombres necesitan fundamentalmente, los hombres también cometen errores. Los hombres en general no reconocen las formas de comunicarse que muestran una falta de respeto y de apoyo hacia las mujeres. Un hombre puede incluso saber que ella se siente desdichada con él, pero salvo que entienda por qué ella no se siente amada y qué es lo que ella necesita, no podrá cambiar su enfoque.

Mediante la comprensión de las necesidades primarias de la mujer, un hombre puede mostrarse más sensible y respetuoso de las necesidades de su mujer. La siguiente es una lista de errores de comunicación cometidos por los hombres con respecto a las necesidades emocionales primarias de la mujer.

Los errores cometidos por los hombres	Por qué ella no se siente amada
1. Él no escucha, se distrae con facilidad, no hace preguntas que muestren interés o preocupación.	1. Ella no se siente amada porque él no muestra atención o interés.
2. Toma los sentimientos de la mujer en forma literal y la corrige. Piensa que ella está	2. No se siente amada porque él no la entiende.

pidiendo soluciones, de manera que ofrece consejos.

3. Escucha pero luego se enoja y le echa la culpa por perturbarlo o por deprimirlo.

3. No se siente amada porque él no respeta sus sentimientos.

4. Minimiza la importancia de los sentimientos y las necesidades de su pareja. Considera que los chicos o el trabajo son más importantes.

4. No se siente amada porque él no se dedica a ella y no la reverencia como algo especial.

5. Cuando ella está perturbada, él explica por qué él tiene la razón y por qué ella no debería sentirse perturbada.

5. No se siente amada porque él no convalida sus sentimientos sino que, por el contrario, la hace sentir equivocada y sin apoyo.

6. Después de escuchar no dice nada o simplemente se aleja.

6. Ella se siente insegura porque no obtiene la tranquilidad que necesita.

CUANDO EL AMOR FRACASA

El amor a menudo fracasa porque la gente instintivamente da lo que quiere. Por el hecho de que las necesidades primarias de amor de una mujer son recibir atención, comprensión y demás, ella le da automáticamente a su pareja masculina mucho cuidado y comprensión. Para un hombre, ese tipo de cuidado equivale a menudo a sentir que ella no confía en él. Recibir confianza, y no interés, constituye una necesidad fundamental del hombre.

Por lo tanto, cuando él no responde en forma positiva a la demostración de interés de su pareja, ésta no puede entender por qué él no aprecia su apoyo. Él, por

183

supuesto, ofrece su propio tipo de amor, que no es el que ella necesita. De manera que quedan atrapados en un círculo vicioso al no poder satisfacer las necesidades del otro.

Beth se lamentaba diciendo: "No puedo seguir dando sin recibir. Arthur no aprecia lo que doy. Lo amo, pero él no me ama".

Arthur se lamentaba diciendo: "Nada de lo que hago es suficientemente bueno. Probé todo pero ella sigue sin amarme. Yo la amo, pero simplemente no funciona".

Beth y Arthur estuvieron casados durante ocho años. Ambos creían que tenían que abandonar porque no se sentían amados. Irónicamente, los dos afirmaban dar más de lo que recibían. Beth creía que estaba dando más, mientras que Arthur pensaba que estaba dando lo máximo. En verdad ambos daban, pero ninguno de los dos recibía lo que quería o necesitaba.

Se amaban, pero por no entender las necesidades fundamentales de su pareja, su amor no funcionaba bien. Beth daba lo que necesitaba recibir, mientras que Arthur daba lo que él quería. Gradualmente se sintieron agotados.

Mucha gente baja los brazos cuando las relaciones se tornan demasiado difíciles. Las relaciones se facilitan cuando entendemos cuáles son las necesidades fundamentales de nuestra pareja. Sin dar más sino dando lo que se requiere, no nos agotamos. Esta comprensión de los doce tipos diferentes de amor explica finalmente por qué fracasan nuestros sinceros intentos de amor. Para satisfacer a su pareja, uno necesita aprender la manera de dar el amor que él o ella fundamentalmente necesita.

APRENDER A ESCUCHAR SIN ENOJARSE

Un hombre puede tener éxito en satisfacer las necesidades primarias de amor de una mujer, en primer lugar, a través de la comunicación. Tal como lo hemos analizado anteriormente, la comunicación resulta especialmente importante en Venus. Para lograrla es preciso aprender a escuchar los sentimientos de una mujer, derramando sobre ella mucho cuidado, comprensión, respeto, devoción, convalidación y tranquilidad.

Uno de los problemas más grandes para los hombres cuando intentan escuchar a las mujeres es que se sienten frustrados o enojados porque olvidan que las mujeres son de Venus y se comunican de diferente manera. El cuadro siguiente destaca algunas maneras de recordar dichas diferencias y presenta algunas sugerencias sobre lo que hay que hacer.

CÓMO ESCUCHAR SIN ENOJARSE

Qué hay que recordar	Qué hacer y qué no hacer
1. Recuerde que la ira surge por no comprender el punto de vista de la mujer, y eso nunca es culpa de ella.	1 .Asuma la responsabilidad de comprender. No le eche la culpa a ella por sentirse perturbado. Comience de nuevo tratando de comprender.
2. Recuerde que los sentimientos no siempre tienen sentido de inmediato; no por ello dejan de ser válidos o no necesitan empatía.	2. Respire hondo, ¡no diga nada! Relájese y no trate de controlar nada Trate de imaginar cómo se sentiría si viera el mundo a través de los ojos de ella.
3. Recuerde que la ira puede surgir por no saber qué hacer para mejorar las cosas. Aun cuando ella no se sienta inme-	3. No la culpe por no sentirse mejor con sus soluciones. ¿Cómo puede sentirse mejor si las soluciones no son lo que

diatamente mejor, resulta útil escucharla y comprenderla.

ella necesita? Resista el impulso de ofrecer soluciones.

4. Recuerde que no tiene por qué estar de acuerdo para comprender su punto de vista o para ser apreciado como un buen oyente.

4. Si desea expresar un punto de vista diferente, asegúrese de que ella haya concluido y luego reformule su punto de vista antes de ofrecer el suyo. No levante la voz.

5. Recuerde que no tiene por qué comprender plenamente el punto de vista de ella para tener éxito en ser un buen oyente.

5. Hágale saber que no entiende pero que quiere hacerlo. Asuma la responsabilidad de no entender; no la juzge ni sugiera que es imposible entenderla.

6. Recuerde que usted no es responsable por la forma en que ella se siente. Puede parecer como si ella le echara la culpa, pero en realidad lo que necesita es ser comprendida.

6. Absténgase de defenderse hasta que ella sienta que usted entiende y se interesa por ella. En ese momento sí podrá explicarse o disculparse con ella.

7. Recuerde que si ella lo hace enojar realmente es porque probablemente no confía en usted. En lo muy profundo hay una niñita asustada que tiene miedo de abrirse y de ser herida y que necesita su bondad y com-

7. No discuta sus sentimientos y opiniones. Tómese su tiempo y analice las cosas más tarde, cuando haya menos carga emocional. Practique la técnica de la "Carta de Amor" tal como se la describe en el capítulo 11.

Cuando un hombre puede escuchar los sentimientos de una mujer sin enojarse y sin sentirse frustrado, le está ofreciendo a su mujer un maravilloso regalo. Hace que ella se sienta segura al expresarse. Cuanto más pueda ella expresarse, más escuchada y comprendida se sentirá y tanto más estará en condiciones de brindarle al hombre la confianza, la aceptación, el aprecio, la admiración, la aprobación y el aliento que necesita.

CÓMO TRANSMITIRLE CONFIANZA A UN HOMBRE

Así como los hombres tienen que aprender el arte de escuchar para satisfacer las necesidades fundamentales de amor de una mujer, las mujeres tienen que aprender el arte de transmitir confianza. Cuando una mujer se asegura el apoyo de un hombre, le brinda a éste la posibilidad de ser todo lo que puede ser. Un hombre siente que posee esas facultades cuando alguien confía en él, cuando es aceptado, apreciado, admirado, aprobado y alentado.

Como en el caso de nuestra historia del caballero de brillante armadura, muchas mujeres tratan de ayudar a su hombre mejorándolo, pero en realidad lo debilitan o lo lastiman en forma inadvertida. Cualquier intento de cambiarlo hace que desaparezcan la confianza, la aceptación, el aprecio, la admiración, la aprobación y el aliento afectuosos que constituyen sus necesidades fundamentales.

El secreto de darle plenas facultades al hombre nunca se relaciona con el intento de cambiarlo o perfeccionarlo. Ciertamente uno puede querer que cambie; pero no actúe guiada por ese deseo. Sólo si él solicita directa y específicamente algún consejo se encuentra abierto a recibir asistencia para cambiar.

El secreto de darle plenas facultades al hombre nunca se relaciona con el intento de cambiarlo o perfeccionarlo.

Ofrezca confianza, no consejos

En Venus, el hecho de ofrecer un consejo es considerado como un gesto afectuoso. Pero no en Marte. Las mujeres tienen que recordar que los marcianos sólo ofrecen consejos si se los solicitan en forma directa. Una forma de mostrar amor es confiar en que otro marciano resuelva sus problemas por su propia cuenta.

Esto no significa que una mujer deba sofocar sus sentimientos. Es lógico que ella se sienta frustrada o incluso enojada siempre que no intente cambiarlo. Cualquier intento de cambiarlo resulta negativo y contraproducente.

Cuando una mujer ama a un hombre, a menudo comienza a tratar de perfeccionar su relación. En su exuberancia convierte a su pareja en el blanco de sus perfeccionamientos. Comienza un proceso gradual que apunta a rehabilitarlo lentamente.

Por qué los hombres se resisten a cambiar

La mujer trata de cambiar o perfeccionar al hombre de muchas maneras. Piensa que sus intentos de cambiarlo son afectuosos, pero él se siente controlado, manipulado, rechazado y no amado. Él la rechazará obstinadamente porque siente que ella lo rechaza a él. Cuando una mujer trata de cambiar a un hombre, éste no recibe la confianza y la aceptación que realmente necesita para cambiar y crecer.

Cuando hago la pregunta en una sala llena de cientos de hombres y mujeres, todos afirman haber tenido la misma experiencia: cuanto más trata una mujer de cambiar a un hombre, más resistencia encuentra.

El problema es que cuando un hombre se resiste a sus intentos de perfeccionarlo, la mujer malinterpreta su respuesta. Piensa erróneamente que él no quiere cambiar, probablemente porque no la ama lo suficiente. Sin embargo, la verdad es que él se resiste a cambiar porque cree que no es suficientemente amado. Cuando un hombre siente que recibe confianza, aceptación, aprecio y demás, comienza a cambiar, a crecer y a mejorar en forma automática.

Dos tipos de hombres /
Un tipo de comportamiento

Existen dos tipos de hombres. Uno se transformará en una persona increíblemente obstinada y defensiva cuando una mujer trate de cambiarlo, mientras que el otro se mostrará de acuerdo en cambiar pero más tarde se olvidará y regresará a su antiguo comportamiento. Un hombre o bien se resiste en forma activa o bien en forma pasiva.

Cuando un hombre no se siente amado tal como es, repetirá, ya sea en forma consciente o inconsciente, el comportamiento que no es aceptado. Siente un impulso interior a repetir el comportamiento hasta sentirse amado y aceptado.

Para que un hombre pueda mejorar necesita sentirse amado con aceptación. De lo contrario se defiende y sigue siendo el mismo. Necesita sentirse aceptado tal como es y luego, por sus propios medios, buscará formas de mejorar.

Los hombres no quieren ser mejorados

Así como los hombres quieren explicar por qué las mujeres no deberían sentirse perturbadas, las mujeres quieren explicar por qué los hombres no deberían comportarse de la manera en que lo hacen. Así como los hombres pretenden erróneamente "componer" a las mujeres, éstas tratan equivocadamente de "perfeccionar" a los hombres.

Los hombres ven el mundo a través de ojos marcianos. Su lema es: "No lo arregles si no está descompuesto". Cuando una mujer trata de cambiar a un hombre, éste recibe el mensaje de que ella piensa que está "descompuesto". Esto hiere al hombre y lo coloca en una posición muy defensiva. No se siente amado ni aceptado.

La mejor manera de ayudar a un hombre a crecer es no intentar cambiarlo de ninguna manera.

Un hombre necesita ser aceptado más allá de sus imperfecciones. Aceptar las imperfecciones de una persona no resulta fácil, en especial cuando vemos de qué manera podría mejorar. Sin embargo, esto se torna más fácil cuando comprendemos que la mejor manera de ayudarlo a crecer es abandonar la idea de tratar de cambiarlo de alguna manera.

El cuadro siguiente enuncia las maneras en que una mujer puede apoyar a un hombre en su crecimiento y cambio, abandonando el intento de cambiarlo de alguna forma:

CÓMO ABANDONAR LA IDEA DE TRATAR DE CAMBIAR A UN HOMBRE

Lo que ella necesita recordar	Lo que ella puede hacer
1. Recuerde: no le haga demasiadas preguntas cuando él se encuentre perturbado; de lo contrario sentirá que está tratando de cambiarlo.	1. Ignore que él está perturbado a menos que él quiera hablar del tema. Muestre algún interés inicial, pero no demasiado, como una invitación a hablar.
2. Recuerde: abandone la idea de tratar de mejorarlo de cualquier modo que sea. Para crecer, él necesita su amor y no su rechazo.	2. Confíe en que él crecerá por sus propios medios. Comparta sentimientos pero sin la exigencia de que cambie.

3. Recuerde: cuando usted ofrece consejos no solicitados, él puede sentir falta de confianza, control o rechazo.

3. Practique la paciencia y confíe en que él aprenderá por su cuenta lo que necesita aprender. Espere hasta que él solicite su consejo.

4. Recuerde: cuando un hombre se torna obcecado y se resiste al cambio, no se siente amado; teme admitir sus errores por miedo a no ser amado.

4. Practique mostrándole que no tiene que ser perfecto para merecer su amor. Practique el perdón. (Véase capítulo. 11.)

5. Recuerde: si usted hace sacrificios esperando que él haga lo mismo por usted, él se sentirá entonces presionado a cambiar.

5. Practique hacer cosas por su cuenta sin depender de él para sentirse feliz.

6. Recuerde: usted puede compartir sentimientos negativos sin tratar de cambiarlo. Cuando él se siente aceptado le resulta más fácil escuchar.

6. Cuando comparta sentimientos, hágale saber que no está tratando de decirle qué tiene que hacer sino que quiere que él tome en cuenta sus sentimientos.

7. Recuerde: si usted le da instrucciones y toma decisiones por él, se sentirá corregido y controlado.

7. Relájese y entréguese. Practique la aceptación de imperfección. Haga que los sentimientos del hombre sean más importantes que la perfección y no lo sermonee ni lo corrija.

Cuando hombres y mujeres aprenden a apoyarse mutuamente en las formas que resultan más importantes para sus necesidades propias y únicas, el cambio y el crecimiento se tornarán automáticos. Con un mayor conocimiento de las seis necesidades fundamentales de su pareja, uno puede reorientar su apoyo afectuoso según sus necesidades y lograr que sus relaciones se vuelvan mucho más fáciles y satisfactorias.

Capítulo 9

CÓMO EVITAR LAS DISCUSIONES

Uno de los desafíos más difíciles en nuestras relaciones afectivas es el manejo de las diferencias y los desacuerdos. A menudo, cuando las parejas no están de acuerdo, sus diferencias pueden transformarse en discusiones y luego, sin mucho aviso, en verdaderas batallas. De repente dejan de hablar en forma afectuosa y automáticamente comienzan a herirse mutuamente: se culpan, se quejan, exigen, caen en el resentimiento y en la duda.

Hombres y mujeres que discuten de esa forma no sólo hieren sus sentimientos sino que perjudican su relación. Así como la comunicación constituye el elemento más importante en una relación, las discusiones pueden ser el elemento más destructivo, porque cuanto más cerca estamos de alguien más fácil resulta herirlo o ser herido.

Así como la comunicación constituye el elemento más importante en una relación, las discusiones pueden ser el elemento más destructivo.

Para todos los fines prácticos recomiendo especialmente a todas las parejas que no discutan. Cuando dos personas no están involucradas sexualmente les resulta mucho más fácil conservar las distancias y ser objetivas en el momento de discutir o debatir. Pero cuando las parejas involucradas emocionalmente y, en especial, sexualmente, discuten, pueden con facilidad tomar las cosas en forma personal.

Como pauta básica: no discuta nunca. En lugar de ello, analice los pros y los contras de algo. Negocie lo que quiere pero no discuta. Es posible ser sincero, abierto y expresar incluso sentimientos negativos sin discutir ni pelear.

Algunas parejas se pelean todo el tiempo y gradualmente su amor muere. En el otro extremo, algunas parejas suprimen sus sentimientos sinceros a fin de evitar el conflicto y no discutir. Como resultado de suprimir sus verdaderos sentimientos, también pierden contacto con sus sentimientos afectuosos. Una pareja está librando una guerra mientras que la otra está pasando por una guerra fría.

Es mejor que una pareja encuentre un equilibrio entre estos dos extremos. Al recordar que somos de diferentes planetas y al desarrollar así buenas comunicaciones, resulta posible evitar discusiones sin tener que suprimir los sentimientos negativos y las ideas y deseos conflictivos.

QUÉ OCURRE CUANDO DISCUTIMOS

Si uno no comprende que los hombres y las mujeres son diferentes resulta muy fácil iniciar discusiones que lastiman no sólo a nuestra pareja sino a uno mismo. El secreto para evitar las discusiones es la comunicación afectuosa y respetuosa.

Las diferencias y los desacuerdos lastiman menos que la forma en que uno los comunica. Idealmente, una discusión no tiene por qué lastimar; por el contrario, puede ser simplemente una atractiva conversación que exprese nuestras diferencias y desacuerdos. (Resulta inevitable que en algunos momentos las parejas tengan diferencias y desacuerdos.) Pero desde un punto de vista práctico, la mayoría de las parejas comienzan a discutir sobre algo y en cinco minutos ya están discutiendo sobre la manera en que están haciéndolo.

En forma inadvertida comienzan a lastimarse mutuamente; lo que pudo haber sido una discusión inocente, fácilmente resuelta con una mutua comprensión y aceptación de las diferencias, degenera en una batalla. Se niegan entonces a aceptar o comprender el contenido del punto de vista de su pareja por la manera de enfocar la situación.

La salida para una discusión implica ampliar o restringir nuestro punto de vista a fin de integrar el punto de vista del otro. Para llevar a cabo dicha restricción necesitamos sentirnos apreciados y respetados. Si la actitud de nuestra pareja no es afectuosa, nuestra autoestima puede sentirse realmente herida al incorporar su punto de vista.

La mayoría de las parejas comienzan a discutir sobre algo y en cinco minutos están discutiendo sobre la manera en que están haciéndolo.

Cuanto mayor intimidad tengamos con alguien, más difícil resulta escuchar objetivamente su punto de vista sin reaccionar ante sus sentimientos negativos. Para protegernos del hecho de sentirnos indignos de su respeto o aprobación, surgen defensas automáticas para resistirse al punto de vista del otro. Aun cuando estemos de acuerdo con su punto de vista, podemos obstinadamente persistir en la discusión.

POR QUÉ LASTIMAN LAS DISCUSIONES

No es lo que decimos lo que lastima, sino cómo lo

decimos. En general, cuando un hombre siente que se lo pone en tela de juicio, su atención se centra en hacer lo correcto y olvida ser afectuoso. Automáticamente su capacidad para comunicarse en un tono afectuoso, respetuoso y tranquilizador disminuye. No toma conciencia ni del poco interés que demuestra ni del nivel de dolor que le causa a su pareja. En esos momentos, un simple desacuerdo puede parecerle a la mujer como un ataque; un pedido se transforma en una orden. Naturalmente, la mujer se resiste ante esa actitud poco afectuosa aun cuando, en otra circunstancia, se hubiese mostrado receptiva al contenido de las palabras de su pareja.

Un hombre lastima inadvertidamente a su pareja al hablar en forma despreocupada y luego cuando trata de explicar por qué ella no tendría que sentirse perturbada. Supone erróneamente que ella no acepta el contenido de su punto de vista cuando, en realidad, lo que a ella le molesta es su tono poco afectuoso. Por no entender su reacción, él se centra más en explicar el mérito de lo que está diciendo en lugar de corregir la manera en que lo está expresando.

No tiene ni idea de que es él el que está iniciando una discusión; piensa que es ella la que está discutiendo con él. Defiende su punto de vista mientras ella se defiende de sus agudas expresiones que le resultan dolorosas.

Cuando un hombre no respeta los sentimientos de dolor de una mujer, los invalida y aumenta el dolor de su pareja. Le resulta difícil comprender su dolor porque él no es tan vulnerable a los comentarios y a los tonos de despreocupación. Por consiguiente, un hombre ni siquiera puede llegar a darse cuenta de hasta qué punto está lastimando a su pareja, provocando así el rechazo de ésta.

Asimismo, las mujeres no se dan cuenta de cómo pueden lastimar a los hombres. A diferencia del hombre, cuando una mujer siente que es puesta en tela de juicio, el tono de su discurso expresa automáticamente desconfianza y rechazo. Este tipo de rechazo resulta más doloroso para un hombre, en especial cuando se encuentra emocionalmente involucrado.

Las mujeres inician e intensifican las discusiones compartiendo primero los sentimientos negativos acerca del comportamiento de su pareja y ofreciendo luego consejos no solicitados. Cuando una mujer no amortigua sus sentimientos negativos con mensajes de confianza y aceptación, un hombre responde negativamente, dejando confundida a la mujer. Nuevamente ella no se da cuenta de hasta qué punto la falta de confianza resulta dolorosa para su pareja.

Para evitar la discusión tenemos que recordar que nuestra pareja no rechaza lo que estamos diciendo sino la manera como lo estamos diciendo. Hacen falta dos personas para discutir, pero sólo una para detener la discusión. La mejor manera de detener una discusión es cortar por lo sano. Debe asumirse la responsabilidad de reconocer cuando un desacuerdo se está transformando en una discusión. Deje de hablar y haga una pausa. Reflexione sobre la manera en que se está acercando a su pareja. Trate de entender de qué manera no le está dando lo que necesita. Luego, transcurrido cierto tiempo, regrese y hable de nuevo en forma afectuosa y respetuosa. Las pausas nos permiten tranquilizarnos, curar nuestras heridas y concentrarnos antes de tratar de comunicarnos nuevamente.

LAS CUATRO ACTITUDES
PARA EVITAR SER LASTIMADOS

Existen básicamente cuatro actitudes adoptadas por los individuos a fin de evitar ser lastimados en las discusiones. Son las siguientes: pelear, volar, simular y renunciar. Cada una de estas actitudes ofrece un beneficio a corto plazo pero en el largo plazo son todas contraproducentes. Analicemos cada una de estas posturas:

1. *Pelear*. Esta actitud proviene sin duda de Marte. Cuando una conversación pierde los elementos de afecto y apoyo, algunos individuos comienzan instintivamente a pelear. Se colocan inmediatamente en una actitud ofensiva. Su lema es: "la mejor defensa es un buen ataque". Golpean con la culpa, la crítica, el juicio y haciendo que su pareja parezca estar equivocada. Tienden a gritar y a expresar mucha ira. Su motivo interior es intimidar a su pareja para que los ame y apoye. Su pareja retrocede, ellos suponen que han ganado, pero en realidad han perdido.

La intimidación en una relación siempre debilita la confianza.

La intimidación en una relación siempre debilita la confianza. Conseguir por la fuerza lo que uno quiere haciendo que los otros parezcan estar equivocados es una manera segura de fracasar en una relación. Cuando las parejas se pelean pierden gradualmente su capacidad de abrirse y de ser vulnerables. Las mujeres se cierran para protegerse; del mismo modo los hombres se callan y dejan de interesarse por el otro. Gradualmente pierden toda intimidad que pudieran haber tenido al principio.

2. *Volar*. Esta actitud también proviene de Marte. A fin de evitar la confrontación, los marcianos pueden retirarse a sus cuevas y no salir nunca más. Esto es como la guerra fría. Se niegan a hablar y nada se resuelve. Este comportamiento pasivo-agresivo no equivale a tomarse un tiempo y luego regresar para hablar y resolver las cosas en forma más afectuosa.

Estos marcianos temen la confrontación y prefieren ocultar las intenciones y evitar la conversación sobre cualquier tema que pueda provocar alguna discusión. En su relación es como si caminaran sobre cáscaras de huevo. Las mujeres se quejan en general de tener que hacerlo, pero los hombres también lo hacen. Es algo que se encuentra tan arraigado en los hombres que no se dan cuenta cuando lo están haciendo.

En lugar de discutir, algunas parejas dejarán simplemente de hablar acerca de sus desacuerdos. Su manera de tratar de obtener lo que quieren es castigar a su pareja retirándole su amor. No saldrán a lastimar directamente a su pareja, como los luchadores. Por el contrario, las hieren en forma indirecta y las lastiman lentamente privándolas del amor que merecen. Al negarles el amor nuestras parejas están seguras de tener que darnos menos.

La ganancia de corto plazo es la paz y la armonía, pero si no se hablan los temas y no se escuchan los sentimientos, crecerá el resentimiento. A largo plazo, perderán contacto con los sentimientos apasionados y afectuosos que los habían atraído. Generalmente utilizan el exceso de trabajo, de comida y otras adicciones como manera de entumecer sus sentimientos dolorosos no resueltos.

3. Simular. Esta actitud proviene de Venus. A fin de no ser lastimada en una confrontación, esta persona simula que no hay problemas. Sonríe y simula estar muy feliz y contenta con todo. Sin embargo, con el tiempo, estas mujeres desarrollan un creciente resentimiento; siempre dan pero no reciben lo que necesitan por parte de su pareja. Este resentimiento bloquea la expresión natural del amor.

Temen ser sinceros respecto de sus sentimientos, de manera que tratan de hacer que todo esté "en orden, perfecto y bien". Los hombres usan comúnmente estas expresiones, pero para ellos significan algo totalmente diferente. Quiere decir: "Está perfecto porque me estoy ocupando de ello" o "Está todo en orden porque sé lo que tengo que hacer" o "Está todo bien porque lo estoy manejando y no necesito ayuda". A diferencia de los hombres, cuando las mujeres utilizan estas expresiones puede ser un signo de que están tratando de evitar un conflicto o una discusión.

Para evitar hacer olas, una mujer puede incluso engañarse a sí misma y creer que todo está perfecto, bien y en orden cuando en realidad no lo está. Sacrifica o niega sus deseos, sentimientos y necesidades a fin de evitar la posibilidad del conflicto.

4. Renunciar. Esta actitud también proviene de Venus. En lugar de discutir, esa persona renuncia. Asumirá la culpa y la responsabilidad por cualquier cosa que perturbe a su pareja. En el corto plazo crean lo que parece una relación muy afectuosa y solidaria, pero terminan perdiéndose.

Una vez un hombre se me acercó para quejarse de su esposa. Me dijo lo siguiente: "La quiero mucho. Me da todo lo que deseo. Mi única queja es que no es feliz". Su esposa había pasado veinte años autosacrificándose por su esposo. Nunca pelearon y si uno le preguntaba a ella acerca de su relación, decía: "Tenemos una gran relación. Mi esposo es muy afectuoso. Nuestro único problema soy yo. Me siento deprimida y no sé por qué". Está deprimida porque se ha negado a sí misma mostrándose agradable durante veinte años.

Para complacer a su pareja estas personas perciben intuitivamente los deseos del otro y se amoldan a fin de poder complacer. Finalmente sienten resentimiento por haber renunciado a sí mismas por amor.

Cualquier forma de rechazo resulta muy dolorosa, porque ya se están rechazando tanto a sí mismas. Buscan evitar el rechazo a toda costa y quieren ser amadas por todos. En este proceso renuncian literalmente a ser ellas mismas.

Tal vez usted descubra que encaja en una de esas cuatro actitudes o en varias de ellas. La gente suele trasladarse de una a otra. En cada una de las cuatro estrategias arriba mencionadas, nuestra intención es

200

evitar ser lastimados. Desafortunadamente, eso no funciona. Lo que sí funciona es la identificación de las discusiones y su interrupción. Tómese su tiempo para tranquilizarse y luego regrese y vuelva a hablar. Practique la comunicación con creciente comprensión y respeto hacia el sexo opuesto y aprenderá a evitar las discusiones y las peleas.

POR QUÉ PELEAMOS

Los hombres y las mujeres se pelean sobre temas relacionados con el dinero, el sexo, las decisiones, el horario, los valores, la educación de los hijos y las responsabilidades hogareñas. Estas discusiones y negociaciones, sin embargo, se convierten en discusiones penosas por una única razón: no nos sentimos amados. El dolor emocional proviene de no sentirse amado, y cuando una persona siente dolor emocional le resulta difícil mostrarse afectuosa.

Como las mujeres no son de Marte, no se dan cuenta instintivamente de lo que necesita el hombre para poder enfrentar con éxito los desacuerdos. Las ideas, los sentimientos y los deseos conflictivos representan un difícil desafío para el hombre. Cuanto más cerca se encuentre de una mujer, tanto más difícil se torna enfrentar las diferencias y los desacuerdos. Cuando a ella no le gusta algo que él ha hecho, éste tiende a tomárselo en forma muy personal y siente que ella ya no lo quiere.

Un hombre está en mejores condiciones de enfrentar las diferencias y los desacuerdos cuando sus necesidades emocionales están satisfechas. Cuando se ve privado del amor que necesita, sin embargo, se pone a la defensiva y comienza a emerger su lado oscuro; instintivamente saca su espada.

En la superficie puede parecer que está discutiendo acerca del tema conflictivo (dinero, responsabilidades, etc.), pero la verdadera razón por la que sacó la espada

201

es que no se siente amado. Cuando un hombre discute acerca del dinero, el horario, los hijos o cualquier otro tema, puede estar discutiendo, en el fondo, por alguna de las siguientes razones:

LAS RAZONES SECRETAS POR LAS QUE DISCUTE UN HOMBRE

La razón oculta por la que discute	Lo que él necesita no discutir
1. "No me gusta cuando ella se enoja por las cosas más pequeñas que hago o dejo de hacer. Me siento criticado, rechazado y no aceptado."	1. Necesita sentirse aceptado tal como es. Por el·contrario, siente que ella trata de mejorarlo.
2. "No me gusta cuando ella comienza a decirme cómo debería hacer las cosas. No me siento admirado. Por el contrario, me siento tratado como a un niño."	2. Necesita sentirse admirado. En cambio, se siente disminuido.
3. "No me gusta cuando me echa la culpa por su desdicha. No me siento alentado a ser su caballero de brillante armadura."	3. Necesita sentirse alentado. En lugar de eso se siente como si se estuviera rindiendo.
4. "No me gusta cuando ella se queja sobre todo lo que hace o por lo poco apreciada que se siente. Siento que no soy apreciado por las cosas que hago por ella."	4. Necesita sentirse apreciado. En lugar de eso se siente culpado, no reconocido e impotente.
5. "No me gusta cuando ella	5. Necesita que confíen en él

se preocupa de que todo pueda salir mal. Siento que no confía en mí."

y sentirse apreciado por su contribución a la seguridad de su mujer. Por el contrario, se siente responsable por la ansiedad de ella.

6. "No me gusta cuando ella espera que yo haga cosas o hable cuando ella quiere. No me siento aceptado o respetado."

6. Necesita sentirse aceptado tal como es. En cambio, se siente controlado o presionado para hablar, y así no tiene qué decir. Siente que nunca puede satisfacerla.

7. "No me gusta cuando se siente herida por lo que digo. Siento que no confía en mí, que no me entiende y que me presiona."

7. Necesita sentirse aceptado y que confían en él. En lugar de ello, se siente rechazado y no perdonado.

8. "No me gusta cuando ella espera que le lea la mente. No puedo. Me hace sentir mal o inadecuado."

8. Necesita sentirse aprobado y aceptado. En lugar de ello se siente un fracasado.

Al satisfacer las necesidades emocionales primarias de un hombre disminuirá en éste la tendencia a mantener discusiones perjudiciales. Automáticamente, estará en condiciones de escuchar y hablar con mucho más respeto, comprensión e interés. De esta manera, las discusiones, las diferencias de opinión y los sentimientos negativos pueden resolverse a través de la conversación, la negociación y el compromiso sin tener que llegar a discutir en forma perjudicial.

Las mujeres también contribuyen a las discusiones perjudiciales, pero por razones diferentes. En la superficie pueden estar discutiendo sobre finanzas, responsabilidades u otros temas, pero, secretamente, están rechazando a su pareja por alguna de las siguientes razones:

LAS RAZONES SECRETAS POR LAS QUE DISCUTE UNA MUJER

La razón oculta por la que discute	Lo que ella necesita no discutir
1. "No me gusta cuando él minimiza la importancia de mis sentimientos o pedidos. Me siento rechazada y sin importancia."	1. Necesita sentirse convalidada y estimada. En cambio, se siente juzgada e ignorada.
2. "No me gusta cuando él olvida hacer las cosas que pido y luego me siento una tonta. Siento como si estuviera rogando su apoyo."	2. Necesita ser respetada y recordada. En cambio, se siente desatendida y última en la lista de prioridades de él.
3. "No me gusta cuando él me echa la culpa por sentirme mal. Siento que debo ser perfecta para ser amada. No soy perfecta."	3. Necesita que él entienda por qué se siente mal y que le asegure que la sigue amando y que no tiene que ser perfecta. Por el contrario, se siente insegura de ser ella misma.
4. "No me gusta cuando él levanta la voz o comienza a enunciar las razones por las que está en lo cierto. Me hace sentir como si yo estuviera equivocada y que a él no le interesa mi punto de vista."	4. Necesita ser comprendida y respetada. En cambio, se siente no escuchada, intimidada y disminuida.
5. "No me gusta su actitud	5. Necesita sentir que a él le

condescendiente cuando hago preguntas acerca de decisiones que tenemos que tomar. Me hace sentir como si fuera una carga o que le estoy haciendo perder el tiempo."

6. "No me gusta cuando él no responde a mis preguntas o comentarios. Me hace sentir como si yo no existiera."

7. "No me gusta cuando él explica por qué yo no debería sentirme herida, preocupada, enojada o cualquier otra cosa. Siento que no me convalida ni me apoya."

8. "No me gusta cuando él espera que yo muestre más desapego. Me hace sentir que tener sentimientos es una debilidad o un error."

importan sus sentimientos y que respeta su necesidad de reunir información. En lugar de eso, siente que no la respeta ni la aprecia.

6. Necesita que le aseguren que es escuchada y que a él le importa. En lugar de eso, se siente ignorada o juzgada.

7. Necesita sentirse convalidada y comprendida. En cambio, no siente su apoyo, su amor y se siente resentida.

8. Necesita sentirse respetada y estimada, en especial cuando está compartiendo sus sentimientos. En lugar de eso, se siente insegura y sin protección.

Aunque todos esos sentimientos y necesidades dolorosos sean válidos, en general no se los aborda ni se los comunica en forma directa. Por el contrario, crecen dentro de uno y estallan durante una discusión. A veces se los expresa en forma directa, pero habitualmente surgen y son expresados a través de la expresión facial, la postura corporal y el tono de la voz.

Los hombres y las mujeres tienen que entender y cooperar con sus sensibilidades particulares y no sentir resentimiento alguno. Uno podrá abordar el verdadero problema al tratar de comunicarse de tal modo que satisfaga las necesidades emocionales de su pareja. Las discusiones pueden entonces convertirse verdaderamente en conversaciones de apoyo mutuo con vistas a resolver y negociar las diferencias y los desacuerdos.

LA ANATOMÍA DE UNA DISCUSIÓN

Una discusión perjudicial habitualmente presenta una anatomía básica. Quizás pueda usted relacionarse con el siguiente ejemplo:

Mi esposa y yo salimos a dar un hermoso paseo y a hacer un picnic. Después de comer, todo parecía estar bien hasta el momento en que comencé a hablar de posibles inversiones. De repente ella se enojó por considerar la posibilidad de invertir cierta porción de nuestros ahorros en acciones. Desde mi punto de vista, sólo lo estaba considerando como una posibilidad, pero ella entendió que yo lo estaba planeando (sin siquiera tomar en cuenta su opinión). Se enojó de que yo hiciera semejante cosa. Yo me enojé con ella por estar enojada conmigo y tuvimos una discusión.

Pensé que ella desaprobaba mis inversiones y discutí sobre su validez. Mi discusión, sin embargo, estaba alimentada por la ira de que ella estuviera enojada conmigo. Ella sostuvo que las acciones eran demasiado riesgosas. Pero en realidad le perturbaba pensar que yo había considerado esa inversión sin requerir su opinión. Además, se sentía perturbada por que yo no respetaba su derecho a sentirse perturbada. Finalmente me enojé tanto que ella se disculpó por malinterpretar y desconfiar de mis palabras y nos tranquilizamos.

Más tarde, después de haber hecho las paces, me hizo la siguiente reflexión: "Muchas veces, cuando discutimos, parece que me enojo por algo, y luego tú te enojas porque yo me enojo y luego tengo que pedir disculpas por hacerte enojar. De alguna manera siento que falta algo. Algunas veces me gustaría que tú te disculparas por hacerme enojar a mí".

Percibí de inmediato la lógica de su punto de vista. Esperar una disculpa por parte de ella parecía ser algo muy injusto, en especial cuando yo la hice enojar primero. Esta nueva percepción transformó nuestra relación. Cuando compartí esta experiencia en mis seminarios, descubrí que miles de mujeres se identificaban de inmediato con la experiencia de mi esposa. Se trataba de otro patrón de comportamiento común entre ʰombres y mujeres. Revisemos este modelo común.

1. Una mujer expresa sus sentimientos de enojo acerca de "XYZ"

2. Un hombre explica por qué ella no debería sentirse enojada por "XYZ".

3. Se siente invalidada y se enoja aún más. (Se siente ahora más enojada por ser invalidada acerca de "XYZ".)

4. Él siente su desaprobación y se enoja. Le echa la culpa por hacerlo enojar y espera una disculpa antes de hacer las paces.

5. Ella se disculpa y se pregunta qué ha ocurrido, o se enoja aún más y la discusión degenera en una batalla.

Con un conocimiento más claro acerca de la anatomía de una discusión, yo estaba en condiciones de resolver este problema en una forma más justa. Al recordar que las mujeres son de Venus, practiqué el no culparla por sentirse perturbada. Por el contrario, buscaba entender cómo la había perturbado y mostrarle que me importaba. Aunque ella estuviera malinterpretándome, si se sentía herida por mí, tenía que hacerle saber que me importaba y que lo lamentaba.

Cuando ella se enojaba aprendí a escuchar primero, luego a tratar realmente de comprender lo que la perturbaba y luego a decir: "Lamento que te haya hecho enojar cuando dije..." El resultado fue inmediato. Discutimos mucho menos.

A veces, sin embargo, pedir disculpas resulta muy difícil. En esos momentos respiro hondo y no digo nada. Dentro de mí trato de imaginar cómo se siente y de descubrir las razones desde su punto de vista. Luego digo: "Lamento que te sientas tan perturbada". Aunque esto no sea una disculpa, de todos modos significa: "Me importa" y eso parece ayudar bastante.

Los hombres raras veces piden disculpas porque en Marte eso significa que uno ha hecho algo equivocado y que se disculpa por ello.

Los hombres raras veces se disculpan porque en Marte eso significa que uno ha hecho algo malo y que se disculpa por ello. Las mujeres, sin embargo, se disculpan como una manera de decir: "Me preocupa lo que estás sintiendo". Eso no significa que se estén disculpando por hacer algo equivocado. Los hombres que lean esto y que casi nunca se disculpan pueden crear maravillas al aprender a usar este aspecto del lenguaje venusino. La manera más fácil de desmontar una discusión es decir: "Lo lamento".

La mayoría de las discusiones degeneran cuando un hombre comienza a invalidar los sentimientos de una mujer y ella le responde en forma desaprobatoria. Al ser yo un hombre, tuve que aprender la práctica de convalidar. Mi esposa practicó el expresar sus sentimientos en forma más directa sin desaprobarme. El resultado fue una menor cantidad de peleas y más amor y confianza. Sin esta nueva percepción probablemente seguiríamos teniendo las mismas discusiones.

La mayoría de las discusiones degeneran cuando un hombre comienza a invalidar los sentimientos y ella le responde en forma desaprobatoria.

Para evitar discusiones penosas resulta importante reconocer de qué manera los hombres invalidan inadvertidamente y cómo las mujeres inadvertidamente envían mensajes de desaprobación.

Cómo los hombres comienzan las discusiones en forma inadvertida

La manera más común en que los hombres comienzan discusiones es la invalidación de los sentimientos de una mujer o de su punto de vista. Los hombres no se dan cuenta de hasta qué punto llegan a invalidar.

Por ejemplo, un hombre puede burlarse de los sentimientos negativos de una mujer. Puede decir: "Ah, no te preocupes por eso". Para otro hombre esta frase puede parecer amistosa. Pero para una mujer resulta insensible y dolorosa.

En otro ejemplo, un hombre puede tratar de resolver el enojo de una mujer diciendo: "No es tan importante". Luego ofrece alguna solución práctica para el problema, esperando que ella se sienta aliviada y feliz. No entiende que ella se siente invalidada y sin apoyo. No puede apreciar su solución hasta que él convalide su necesidad de sentirse perturbada.

Un ejemplo muy común es cuando un hombre ha hecho algo para perturbar a una mujer. El instinto de ese hombre lo impulsa a hacerla sentir mejor explicándole las razones por las que no debería sentirse perturbada.

Con cierta confianza, explica que tiene una razón perfectamente buena, lógica y racional para lo que ha hecho. No tiene idea de que dicha actitud la hace sentir como si no tuviera derecho de sentirse perturbada. Cuando él se explica, el único mensaje que ella puede escuchar es que a él no le importan sus sentimientos.

Para que ella pueda escuchar sus buenas razones, él tiene primero que escuchar las buenas razones que tiene ella para sentirse perturbada. Él tiene que dejar de lado sus explicaciones y escuchar con comprensión. Cuando simplemente comienza a interesarse por los sentimientos de la mujer ésta comenzará a sentirse apoyada.

Este cambio de enfoque necesita práctica pero puede llevarse a cabo. En general, cuando una mujer comparte sus sentimientos de frustración, desencanto o preocupación, cada célula del cuerpo de un hombre reacciona en forma instintiva con una lista de explicaciones y justificaciones concebidas para explicar los sentimientos de enojo de la mujer. Un hombre nunca pretende empeorar las cosas. Su tendencia a explicar los sentimientos responde simplemente al instinto marciano.

Al comprender que sus reacciones internas automáticas en esta instancia resultan contraproducentes, un hombre puede, sin embargo, llevar a cabo este cambio. A través del creciente conocimiento y de sus experiencias respecto de lo que funciona con una mujer, un hombre puede llevar a cabo dicho cambio.

Cómo comienzan las mujeres las discusiones en forma inadvertida

La manera más común en que las mujeres comienzan las discusiones en forma inadvertida es no siendo directas cuando participan sus sentimientos. En lugar de expresar directamente su desagrado o desencanto, una mujer hace preguntas retóricas y comunica inadvertidamente (o conscientemente) un mensaje de desaprobación. Aun cuando a veces ése no sea el mensaje que quiere transmitir, generalmente, el hombre recibirá justamente ése.

La manera más común en que las mujeres inadvertidamente comienzan las discusiones es no siendo directas cuando comparten sus sentimientos.

Por ejemplo, cuando un hombre llega tarde, una mujer puede querer decir: "No me gusta esperarte cuando estás retrasado" o "Estaba preocupada de que te hubiera ocurrido algo". Cuando él llega, en lugar de compartir sus sentimientos, le hace una pregunta retórica como: "¿Cómo pudiste llegar tan tarde?" o "¿Qué se supone que debo pensar cuando llegas tan tarde?" o "¿Por qué no llamaste?"

No hay duda de que preguntarle a alguien "¿Por qué no llamaste?" está perfecto si uno busca sinceramente una razón válida. Pero cuando una mujer está enojada, el tono de su voz a menudo revela que no está buscando una respuesta válida sino que está transmitiendo su posición en el sentido de que no existe una razón aceptable para llegar tarde.

Cuando un hombre escucha estas u otras preguntas: "¿Cómo pudiste llegar tan tarde?" o "¿Por qué no llamaste?" no escucha sus sentimientos sino que escucha su desaprobación. Él siente su entrometido deseo de ayudarlo a ser más responsable. Se siente atacado y se pone a la defensiva. Ella no tiene idea de lo penoso que le resulta a él su desaprobación.

Así como las mujeres necesitan convalidación, los hombres necesitan aprobación. Cuanto más ama un hombre a una mujer, más necesita su aprobación. Siempre está presente en el comienzo de una relación. O bien ella le transmite el mensaje de que lo aprueba o bien él se siente confiado en que puede ganar su aprobación. En cualquiera de los dos casos la aprobación se encuentra presente.

Aun cuando una mujer haya sido lastimada por

otros hombres o por su padre, de todos modos ella brindará su aprobación en el comienzo de la relación. Puede sentir: "Es un hombre especial, no como los otros que conocí".

Un hombre siente un dolor particular cuando no recibe la aprobación de una mujer. La manera en que las mujeres retiran su aprobación resulta generalmente obvia. Y cuando la retiran, se sienten muy justificadas. Una razón para esta insensibilidad es que las mujeres no tienen realmente conciencia de la importancia que reviste la aprobación para los hombres.

Sin embargo, una mujer puede aprender a estar en desacuerdo con el comportamiento de un hombre pero no dejar de aprobar quién es él. Para que un hombre se sienta amado tiene que recibir la aprobación de quién es él por parte de su mujer aun cuando ésta desapruebe su comportamiento. Generalmente, cuando una mujer no está de acuerdo con el comportamiento de un hombre y quiere cambiarlo, le mostrará su desaprobación. Ciertamente puede haber momentos en que ella muestre mayor o menor aprobación, pero el hecho de mostrar desaprobación resulta para el hombre muy doloroso y se siente entonces herido.

La mayoría de los hombres tiene demasiada vergüenza de admitir hasta qué punto necesitan aprobación. Pueden no escatimar esfuerzos para probar que no les importa. ¿Pero por qué se tornan inmediatamente fríos, distantes y se ponen a la defensiva cuando pierden la aprobación de una mujer? Porque el hecho de no obtener lo que uno necesita lastima.

Una de las razones por las que las relaciones tienen tanto éxito al comienzo es que un hombre le sigue cayendo bien a una mujer. Él sigue siendo su caballero de brillante armadura. Recibe las bendiciones de su aprobación y, como resultado de ello, se siente en plena forma. Pero en cuanto comienza a decepcionarla, pierde para ella sus encantos. Pierde su aprobación. Es arrojado a la casilla del perro.

Un hombre puede enfrentar la decepción de una mujer, pero cuando es expresada con desaprobación o rechazo él se siente herido por ella. Las mujeres interrogan comúnmente al hombre acerca de su comportamiento con un tono de desaprobación. Hacen esto porque piensan que le servirá de lección. No es así. Sólo crea temor y resentimiento. Y gradualmente se torna cada vez menos motivado.

Aprobar a un hombre es ver las buenas razones que existen detrás de lo que él hace. Aun cuando se muestre irresponsable o irrespetuoso, si ella lo ama, una mujer puede encontrar la intención afectuosa o la bondad detrás del comportamiento exterior.

El hecho de tratar al hombre como si no tuviera una buena razón para actuar como lo hace equivale a retirar la aprobación que ella le había dado tan libremente al comienzo de la relación. Una mujer tiene que recordar que puede brindar su aprobación aun cuando no esté de acuerdo.

Un par de problemas fundamentales de los que surgen discusiones:

1. El hombre siente que la mujer no aprueba su punto de vista.
2. O bien la mujer desaprueba la manera en que el hombre le está hablando.

Cuándo el hombre necesita más la aprobación de la mujer

La mayoría de las discusiones se producen no porque dos personas no están de acuerdo sobre algo sino porque o bien el hombre siente que la mujer desaprueba su punto de vista, o bien la mujer desaprueba la manera en que él le está hablando. A menudo ella puede mostrarle su desaprobación porque él no convalida su punto de vista o no le habla con interés. Cuando hombres y mujeres aprenden a aprobar y a convalidar, no tienen por qué discutir. Pueden conversar y negociar las diferencias.

Cuando un hombre comete un error u olvida hacer una diligencia o cumplir alguna responsabilidad, una mujer no se da cuenta hasta qué punto se encuentra sensibilizado. Es el momento en que más necesita el amor de la mujer. El hecho de retirar entonces su aprobación le provoca al hombre una enorme pena. Ella puede incluso no darse cuenta de lo que está haciendo. Puede pensar que simplemente ella se siente decepcionada, pero él siente su desaprobación.

Una de las maneras en que las mujeres comunican inadvertidamente su desaprobación se centra en sus ojos y en el tono de su voz. Las palabras que ella elige pueden ser afectuosas, pero su mirada o el tono de su voz pueden herir a un hombre. La reacción defensiva del hombre es hacerla sentirse equivocada. Él la invalida y se justifica a sí mismo.

**Los hombres tienden a discutir
cuando han cometido un error
o han perturbado a la mujer que aman.**

Los hombres tienden a discutir cuando han cometido un error o han perturbado a la mujer que aman. Si él la decepciona, quiere explicarle por qué ella no debería sentirse perturbada. Él piensa que sus motivos la ayudarán a sentirse mejor. Lo que no sabe es que si ella se siente perturbada lo que más necesita es ser escuchada y convalidada.

CÓMO EXPRESAR SUS DIFERENCIAS SIN DISCUTIR

Sin contar con modelos de comportamiento saludables, el hecho de expresar las diferencias y los desacuerdos puede resultar una tarea muy difícil. La mayoría de nuestros padres o bien no discutían o cuando lo hacían llegaban rápidamente a la pelea. El siguiente cuadro revela cómo hombres y mujeres inadvertidamente crean discusiones y sugiere alternativas saludables.

En cada uno de los tipos de discusiones enunciados a continuación, presento primero una pregunta retórica que una mujer podría hacer y luego muestro cómo un hombre podría interpretar dicha pregunta. Luego muestro cómo podría explicarse el hombre y cómo la mujer podría sentirse invalidada por lo que escucha. Finalmente sugiero cómo pueden expresarse hombres y mujeres para demostrar más apoyo y evitar las discusiones.

LA ANATOMÍA DE UNA DISCUSIÓN

1. Cuando él llega tarde a casa

Pregunta retórica de ella	El mensaje que él escucha
Cuando él llega tarde, ella dice: "¿Cómo pudiste llegar tan tarde?" o "¿Por qué no llamaste?" o "¿Qué se supone que tengo que pensar?"	El mensaje que él escucha es: "¡No hay buenas razones para que llegues tarde! Eres un irresponsable. Yo nunca llegaría tarde. Soy mejor que tú.
Lo que él explica	El mensaje que ella escucha
Cuando él llega tarde y	Lo que ella escucha es:

ella está enojada él explica: "Había mucho tráfico en el puente" o "A veces la vida no puede presentarse como tú quieres" o "No puedes esperar que yo siempre llegue a tiempo".

"No deberías estar enojada porque tengo estas buenas y lógicas razones para llegar tarde. ¡De todos modos mi trabajo es más importante que tú y tú eres demasiado exigente!"

Cómo puede ella mostrar menos desaprobación

Cómo puede él mostrar más convalidación

Ella podría decir: "Realmente no me gusta cuando llegas tarde. Me perturba. Realmente me gustaría que la próxima vez que estés por llegar tarde, me llames".

Él dice: "Llegué tarde, lamento haberte perturbado". Lo mejor es simplemente escuchar sin explicar mucho. Trate de entender y convalidar lo que ella necesita para sentirse amada.

2. Cuando él olvida algo

Pregunta retórica de ella

El mensaje que él escucha

Cuando él olvida hacer algo, ella dice: "¿Cómo pudiste olvidar?" o "¿Cuándo recordarás alguna vez?" o "¿Cómo se supone que pueda confiar en ti?"

El mensaje que escucha es: "No hay una buena razón para olvidar. Eres estúpido y no se puede confiar en ti. Yo entrego mucho más en esta relación".

Lo que él explica

El mensaje que ella escucha

Cuando él olvida hacer

Lo que ella escucha es:

216

algo y ella se enoja, él explica: "Estaba realmente ocupado y simplemente me olvidé. Estas cosas suceden algunas veces" o "No es tan importante. No significa que no me importe."

Cómo puede ella mostrar menos desaprobación

Si ella se siente perturbada, podría decir: "No me gusta cuando olvidas algo". También podría adoptar otro enfoque más efectivo y simplemente no mencionar que él ha olvidado algo, y decir: "Apreciaría que tú..." (El sabrá que ha olvidado algo).

"No deberías perturbarte tanto con cosas tan triviales. Estás demasiado exigente y tu respuesta es irracional. Trata de ser más realista. Vives en un mundo de fantasía".

Cómo puede él mostrar más convalidación

Él dice: "Es cierto, lo olvidé... ¿Estás enojada conmigo?" Luego déjela hablar sin hacerla sentir mal por estar enojada. Mientras habla, ella se dará cuenta de que la escuchan y pronto mostrará mucho aprecio hacia él.

3. Cuando él regresa a su cueva

Pregunta retórica de ella

Cuando él regresa de su cueva ella dice: "¿Cómo pudiste ser tan insensible y frío?" o "¿Cómo esperas que reaccione?" o «¿Cómo se supone que yo sepa lo que esta ocurriendo dentro tuyo?"

El mensaje que él escucha

El mensaje que él escucha es: "No hay una buena razón para alejarse de mí. Eres cruel y no eres afectuoso. No eres el hombre para mí. Me has herido tanto más de lo que yo te he herido a ti".

217

Lo que él explica	El mensaje que ella escucha
Cuando él regresa de su cueva y ella está enojada, él explica: "Necesitaba un tiempo para estar solo, bastó un par de días. ¿Cuál es el problema?" o "Yo no te hice nada. ¿Por qué estás tan perturbada?"	Lo que ella escucha es: "No deberías sentirte lastimada o abandonada, y si lo haces, no siento empatía hacia ti. Necesitas y controlas demasiado. Haré lo que yo quiera, no me importan tus sentimientos".

Cómo puede ella mostrar menos desaprobación	Cómo puede él mostrar más convalidación
Si ella se siente perturbada, podría decir "Sé que necesitas retirarte de vez en cuando, pero me siento herida de todos modos cuando lo haces. No digo que estés equivocado pero es importante para mí que tú entiendas lo que experimento".	Él dice: "Entiendo que duele cuando me retiro. Debe ser muy penoso para ti cuando me alejo. Hablemos de ello". (Cuando ella se siente escuchada, entonces le resulta más fácil aceptar la necesidad del hombre de retirarse de vez en cuando).

4. Cuando él la decepciona

La pregunta retórica de ella	El mensaje que él escucha
Cuando él la decepciona, ella dice: "¿Cómo pudiste hacer eso?" o "¿Por qué no puedes hacer lo que dices que vas a hacer?" o	El mensaje que él escucha es: "No hay una buena razón para decepcionarme. Eres un idiota. No puedes hacer nada bien.

"¿No dijiste que lo harías?" o "¿Cuándo terminarás por aprender?"

¡No puedo sentirme feliz hasta que no cambies!"

Lo que él explica	El mensaje que ella escucha
Cuando ella se siente decepcionada por él, éste explica: "Eh, la próxima vez lo haré bien" o "No es tan importante" o "Pero no sabía lo que querías decir".	Lo que ella escucha es: "Si estás enojada es culpa tuya Deberías ser más flexible. No deberías enojarte y no siento empatía por ti".
Cómo puede ella mostrar menos desaprobación	Cómo puede él mostrar más convalidación
Si ella está enojada, podría decir: "No me gusta sentirme decepcionada. Pensé que llamarías. Está bien y necesito que sepas cómo me siento cuando tú..."	Él dice: "Entiendo que te he decepcionado. Hablemos de ello... ¿Cómo te sentiste?" Déjela hablar. Déle una oportunidad de ser escuchada y se sentirá mejor. Después de un tiempo dígale: "¿Qué necesitas ahora para sentir mi apoyo" o "¿Cómo puedo apoyarte ahora?"

5. Cuando él no respeta sus sentimientos y la hiere

La pregunta retórica de ella	El mensaje que él escucha
Cuando él no respeta sus	El mensaje que él escucha

219

sentimientos y la hiere, ella dice: "¿Cómo pudiste decir eso?" "¿Cómo pudiste tratarme de ese modo?" o "¿Por qué no puedes escucharme" o bien «¿Alguna vez te intereso?" o "¿Acaso yo te trato de ese modo?"

es: "Eres una persona mala y abusiva. Yo soy mucho más afectuosa que tú. Nunca te perdonaré por eso. Deberías ser castigado y echado. Es todo culpa tuya".

Lo que él explica

Cuando él no respeta sus sentimientos y ella se enoja aún más, él explica: "Mira, no quise decir eso" o "Sí que te escucho; mira, lo estoy haciendo en este mismo momento" "No siempre te ignoro" o "No me estoy riendo de ti".

El mensaje que ella escucha

Lo que ella escucha es: "No tienes derecho a estar perturbada. No tiene sentido. Eres demasiado sensible, o algo no funciona en ti. Eres realmente una carga".

Cómo puede ella mostrar menos desaprobación

Ella podría decir: "No me gusta la manera en que me estás hablando. Por favor no sigas" o "Has sido vulgar y eso no me gusta. Quiero tomarme una pausa" o "Esta no es la manera en que quise tener esta conversación. Volvamos a empezar" o "No merez-

Cómo puede él mostrar más convalidación

Él dice: "Lo lamento, tú no mereces ser tratada de ese modo". Respire hondo y simplemente escuche su respuesta. Ella puede seguir adelante y decir algo así: "Nunca escuchas". Cuando ella hace la pausa, diga: "Tienes razón. A veces no escucho. Lo lamento, tú no

co ser tratada de esa manera. Quiero hacer una pausa" o bien "¿Podrías no interrumpir, por favor?" o "¿Querrías escuchar por favor lo que estoy diciendo?" (Un hombre puede responder mejor a expresiones breves y directas. Los sermones o las preguntas son contraproducentes.)

mereces ser tratada de ese modo... Comencemos de nuevo. Esta vez lo haremos mejor". Volver a iniciar una conversación constituye una excelente manera de evitar que una discusión se agrave. Si ella no quiere volver a comenzar no la haga sentir mal. Recuerde, si le da el derecho a sentirse perturbada entonces ella mostrará más aceptación y aprobación.

6. Cuando él está apurado y a ella no le gusta

La pregunta retórica de ella	El mensaje que él escucha
Ella se lamenta: "¿Por qué siempre estamos apurados?" o "¿Por qué siempre tenemos que apurarnos?"	El mensaje que él escucha siempre es: "¡No hay ninguna razón para tanto apuro! Nunca me haces feliz. Nada te cambiará nunca. Eres un incompetente y obviamente yo no te importo".

Lo que él explica	El mensaje que ella escucha
Él explica: "No es tan malo" o "Así ha sido siempre" o "No hay nada que podamos hacer aho-	Lo que ella escucha es: "No tienes ningún dere cho a quejarte. Deberías sentirte agradecida por lo

ra" o "No te preocupes tanto; estará todo bien".

que tienes y no ser una persona tan insatisfecha y desdichada. No hay razón para quejarse, estás arruinándolo todo".

Cómo puede ella mostrar menos desaprobación

Si ella se siente perturbada, puede decir: "Está bien que nos apuremos, pero no me gusta. Pareciera que siempre tenemos prisa" o "Me encanta cuando no estamos apurados y a veces odio tener que correr; simplemente no me gusta. ¿Podrías planear nuestro próximo viaje con quince minutos de margen?"

Cómo puede él mostrar más convalidación

Él dice: "A mí tampoco me gusta. Desearía poder disminuir el ritmo. Parece tan enloquecido". En este ejemplo él ha recurrido a los sentimientos de ella. Aun cuando a una parte de él le gusta precipitarse, él puede soportarla mejor en su momento de frustración expresando cómo una parte de él se relaciona sinceramente con la frustración de ella.

7. Cuando ella se siente invalidada en una conversación

La pregunta retórica de ella

Cuando ella no siente apoyo o convalidación en una conversación, dice: "¿Por qué dijiste eso?" o "¿Por qué tienes que hablarme de ese modo?" o "¿Ni si-

El mensaje que él escucha

El mensaje que él escucha es: "No existe una buena razón para tratarme de ese modo. Por lo tanto no me amas. No te importo. Te doy tanto sin recibir

222

quiera te importa lo que estoy diciendo?" o "¿Cómo puedes decir eso?"

nada de ti en cambio".

Lo que él explica

Cuando ella se siente invalidada y se enoja, explica: "Pero lo que dices no tiene sentido" o "Pero eso no es lo que dijiste" o "Ya escuché todo eso antes".

El mensaje que ella escucha

Lo que ella escucha es: "No tienes derecho a sentirte enojada. Eres irracional y confusa. Yo sé lo que está bien y tú no. Yo soy superior a ti. Tú provocas estas discusiones, no yo".

Cómo puede ella mostrar menos desaprobación

Ella podría decir "No me gusta lo que estás diciendo. Pareciera como si me estuvieras juzgando. No merezco eso. Por favor, entiéndeme", o "Tuve un día pesado. Sé que eso no es todo culpa tuya. Y necesito que entiendas lo que estoy sintiendo. ¿Está bien?" O ella puede simplemente dejar de lado los comentarios de él y pedir lo que ella quiere, diciendo: "Estoy de tan mal humor, ¿podrías escucharme un momento? Me hará sentir tanto mejor". (Los hombres necesitan que los

Cómo puede él mostrar más convalidación

Él dice: "Lamento que no te resulte agradable. ¿Qué crees que he dicho?" Al darle a ella una oportunidad para reflexionar sobre lo que ha escuchado él puede decir entonces: "Lo lamento. Entiendo por qué no te ha caído bien". Luego haga simplemente una pausa. Es tiempo de escuchar. Resista la tentación de explicarle que está malinterpretando lo que usted dijo. Una vez presente el dolor, debe ser escuchado para que desaparezca. Las explicaciones son útiles sólo desalienten mucho para poder escuchar). pués de que el dolor ha desaparecido con cierta conva-lidación y comprensión interesada.

DAR APOYO EN LOS TIEMPOS DIFÍCILES

Cualquier relación tiene tiempos difíciles. Pueden surgir por una variedad de razones, como por ejemplo la pérdida de un empleo, la muerte, la enfermedad o simplemente por falta de descanso suficiente. En esos tiempos difíciles lo más importante es tratar de comunicarse con una actitud afectuosa, de convalidación y aprobación. Además, tenemos que aceptar y comprender que nosotros y nuestras parejas no siempre seremos perfectos. Al aprender a comunicarnos como respuesta a los enojos más pequeños en una relación, se hace más fácil enfrentar los grandes desafíos cuando aparecen de repente.

En cada uno de los ejemplos arriba señalados he colocado a la mujer en el papel de sentirse enojada con el hombre por algo que éste hizo o dejó de hacer. Sin duda los hombres también pueden sentirse enojados con las mujeres y cualquiera de las sugerencias enunciadas más arriba puede aplicarse a los dos sexos. Si usted mantiene una relación, el hecho de preguntarle a su pareja cómo respondería a las sugerencias enunciadas arriba constituye un ejercicio útil.

Elija el momento en que no está enojado con su pareja para descubrir qué palabras funcionan mejor con ella y comparta lo que funciona mejor para usted. El hecho de adoptar "ciertas declaraciones previamente convenidas" puede resultar inmensamente útil para neutralizar la tensión cuando surge el conflicto.

Asimismo, recuerde que, cualquiera sea el grado de exactitud de su elección respecto a las palabras, lo que más cuenta es el sentimiento sobre el que se basan dichas palabras. Aun cuando empleara exactamente las mismas palabras arriba mencionadas, si su pareja no sintió su amor, su convalidación y aprobación la tensión seguirá creciendo. Tal como lo he mencionado anteriormente, a veces la mejor solución para evitar los conflictos es verlos venir sin reaccionar por un tiempo. Tómese el tiempo para concentrarse y poder enfrentar luego la situación con mayor comprensión, aceptación, convalidación y aprobación.

El hecho de efectuar algunos de esos cambios puede parecer al principio un poco extraño o incluso manipulador. Muchas personas tienen la idea de que el amor significa "decir las cosas tal como son". Este enfoque excesivamente directo, sin embargo, no toma en cuenta los sentimientos del oyente. Uno puede mostrarse sincero y directo respecto de los sentimientos pero expresarlos de tal modo de no ofender o herir. Al practicar algunas de las sugerencias arriba señaladas, usted podrá ampliar y ejercitar su capacidad para comunicarse en forma más cuidadosa y confiada. Después de cierto tiempo, esto se volverá más automático.

Si usted mantiene ahora una relación y su pareja está intentando aplicar algunas de las sugerencias mencionadas más arriba, tenga en cuenta que ella está efectivamente tratando de mostrar más apoyo. Al principio su expresión puede parecer no sólo poco natural sino falsa. Resulta imposible cambiar el condicionamiento de una vida en unas semanas. Trate de apreciar cada paso dado; de lo contrario su pareja podría rápidamente abandonar el intento.

EVITAR LAS DISCUSIONES A TRAVÉS DE LA COMUNICACIÓN AFECTUOSA

Los argumentos y las disputas emocionalmente cargadas pueden evitarse si podemos entender lo que necesita nuestra pareja y recordar dárselo. La siguiente historia ilustra de qué manera una mujer comunica sus sentimientos en forma directa y cómo evitar una discusión cuando un hombre convalida dichos sentimientos.

Recuerdo una vez cuando nos fuimos de vacaciones con mi esposa. Cuando salimos en el auto y pudimos finalmente relajarnos tras una agitada semana, esperaba que Bonnie se sintiera feliz de salir de vacaciones. Por el contrario, suspiró levemente y dijo: "Siento como si mi vida fuera una larga y lenta tortura".

Yo hice una pausa, respiré hondo y luego repliqué: "Sé a lo que te refieres, siento como si me estuvieran sacando la vida". En el momento de decir esto hice el gesto como si estuviera estrujando un trapo de piso con agua.

Bonnie asintió con la cabeza con un gesto de aprobación y ante mi asombro sonrió y luego cambió de tema. Comenzó a hablar de lo excitada que se sentía con este viaje. Seis años antes esto no hubiera sucedido. Habríamos tenido una discusión y yo le hubiera echado erróneamente la culpa.

Me hubiera enojado por el hecho de que ella dijera que su vida era una larga y lenta tortura. Me lo hubiera tomado en forma personal y hubiera sentido que se estaba quejando de mí. Me hubiera puesto a la defensiva y hubiera explicado que nuestra vida no era una tortura y que debería sentirse agradecida de hacer ese viaje tan maravilloso. Luego hubiésemos discutido y hubiésemos tenido unas vacaciones largas y tortuosas. Todo esto hubiera sucedido por no comprender y no convalidar los sentimientos de mi esposa.

Esta vez, entendí que ella estaba simplemente expresando un sentimiento pasajero. No se trataba de una opinión sobre mí. Por haber comprendido esto, no me puse a la defensiva. Con mi comentario de sentirme exprimido, ella se sintió completamente convalidada. Como respuesta a ello, me demostró aceptación y yo sentí su amor, aceptación y aprobación. Por haber aprendido a convalidar sus sentimientos, ella recibió el amor que merecía. No tuvimos ninguna discusión.

Capítulo 10

MARCAR PUNTOS CON EL SEXO OPUESTO

Un hombre cree que marca muchos puntos con una mujer cuando lleva a cabo algo muy grande para ella, como comprarle un nuevo automóvil o llevarla de vacaciones. Él supone que marca menos puntos cuando hace algo pequeño, como abrirle la puerta del auto, comprarle una flor o darle un abrazo. Al basarse en esta manera de apuntar los tantos, cree que logrará satisfacerla mejor centrando su tiempo, su energía y su atención en hacer algo grande para ella. Sin embargo, esta fórmula no funciona porque las mujeres poseen un sistema distinto de apuntar tantos.

Cuando una mujer apunta tantos, cualesquiera sean las dimensiones de un regalo de amor, éste logra marcar un punto; cada regalo tiene el mismo valor. No importa su tamaño; logra un punto. Un hombre, sin embargo, piensa que marca un punto por un regalo pequeño y treinta puntos por un gran regalo. Dado que no entiende que las mujeres apuntan tantos en forma diferente, naturalmente centra sus energías en uno o dos grandes regalos.

Cuando una mujer apunta tantos, cualesquiera sean las dimensiones de un regalo de amor, éste logra marcar un punto; cada regalo tiene el mismo valor.

Un hombre no se da cuenta de que para una mujer

las pequeñas cosas son tan importantes como las grandes. En otras palabras, para una mujer, una rosa obtiene la misma cantidad de puntos que el pago a tiempo del alquiler. Sin entender esta diferencia básica en la marcación de los puntos, hombres y mujeres se ven continuamente frustrados y decepcionados en sus relaciones.

El caso siguiente ilustra lo que se acaba de señalar:

En una sesión de asesoramiento, Pam dijo: "Yo hago tanto para Chuck y él me ignora. Todo lo que le interesa es su trabajo".

Chuck afirmaba: "Pero mi trabajo paga nuestra hermosa casa y nos permite irnos de vacaciones. Ella debería estar feliz".

Pam replicaba: "No me importa esta casa o las vacaciones si no somos afectuosos el uno con el otro. Necesito más de ti".

Chuck decía: "Pareciera que tú dieras mucho más que yo".

Pam respondió: "Así es. Siempre hago cosas para ti. Lavo, cocino, limpio la casa, todo. Tú haces una sola cosa: ir a trabajar, lo que permite pagar las cuentas. Pero esperas que yo haga el resto".

Chuck es un médico de éxito. Como la mayoría de los profesionales, su trabajo le lleva mucho tiempo pero es muy rentable. No podía entender por qué su esposa, Pam, estaba tan descontenta. Obtenía un "buen pasar" y le proporcionaba una "buena vida" a su esposa y familia, pero cuando regresaba a casa su esposa se sentía desdichada.

En la mente de Chuck, cuanto más dinero hacía en el trabajo, menos tenía que hacer en casa para satisfacer a su esposa. Pensaba que su abultado cheque de fin de mes significaba por lo menos treinta puntos a su favor. Cuando abrió su propia clínica y duplicó sus ingresos, supuso que marcaba entonces unos sesenta puntos mensuales. No tenía idea de que su cheque sólo le reportaba un punto mensual con Pam, cualquiera fuera su monto.

Chuck no se daba cuenta de que desde el punto de vista de Pam, cuanto más ganara él menos obtenía ella. Su nueva clínica requería más tiempo y energía. Para mantener el paso, ella comenzó a hacer aún más a fin de ordenar la vida personal y la relación con su pareja. Cuando ella comenzó a dar más, sintió como si estuviera marcando unos sesenta puntos mensuales contra uno de él. Esto la hizo sentir muy desdichada y resentida.

Pam sentía que estaba dando mucho más y recibiendo mucho menos. Desde el punto de vista de Chuck él estaba dando más (sesenta puntos) y tendría que recibir más por parte de su esposa. En su mente el marcador señalaba un empate. Estaba satisfecho con su relación excepto por una cosa: su esposa no era feliz. Él la culpaba de querer demasiadas cosas. Para él, su cheque abultado igualaba lo que ella estaba dando. Esta actitud hizo crecer aún más el enojo de Pam.

Después de escuchar la grabación de mi curso sobre relaciones, Pam y Chuck estuvieron en condiciones de dejar de lado las culpas y de resolver su problema con amor. Una relación que se orientaba hacia el divorcio se vio transformada.

Chuck aprendió que hacer pequeñas cosas para su esposa significaba mucho para ella. Le asombró observar la rapidez con que cambió la situación cuando comenzó a dedicarle más tiempo y energía a su esposa. Comenzó a apreciar que, para una mujer, las cosas pequeñas son tan importantes como las grandes. Comprendió ahora por qué su trabajo sólo obtenía un punto.

En realidad, Pam tenía buenas razones para sentirse desdichada. Necesitaba verdaderamente la energía personal, el esfuerzo y la atención de Chuck mucho más que su holgado estilo de vida. Chuck descubrió que al gastar menos energía en ganar dinero y orientar un poco más de energía hacia la dirección correcta, su esposa se sentía mucho más feliz. Reconoció que había estado trabajando mayor cantidad de horas con la esperanza de hacerla más feliz. Una vez que entendió su manera de registrar puntos, pudo volver a casa con una confianza renovada porque sabía cómo hacerla feliz.

LAS PEQUEÑAS COSAS MARCAN UNA GRAN DIFERENCIA

Existe una variedad de formas en que un hombre puede marcar puntos con su pareja sin hacer mucho. Se trata simplemente de reorientar la energía y la atención empleadas. La mayoría de los hombres ya conocen varias maneras pero no se molestan en hacerlo porque no se dan cuenta de lo importantes que son las pequeñas cosas para una mujer. Un hombre cree realmente que las pequeñas cosas son insignificantes cuando se las compara con las grandes cosas que él hace por ella.

Algunos hombres suelen iniciar una relación haciendo las pequeñas cosas, pero después de una o dos veces dejan de hacerlas. A través de cierta fuerza instintiva misteriosa, comienzan a centrar sus energías en hacer una sola cosa grande para sus parejas. Dejan entonces de hacer todas las pequeñas cosas que resultan necesarias para que una mujer se sienta satisfecha en la relación. Para satisfacer a una mujer, un hombre tiene que entender lo que ella necesita para sentirse amada y apoyada.

La forma en que las mujeres marcan puntos no es simplemente una preferencia sino una verdadera necesidad. Las mujeres necesitan muchas expresiones de amor en una relación para sentirse amadas. Una o dos expresiones de amor, cualquiera sea su importancia, no alcanzarán ni podrán satisfacerla.

A un hombre esto puede resultarle muy difícil de entender. Una manera de concebirlo es imaginar que las mujeres poseen un tanque de amor similar al tanque de nafta de un automóvil. Tiene que ser llenado una y otra vez. El hecho de hacer muchas pequeñas cosas (y marcar muchos puntos) constituye el secreto para llenar el tanque de amor de una mujer. Una mujer se siente amada cuando su tanque de amor está lleno. Está entonces en condiciones de responder con más amor, confianza, aceptación, aprecio, admiración, aprobación y aliento. Se necesita una gran cantidad de cosas para llenar su tanque.

A continuación se encuentra una lista de 101 pequeñas maneras con las que un hombre puede mantener lleno el tanque de amor de su pareja.

101 MANERAS DE MARCAR PUNTOS CON UNA MUJER

1. Al regresar a casa, antes de hacer cualquier cosa ir a abrazarla.
2. Hacerle preguntas específicas acerca de su día, lo cual indica un conocimiento de lo que ella tenía planeado hacer (por ejemplo, "¿Cómo te fue en tu cita con el médico?").
3. Escuche y haga preguntas.
4. Resista la tentación de resolver sus problemas. En lugar de ello, comuníquele su empatía.
5. Dedíquele veinte minutos de atención no solicitada y esmerada (no lea el diario o no se distraiga durante ese tiempo).
6. Llévele flores como sorpresa, como en las ocasiones especiales.
7. Planifique una cita con muchos días de anticipación, en lugar de esperar al viernes a la noche para preguntarle lo que quiere hacer.
8. Si generalmente ella prepara la cena o si es su turno de prepararla y parece cansada o realmente ocupada, ofrezca hacerlo usted.
9. Hágale cumplidos acerca de su apariencia.

10. Convalide sus sentimientos cuando ella se siente perturbada.
11. Ofrézcale ayuda cuando está cansada.
12. Planifique con tiempo los viajes para que ella no tenga que apurarse.
13. Cuando está por llegar tarde, llámela y avísele.
14. Cuando ella pide apoyo, dígale que sí o no, pero sin hacerla sentir mal por ello.
15. Cuando sus sentimientos hayan sido heridos, muéstrele cierta empatía y dígale: "Lamento que te sientas herida". Luego permanezca en silencio; hágale sentir que usted entiende el motivo de su dolor. No ofrezca soluciones o explicaciones que manifiesten que el dolor de su pareja nada tiene que ver con usted.
16. Cuando necesite retirarse, hágale saber que regresará o que necesita cierto tiempo para pensar.
17. Cuando usted se ha tranquilizado y regresa, hable de lo que le molestaba en un tono respetuoso, libre de culpas para que ella no imagine lo peor.
18. Ofrezca hacer fuego en invierno.
19. Cuando ella le habla, deje de lado la revista o apague el televisor y préstele toda su atención.
20. Si ella lava habitualmente los platos, ofrézcale de vez en cuando lavarlos usted, en especial si ese día está cansada.
21. Observe cuándo se siente perturbada o cansada y pregúntele qué tiene que hacer. Luego ofrezca ayuda en algunos de sus quehaceres.
22. Cuando salga, pregunte si hay algo que ella quiera del almacén y recuerde traérselo.
23. Hágale saber cuándo planea dormir una siesta o salir.
24. Abrácela cuatro veces por día.

Abrácela cuatro veces por día.

---
25. Llámela de la oficina para preguntar cómo está o

para compartir algo emocionante o para decirle "te amo".

26. Dígale "te amo" por lo menos un par de veces por día.
27. Haga la cama y limpie la habitación.
28. Si ella lava sus medias, hágase cargo usted.
29. Observe cuándo el tacho de basura está lleno y ofrézcase a vaciarlo.
30. Cuando está fuera de la ciudad, llame para dejar un número de teléfono donde lo puedan ubicar y para comunicarle que llegó bien.
31. Lave el auto de ella.
32. Lave su auto y limpie su interior antes de una cita con ella.
33. Lávese antes de tener relaciones sexuales o póngase una colonia si a ella le gusta.
34. Póngase de su lado si ella está enojada con alguien.
35. Ofrezca hacerle un masaje en la espalda, el cuello o los pies (o en las tres partes).
36. Propóngase acariciarla o mostrarse afectuoso a veces sin que intervenga el sexo.
37. Sea paciente cuando ella le está comunicando sus sentimientos. No mire su reloj.
38. No cambie continuamente de canal cuando ella está mirando televisión con usted
39. Demuéstrele su afecto en público.
40. Cuando se toman de las manos no deje que la suya se afloje.
41. Aprenda cuáles son sus bebidas favoritas para poder ofrecérselas cuando ella quiera.
42. Sugiera varios restaurantes para salir; no la cargue con la responsabilidad de tener que elegir ella.
43. Compre abonos para el teatro, los conciertos, la ópera, el ballet o algún otro tipo de espectáculos que le guste a ella.
44. Organice ocasiones para poder salir de etiqueta.
45. Muéstrese comprensivo cuando ella está retrasada

o decide cambiarse de ropa.

46. Préstele más atención a ella que a los demás en público.

47. Atribúyale más importancia a ella que a los chicos. Haga que los niños observen que ella es la que primero atrae su atención.

48. Cómprele pequeños regalos, como una caja de chocolates o un perfume.

49. Cómprele ropa (lleve una fotografía de su pareja a la tienda con sus medidas para que lo ayuden a elegir).

50. Tómele fotografías en ocasiones especiales.

51. Organice breves fugas románticas.

52. Hágale ver que lleva una fotografía de ella en su billetera y actualícela de vez en cuando.

53. Cuando se alojan en un hotel, pida que les preparen la habitación con algo especial, como una botella de champaña, jugo de frutas o flores.

54. Escriba una nota o un cartel en las ocasiones especiales tales como los aniversarios y los cumpleaños.

55. Ofrézcase a conducir en los viajes largos.

56. Conduzca despacio y seguro, respetando las preferencias de su pareja. Después de todo, está sentada impotente en el asiento delantero.

57. Observe cómo se siente y haga comentarios al respecto: "Pareces feliz hoy" o "pareces cansada" y luego una pregunta como: "¿Cómo te fue hoy?".

58. Cuando salen juntos, estudie de antemano el recorrido para que ella no se sienta responsable de tener que indicarle.

59. Llévela a bailar o tomen clases de baile juntos.

60. Sorpréndala con una carta o un poema de amor.

61. Trátela como lo hacía al inicio de su relación.

62. Ofrézcase a reparar algo en la casa. Diga: "¿Qué hay que reparar por aquí? Ahora tengo un poco de tiempo". No emprenda más de lo que puede hacer.

63. Ofrezca afilar los cuchillos de la cocina.

64. Compre alguna buena cola para arreglar cosas rotas.
65. Ofrezca cambiar las bombillas de luz apenas se queman.
66. Ayude a reciclar la basura.
67. Lea en voz alta o recorte las secciones del diario que a ella le puedan interesar.
68. Escriba con claridad cualquier mensaje telefónico para ella.
69. Mantenga el piso del baño limpio y seco después de tomar una ducha.
70. Abra la puerta para ella.
71. Ofrézcase para transportar las compras.
72. Ofrézcase para transportar los paquetes pesados.
73. Durante los viajes, tome las valijas y guárdelas usted mismo en el baúl del automóvil.
74. Si ella está lavando los platos o es su turno de hacerlo, ofrezca su ayuda para refregar las cacerolas u otras tareas difíciles.
75. Haga una lista de "arreglos" y déjela en la cocina. Cuando tenga tiempo haga algo de la lista para ella. No se demore demasiado.
76. Cuando ella prepara una comida, alabe su forma de cocinar.
77. Cuando escucha lo que ella le está contando, mírela a los ojos.
78. Tóquela con la mano algunas veces cuando hable con ella.
79. Muestre interés en lo que hace durante el día, en los libros que lee y en la gente con la que se relaciona.
80. Cuando la está escuchando, profiera algunos ruiditos como "ah ha", "oh", "mmm" y "hmmm" para que ella se dé cuenta de su interés.
81. Pregúntele cómo se siente.
82. Si ella ha estado enferma, pregúntele cómo se siente en ese momento.
83. Si está cansada, ofrézcale hacer un té.
84. Prepárese para acostarse juntos y acuéstese al mis-

mo tiempo que ella.

85. Déle un beso para saludarla antes de irse.
86. Ríase de sus bromas y su humor.
87. Agradézcale verbalmente cuando ella hace cosas por usted.
88. Observe cuando haya ido a la peluquería y dígale un cumplido tranquilizador.
89. Organice el tiempo para quedarse solos juntos.
90. No responda al teléfono en momentos íntimos y si ella está compartiendo sentimientos vulnerables.
91. Salgan en bicicleta juntos, aunque sea para un paseo corto.
92. Organice y prepare un picnic. (Recuerde llevar un mantel.)
93. Cuando ella se ocupa de la ropa para lavar, llévela al lavadero u ofrézcale para lavarla.
94. Llévela a dar una caminata sin los niños.
95. Negocie de tal manera que ella vea que usted quiere que tanto ella como usted obtengan lo que desean. Demuestre interés, que no sea un mártir.
96. Hágale saber que la extrañó cuando no estuvo en casa.
97. Llévele a casa su tarta o postre favorito.
98. Si ella hace normalmente las compras de comida, ofrézcale hacerlo usted.
99. Coma liviano en las ocasiones románticas para no sentirse demasiado pesado y cansado más tarde.
100. Pídale que agregue sus ideas a esta lista.
101. Deje la tabla del inodoro baja.

LA MAGIA DE HACER PEQUEÑAS COSAS

Cuando un hombre hace pequeñas cosas para su mujer es como hacer magia. Mantiene su tanque de amor lleno y el marcador parejo. Cuando el marcador está parejo, o casi, una mujer sabe que es amada lo que a su vez le hace mostrar más confianza y afecto. Cuando una mujer sabe que es amada, puede amar sin resentimientos.

Hacer pequeñas cosas para una mujer también resulta positivo para el hombre. En realidad, estas pequeñas cosas tenderán a solucionar sus resentimientos al mismo tiempo que los de ella. Comienza a sentirse poderoso y eficiente porque ella obtiene el cuidado que necesita. Ambos se sienten entonces satisfechos.

Lo que un hombre necesita

Así como los hombres tienen que continuar haciendo pequeñas cosas para la mujer, ésta tiene que mostrarse especialmente atenta a las pequeñas cosas que él hace por ella. Con una sonrisa y un "gracias" ella le puede comunicar que ha marcado un punto. Un hombre necesita este aprecio y aliento para seguir dando. Necesita sentir que es capaz de marcar una diferencia. Los hombres dejan de dar cuando sienten que su actitud se da por sentada. Una mujer tiene que hacerle saber que ella aprecia lo que está haciendo.

Esto no significa que ella tenga que simular que todo está perfecto por el hecho de que él haya vaciado el tacho de basura por ella. Pero puede señalar que se ha dado cuenta de que él ha vaciado el tacho y agradecérselo. Gradualmente, más amor surgirá de ambas partes.

Lo que un hombre necesita
que una mujer acepte

Una mujer tiene que aceptar las tendencias instintivas de un hombre a centrar todas sus energías en una gran cosa y minimizar la importancia de las pequeñas Al aceptar esta inclinación, ella no se sentirá tan herida. En lugar de sentirse resentida por el hecho de que él dé menos, puede trabajar en forma constructiva con él para resolver el problema. Puede comunicarle en forma repetida hasta qué punto ella aprecia las pequeñas cosas que él ha llevado a cabo para ella y el hecho de que él trabaje tan duro y con tanta dedicación.

Ella puede recordar que el hecho de que él olvide de hacer las pequeñas cosas no significa que él no la ame sino que nuevamente se ha centrado demasiado en una gran cosa. En lugar de pelear con él o castigarlo, ella puede alentar su intervención personal pidiéndole ayuda. Con mayor aprecio y aliento un hombre aprenderá gradualmente a valorar tanto las pequeñas cosas como las grandes. Tenderá menos a tener cada vez más éxito y comenzará a relajarse más y a pasar más tiempo con su esposa y familia.

LA REORIENTACIÓN DE LA ENERGÍA Y LA ATENCIÓN

Recuerdo el momento en que aprendí por primera vez a reorientar mis energías hacia las pequeñas cosas. Cuando Bonnie y yo nos casamos, yo era casi un adicto al trabajo. Además de escribir libros y dar seminarios, tenía unas sesiones prácticas de asesoramiento cincuenta horas por semana. En el primer año de nuestro matrimonio, ella me decía una y otra vez cuánto necesitaba estar más tiempo conmigo. Compartía repetidas veces sus sentimientos de abandono y dolor.

Con frecuencia lo hacía en una carta. Llamamos a esto una "Carta de Amor". Siempre termina con amor e incluye sentimientos de ira, tristeza, temor y pena. En el capítulo 11 analizaremos con mayor profundidad los métodos para escribir estas "Cartas de Amor» y su importancia. Ella escribió esta Carta de Amor centrándose en todo el tiempo que yo pasaba en el trabajo.

Querido John:

Te escribo esta carta para compartir contigo mis sentimientos. No pretendo decirte lo que tienes que hacer. Sólo quiero que entiendas mis sentimientos.

Estoy enojada por todo el tiempo que pasas en el trabajo. Estoy enojada porque cuando regresas a casa ya no te queda más tiempo para mí. Quiero pasar más tiempo contigo.

Me duele ver que te interesan más tus clientes que yo. Me siento triste de que estés tan cansado. Te extraño. Me temo que no quieras pasar más tiempo conmigo. Temo ser otra carga en tu vida. Temo ser demasiado quejosa. Temo que mis sentimientos no te importen. Lamento si te resulta duro escuchar esto. Sé que estás haciendo todo lo posible. Aprecio lo mucho que trabajas.

Te amo.

Bonnie

Después de haber leído acerca de su sentimiento de haber sido desatendida, me di cuenta de que realmente le estaba dando más a mis clientes que a ella. Le dedicaba toda mi atención a mis clientes y luego, cuando llegaba exhausto a casa, ignoraba a mi esposa.

Cuando un hombre trabaja en exceso

La estaba ignorando no porque no la amara o no me interesara en ella, sino porque ya no me quedaba nada para dar. Pensé ingenuamente que estaba haciendo lo mejor al trabajar mucho para tener una mejor vida (más dinero) para ella y nuestra familia. Una vez que hube entendido cómo se sentía, imaginé un plan para resolver este problema en nuestra relación.

En lugar de ver ocho clientes por día, comencé viendo a siete. Hice de cuenta que mi esposa era mi octavo cliente. Todas las noches llegaba a casa una hora más temprano. Imaginaba que mi esposa era mi cliente más importante. Comencé a brindarle esa atención dedicada y exclusiva que le daba a los clientes. Cuando llegaba a casa, comencé a hacer pequeñas cosas para ella. El éxito de este plan fue inmediato. No sólo ella se sintió más feliz sino que yo también.

Gradualmente, a medida que me sentía amado por la manera en que podía mantenerla a ella y a nuestra familia, me sentí menos inclinado a buscar el gran éxito. Comencé a disminuir el ritmo y para mi sorpresa no sólo floreció mi relación sino también mi trabajo. Tuve más éxito sin haber tenido que trabajar tanto.

Descubrí que cuando tenía éxito en casa, mi trabajo reflejaba dicho éxito. Me di cuenta de que el éxito en el trabajo no se alcanzaba sólo a través del trabajo arduo. También dependía de mi capacidad para inspirar confianza en los otros. Cuando me sentí amado por mi familia, no sólo sentí mayor confianza sino que los demás confiaban más en mí y me apreciaban en mayor medida.

Cómo puede ayudar una mujer

El apoyo de Bonnie cumplió una importante función en este cambio. Además de haber compartido sus sentimientos sinceros y afectuosos, también se mostró muy persistente en su pedido de que yo hiciera pequeñas cosas para ella y luego en su demostración de agradecimiento cuando yo las hacía. Gradualmente, comencé a darme cuenta de lo maravilloso que es sentirse amado por hacer pequeñas cosas. Dejé de sentir con alivio que tenía que hacer grandes cosas para ser amado. Fue toda una revelación.

CUANDO LAS MUJERES DAN PUNTOS

Las mujeres poseen la capacidad especial de apreciar tanto las pequeñas cosas de la vida como las grandes. Esto es una bendición para mí. La mayoría de los hombres luchan por tener cada vez más éxito porque creen que los hará merecer más amor. Muy íntimamente, ellos anhelan el amor y la admiración de los demás. No saben que pueden granjearse ese amor y esa admiración sin tener que luchar por obtener más éxito.

La mayoría de los hombres luchan por tener cada vez más éxito porque creen que los hará merecer más amor.

Una mujer tiene la capacidad de curar a un hombre de esta adicción al éxito apreciando las pequeñas cosas que él hace. Pero ella no podría expresar su aprecio si no entendiera qué importante es para el hombre. Podría permitir que sus resentimientos interfirieran.

CÓMO CURAR LA FIEBRE
DEL RESENTIMIENTO

Las mujeres aprecian instintivamente las pequeñas cosas. Las únicas excepciones surgen cuando las mujeres no se dan cuenta de que el hombre necesita escuchar su expresión de aprecio o cuando ella siente que el puntaje es desparejo. Cuando una mujer no se siente amada o se siente desatendida le resulta muy difícil apreciar automáticamente lo que un hombre hace para ella. Se siente resentida porque ha dado mucho más que él. Dicho resentimiento obstaculiza su capacidad para apreciar las pequeñas cosas.

El resentimiento, como la gripe o un resfrío, no es saludable. Cuando una mujer está enferma de resentimiento tiende a negar lo que un hombre ha hecho por ella porque, según su manera de registrar puntos, ella ha hecho mucho más.

Cuando el marcador está en cuarenta a diez en favor de la mujer, ésta puede comenzar a sentirse muy resentida. Algo le ocurre a una mujer cuando siente que está dando más de lo que recibe. En forma totalmente inconsciente le resta diez puntos a su marcador de cuarenta y concluye que el marcador en su relación es de treinta a cero. Esto tiene sentido desde un punto de vista matemático y resulta comprensible, pero no funciona.

Cuando ella le resta el puntaje de su pareja a su propio puntaje el hombre termina con cero, pero esto no es verdad. Él no dio cero; dio diez. Cuando él llega a casa, ella muestra la frialdad en la mirada o en su voz que señala que él dio cero. Ella niega lo que él hizo. Reacciona como si no hubiera dado nada, pero él dio diez.

La razón por la que una mujer tiende a reducir los puntos de un hombre de esta manera es porque no se siente amada. El puntaje desparejo la hace sentir que no es importante. Al no sentirse amada, le resulta muy difícil apreciar incluso los diez puntos que él puede reclamar en forma legítima.

Lo que generalmente ocurre en este momento de la relación es que el hombre no se siente apreciado y pierde su motivación para hacer más. Se contagia de la fiebre del resentimiento. Ella sigue entonces sintiéndose más resentida y la situación empeora cada vez más. La fiebre del resentimiento de la mujer también empeora.

Lo que ella puede hacer

La manera de resolver este problema es comprenderlo desde los dos puntos de vista. Él necesita recibir aprecio mientras que ella necesita recibir apoyo. De lo contrario su enfermedad empeora.

La solución para este resentimiento es que ella asuma cierta responsabilidad. Tiene que asumir la responsabilidad de haber contribuido a su problema al dar más y dejar que el puntaje se hiciera tan desparejo. Tiene que tratarse como si tuviera la gripe o un resfrío y descansar del hecho de dar tanto en la relación. Tiene que mimarse a sí misma y permitir que su pareja se ocupe más de ella.

Cuando una mujer se siente resentida, en general no le dará ocasión a su pareja de brindarle su apoyo o bien, si éste trata de hacerlo, ella negará el valor de lo que ha hecho y le atribuirá otro cero. De este modo, cierra la puerta al apoyo de su pareja. Al asumir la responsabilidad de haber dado demasiado, puede dejar de culpar al hombre por el problema y comenzar un nuevo puntaje. Ella puede darle otra oportunidad a su pareja, y con su nueva comprensión, puede mejorar la situación.

Lo que él puede hacer

Cuando un hombre no se siente apreciado, deja de dar apoyo. Una forma en que puede enfrentar con responsabilidad esta situación es comprender que a ella le resulta difícil atribuirle puntos por su apoyo y apreciarlo cuando está enferma de resentimiento.

Él puede aliviar su propio resentimiento al entender que ella necesita recibir durante un tiempo antes de volver a dar otra vez. Él puede recordar esto mientras le brinda a su pareja su amor y afecto con pequeños gestos. Durante un tiempo no debería esperar que ella demostrara el aprecio que él merece y necesita. El hecho de que él asuma la responsabilidad por haberle contagiado la fiebre ayuda, porque ha descuidado darle a su mujer las pequeñas cosas que ella necesita.

Con esta prudencia él puede dar sin esperar mucho a cambio, hasta tanto ella no se recupere de su gripe. Al saber que él puede resolver este problema sentirá que también puede aliviar su propio resentimiento. Si él continúa dando y ella se centra en el hecho de descansar de dar y se concentra al mismo tiempo en recibir su apoyo con amor, el equilibrio podrá recuperarse rápidamente.

POR QUÉ LOS HOMBRES DAN MENOS

Raras veces un hombre pretende recibir más y dar menos. Sin embargo es evidente que los hombres dan menos en las relaciones. Probablemente usted lo haya experimentado en su relación. Las mujeres se quejan comúnmente de que sus parejas masculinas comienzan mostrando más afecto y luego se tornan gradualmente pasivos. Los hombres también se sienten tratados injustamente. Al principio las mujeres muestran mucho aprecio y afecto y luego se tornan resentidas y exigentes. Este misterio puede entenderse cuando nos damos cuenta de la distinta manera en que hombres y mujeres registran puntos.

Existen cinco grandes razones por las que un hombre deja de dar. Son las siguientes:

1. *Los marcianos idealizan la equidad.* Un hombre centra todas sus energías en un proyecto y piensa que ha marcado cincuenta puntos. Luego regresa a casa y se sienta, esperando que su esposa marque sus cincuenta puntos. No sabe que, según la experiencia de esta última, él sólo ha marcado un punto. Deja de dar porque piensa que ya ha dado más.

En su opinión eso es lo equitativo y afectuoso que debe hacer. Él le permite a su esposa dar cincuenta puntos dignos de apoyo para igualar el marcador. No se da cuenta de que su trabajo en la oficina sólo vale un punto. Su modelo de equidad sólo puede funcionar cuando él comprende y respeta el hecho de que la mujer atribuye un punto para cada regalo de amor. Esta primera percepción tiene aplicaciones prácticas tanto para los hombres como para las mujeres. Son las siguientes:

Para los hombres: Recuerden que para una mujer las cosas grandes y las cosas pequeñas valen un punto. Todos los regalos de amor son iguales e igualmente necesitados, tanto los grandes como los pequeños. Para evitar el surgimiento del resentimiento, practiquen hacer algunas de las pequeñas cosas que marcan una gran diferencia. No esperen que una mujer se sienta satisfecha salvo que reciba una abundancia de pequeñas expresiones de amor y también alguna grande.

Para las mujeres: Recuerden que los hombres son de Marte; no se sienten automáticamente motivados para hacer las pequeñas cosas. Ellos dan menos no porque no las amen sino porque creen que ya dieron lo que les correspondía. Traten de no tomárselo en forma personal. Por el contrario, deben alentar repetidas veces su apoyo pidiendo más. No esperen hasta necesitar en forma desesperada su apoyo o hasta que el marcador se muestre muy desparejo. No exijan su apoyo; confíen en que ellos realmente quieren apoyarlas, aun cuando necesiten un poco de aliento.

2. Las venusinas idealizan el amor incondicional. Una mujer da todo lo que puede y sólo es capaz de observar que ha recibido menos cuando está vacía y agotada. Las mujeres no comienzan a registrar el puntaje como lo hacen los hombres; las mujeres dan libremente y suponen que los hombres harán lo mismo.

Tal como lo hemos visto, los hombres no son iguales. Un hombre da libremente hasta que el puntaje, tal como él lo percibe, se torna desparejo y en ese momento deja de dar. Un hombre generalmente da mucho y luego se sienta para recibir lo que ha dado.

Cuando una mujer se siente feliz dando a un hombre, éste supone instintivamente que ella está registrando el

245

puntaje y que él tiene que tener más puntos. Lo último que se le pasará por la cabeza es que él ha dado menos. Desde su posición ventajosa nunca seguiría dando cuando el puntaje se ha tornado desparejo en su favor.

Sabe que si se le pide más cuando él opina que ya dio mucho, no hay duda de que no sonreirá cuando tenga que dar. Téngalo en cuenta. Cuando una mujer sigue dando libremente con una sonrisa en su rostro, un hombre supone que el puntaje se encuentra parejo. No se da cuenta de que las venusinas tienen la capacidad sobrenatural de dar felizmente hasta que el puntaje alcance casi treinta a cero. Estas percepciones también tienen aplicaciones prácticas tanto para los hombres como para las mujeres.

Para los hombres: Recuerden que cuando una mujer da con una sonrisa en su rostro no significa necesariamente que el puntaje esté casi parejo.

Para las mujeres: Recuerden que cuando dan libremente a un hombre, éste recibe el mensaje de que el puntaje está parejo. Si quieren motivarlo a dar más, entonces dejen de dar más, con tacto y suavidad. Permítanle que él haga cosas pequeñas para ustedes. Aliéntenlo pidiendo su apoyo en pequeñeces y luego muéstrenle su aprecio.

3. *Los marcianos dan cuando así se lo piden*. Los marcianos se enorgullecen de ser autosuficientes. No piden ayuda a menos que la necesiten realmente. En Marte resulta grosero pedir ayuda salvo que sea solicitada.

Por el contrario, las venusinas no esperan para ofrecer su apoyo. Cuando aman a alguien, dan de cualquier modo que puedan. No esperan a que se lo soliciten, y cuanto más aman a alguien, más dan.

Cuando un hombre no ofrece su apoyo, una mujer supone erróneamente que él no la ama. Ella puede incluso poner a prueba su amor no pidiéndole nunca su apoyo y esperando a que él se lo ofrezca. Cuando éste no ofrece ayuda, ella se siente resentida con él. No entiende que él está esperando que se la solicite.

Tal como lo hemos visto, para un hombre mantener la equiparación del puntaje resulta algo importante. Cuando un hombre siente que ha dado más en una relación, comenzará instintivamente a pedir más apoyo; siente naturalmente que tiene más derecho a recibir y comienza a pedir más. Por otra parte, cuando ha dado menos en una relación, lo último que hará es pedir más. Instintivamente no pedirá apoyo y buscará maneras de darlo.

Cuando una mujer no pide apoyo, un hombre supone erróneamente que el puntaje debe estar parejo o que él debe estar dando más. No sabe que ella espera que él ofrezca su apoyo.

Esta tercera situación posee aplicaciones prácticas tanto para los hombres como para las mujeres.

Para las mujeres: Recuerden que un hombre busca pistas que le señalen cuándo y cómo dar más. Espera que se lo pidan. Parece recibir la respuesta necesaria sólo cuando ella pide más o le dice que él tiene que dar más. Además, cuando ella pide, él sabe qué dar. Muchos hombres no saben qué dar. Aun cuando un hombre perciba que está dando menos, puede incluso dedicarle más energía a las grandes cosas como el trabajo, pensando que un mayor éxito o más dinero podrían ayudar.

Para los hombres: Recuerden que una mujer instintivamente no pide apoyo cuando lo quiere. Por el contrario, ella espera que ustedes lo ofrezcan si la aman. Practiquen el ofrecer su apoyo en pequeñas formas.

4. *Las venusinas dicen que sí aunque el puntaje esté desparejo.* Los hombres no se dan cuenta de que cuando piden apoyo, una mujer dirá que sí aun cuando el puntaje esté desparejo. Si pueden apoyar a su hombre, lo harán. El concepto de llevar un registro de puntos no está en su mente. Los hombres deben tener cuidado de

no pedir demasiado. Si ella siente que está dando más de lo que está recibiendo, después de un tiempo comenzarán los resentimientos por el hecho de que el hombre ya no le ofrezca más apoyo.

Los hombres suponen erróneamente que mientras ella dice que sí a sus necesidades y pedidos, es porque está a su vez recibiendo lo que quiere. Él supone erróneamente que el puntaje está empatado cuando no lo está.

Recuerdo que llevaba a mi esposa al cine aproximadamente una vez por semana durante los dos primeros años de nuestro matrimonio. Un día se enfureció conmigo y dijo: "Siempre hacemos lo que tú quieres hacer. Nunca hacemos lo que yo quiero".

Me sentí realmente sorprendido. Pensé que mientras dijera que sí y siguiera diciendo que sí estaba feliz con la situación. Pensé que le gustaba el cine tanto como a mí.

Ocasionalmente me sugería ir a escuchar una ópera o que le gustaría ir a escuchar algún concierto. Cuando pasábamos por un teatro, ella observaba: "Parece divertido, vayamos a ver esa obra".

Pero luego, unos días después yo decía: "Vamos al cine, hay una muy buena retrospectiva".

Y ella respondía contenta: "Está bien".

Erróneamente yo recibía el mensaje de que ella estaba tan contenta como yo de ir al cine. En realidad estaba contenta de estar conmigo, ir al cine estaba bien, pero lo que ella quería era ir a ver los espectáculos culturales locales. Por eso me los mencionaba a cada momento. Pero por el hecho de que seguía diciéndole que sí al cine, yo no tenía idea de que estaba sacrificando sus deseos para hacerme feliz.

Este conocimiento posee aplicaciones prácticas tanto para hombres como para mujeres.

Para los hombres: Recuerden que si ella dice que sí a sus pedidos, no significa que el puntaje esté parejo. El marcador puede estar veinte a cero en la mente de la mujer y de todos modos seguirá diciendo contenta:

248

"Por supuesto, llevaré tu ropa al lavadero" o "Está bien, haré ese llamado para ti".

El hecho de que ella acceda a hacer lo que ustedes quieren no significa que sea lo que ella quiere hacer. Pregúntenle lo que quiere hacer. Reúnan información acerca de lo que a ella le gusta y luego ofrezcan llevarla a esos lugares.

Para las mujeres: Recuerden que si dicen que sí inmediatamente al pedido de un hombre, éste recibe la idea de que ha dado más o que el puntaje está por lo menos parejo. Si ustedes están dando más y recibiendo menos, no digan más que sí a sus pedidos. Por el contrario, de buena manera, comiencen a pedirle que haga más por ustedes.

5. *Los marcianos adjudican puntos de penalidad.*

Las mujeres no se dan cuenta de que los hombres adjudican puntos de penalidad cuando no se sienten amados ni apoyados. Cuando una mujer reacciona ante un hombre con desconfianza, rechazo, desaprobación o sin aprecio, éste le adjudica puntos de penalidad.

Por ejemplo, si un hombre se siente herido o no se siente amado porque su esposa no apreció algo que él hizo, éste se siente justificado a quitarle los puntos que ella ya había obtenido. Si ella dio diez, cuando él se siente herido por ella, puede reaccionar restándole diez puntos. Si se siente más herido puede incluso adjudicarle veinte puntos negativos. Como resultado, ella le debe ahora diez puntos, cuando un minuto antes ella tenía diez a favor.

Para una mujer, esto resulta muy confuso. Pudo haber dado el equivalente a treinta puntos y luego, en un momento de enojo, él se los quita. En la mente del hombre surge la justificación de no darle nada a la mujer porque ella queda en deuda con él. Piensa que es equitativo. Esto puede ser equitativo matemáticamente, pero no lo es realmente.

Los puntos de penalidad destruyen las relaciones.

Hacen que una mujer no se sienta apreciada y que un hombre dé menos. Si éste niega en su mente todo el apoyo afectuoso que ella le ha dado, cuando ésta efectivamente expresa cierta negatividad —lo cual puede ocurrir en forma ocasional— el hombre pierde entonces su motivación para dar. Se torna pasivo. Este quinto conocimiento tiene aplicaciones prácticas tanto para hombres como para mujeres.

Para los hombres: Recuerden que los puntos de penalidad no son equitativos y no funcionan. En los momentos en que no se sienten amados, en que se sienten ofendidos o heridos, perdónenla y recuerden todo lo bueno que ha dado en lugar de penalizarla negando todo. En lugar de castigarla, pídanle el apoyo que quieren y ella se los dará. Háganle saber respetuosamente que ella los ha lastimado y luego ofrézcanle una oportunidad para disculparse. ¡El castigo no funciona! Se sentirán mucho mejor dándole una oportunidad para que les dé lo que necesitan. Recuerden que ella es una venusina: no sabe lo que ustedes necesitan o cómo los ha lastimado.

Para las mujeres: Recuerden que los hombres tienen esa tendencia a adjudicar puntos de penalidad. Hay dos enfoques para protegerse de este abuso.

El primer enfoque es reconocer que él está equivocado al restarle puntos. En forma respetuosa hágale saber cómo se siente. En el capítulo siguiente analizaremos las maneras de expresar los sentimientos difíciles o negativos.

El segundo enfoque es reconocer que él quita puntos cuando no se siente amado y se siente herido y los devuelve de inmediato cuando se siente amado y apoyado. A medida que se sienta cada vez más amado por las pequeñas cosas que hace, adjudicará cada vez menos puntos de penalidad. Trate de comprender las diferentes maneras en que necesita amor para que no se sienta herido.

Cuando esté en condiciones de reconocer cómo ha

sido lastimado, comuníquele que lo siente. Y sobre todo bríndele el amor que no recibió. Si él no se siente apreciado, déle el aprecio que necesita; si se siente rechazado o manipulado, bríndele la aceptación que necesita; si siente que no confían en él, bríndele la confianza que necesita; si se siente disminuido, bríndele la admiración que necesita; si siente desaprobación, déle la aprobación que necesita y merece. Cuando un hombre se siente amado dejará de usar los puntos de penalidad.

La parte más difícil del proceso arriba mencionado es saber qué lo hiere. La mayoría de las veces, cuando un hombre se retira a su cueva, no sabe qué lo hiere. Luego, cuando sale, en general no habla de ello. ¿Cómo se supone que una mujer pueda saber qué es en realidad lo que lo lastima? El hecho de leer este libro y comprender la manera diferente en que los hombres necesitan amor constituye un buen comienzo y le ofrece a las mujeres un estímulo que nunca han tenido antes.

La otra manera en que una mujer puede enterarse de lo ocurrido es a través de la comunicación. Tal como lo he mencionado anteriormente, cuanto más capaz sea la mujer de abrirse y compartir sus sentimientos en forma respetuosa, tanto más capaz será el hombre de aprender a abrirse y compartir su dolor y su pena.

CÓMO ADJUDICAN PUNTOS LOS HOMBRES

Los hombres adjudican los puntos en forma distinta de las mujeres. Cada vez que una mujer aprecia lo que un hombre ha hecho por ella, se siente amado y le adjudica un punto a su mujer como respuesta. Para mantener el puntaje parejo en una relación, el hombre sólo necesita amor. Las mujeres no se dan cuenta del poder de su amor y muchas veces buscan innecesaria mente ganarse el amor del hombre haciendo más cosas para él de lo que quieren hacer.

Cuando una mujer aprecia lo que un hombre hace para ella, él obtiene la mayor parte del amor que necesita. Recuerde, los hombres necesitan fundamentalmente aprecio. Ciertamente un hombre también requiere igual participación de una mujer en la realización de los deberes domésticos de la vida diaria, pero si no es apreciado, entonces la contribución de la mujer carece casi de significado e importancia para él.

Ciertamente un hombre también requiere igual participación de una mujer en la realización de los deberes domésticos de la vida diaria, pero si no es apreciado, entonces la contribución de la mujer carece casi de significado e importancia para él.

Asimismo, una mujer no puede apreciar las cosas grandes hechas por un hombre para ella, a menos que él haga también muchas cosas pequeñas. El hecho de hacer muchas cosas pequeñas satisface las necesidades fundamentales de la mujer de sentirse atendida, comprendida y respetada.

Una fuente importante de amor para un hombre es la reacción afectuosa de una mujer ante el comportamiento de su pareja. Él también tiene un tanque de amor, pero no se llena necesariamente con lo que ella hace por él. Por el contrario, se llena fundamentalmente con el tipo de reacción de la mujer ante su comportamiento o con la manera en que ella se siente con él.

Cuando una mujer prepara una comida para un hombre, él le adjudica un punto o diez puntos, según cómo ella se sienta con respecto a él. Si una mujer siente un oculto resentimiento, la comida que pueda cocinar para el hombre tendrá muy poco significado para él; éste puede incluso restarle puntos por percibir el resentimiento de la mujer. El secreto para satisfacer a un hombre reside en aprender a expresar amor a través de los sentimientos de uno, no necesariamente a través de sus acciones.

Hablando desde un punto de vista filosófico, cuando una mujer siente afecto, su comportamiento expresará automáticamente ese amor. Cuando un hombre se expresa a través de un comportamiento afectuoso, automáticamente surgirán sus sentimientos y éstos se tornarán más afectuosos.

Aun cuando un hombre no sienta amor por una mujer, de todos modos puede decidir hacer algo afectuoso para ella. Si su oferta es recibida y apreciada, entonces él comenzará a sentir nuevamente amor por ella. "Hacer" es una excelente manera de llenar la "bomba de amor" de un hombre.

Sin embargo, las mujeres son muy diferentes. Una mujer generalmente no se siente amada si no se siente atendida, comprendida o respetada. El hecho de que ella decida hacer algo más para su pareja no ayudará a hacerla sentir más afectuosa. Por el contrario, puede estimular su resentimiento. Cuando una mujer no experimenta sentimientos afectuosos, necesita centrar sus energías directamente en solucionar sus sentimientos negativos y en dejar de dar más.

Un hombre necesita dar prioridad al "comportamiento afectuoso", ya que esto le asegurará que las necesidades de amor de su pareja se vean satisfechas. Abrirá el corazón de la mujer y también el corazón del hombre para que éste se sienta más afectuoso. El corazón de un hombre se abre cuando tiene éxito en la satisfacción de una mujer.

Una mujer necesita dar prioridad a las "actitudes y sentimientos afectuosos", lo que asegurará que las necesidades de su pareja se vean satisfechas. Cuando una mujer es capaz de expresar actitudes y sentimientos afectuosos hacia un hombre, éste se siente motivado a dar más. Esto a su vez le permitirá a la mujer abrir aún más su corazón. El corazón de una mujer se abre más si ella es capaz de obtener el apoyo que necesita.

Las mujeres no toman conciencia del momento en que un hombre realmente necesita amor. En esos momentos una mujer puede ganar veinte o treinta puntos. Los siguientes son algunos ejemplos:

CUANDO LAS MUJERES PUEDEN MARCAR MUCHOS PUNTOS A LOS OJOS DE LOS HOMBRES

Qué ocurre	Puntos que él le adjudica a ella
1. Él comete un error y ella no le dice "te lo dije" o no ofrece ningún consejo.	10-20
2. Él la decepciona y ella no lo castiga.	10-20
3. Él se pierde mientras conduce y ella no le causa mayores problemas por ello.	10-20
4. Él se pierde y ella ve el lado bueno de la situación y dice: "Nunca hubiésemos visto este hermoso atardecer si hubiésemos tomado la ruta correcta".	20-30
5. Él olvida recoger algo y ella dice: "Está bien. ¿Lo harías la próxima vez que salgas?".	10-20
6. Él olvida recoger nuevamente algo y ella dice con confiada paciencia y persistencia: "Está bien. ¿Lo buscarás de todos modos?"	20-30
7. Cuando ella lo ha lastimado y entiende el dolor de él, pide disculpas v le da el amor que necesita.	10-40
8. Ella le pide apoyo y él se niega y ella no se siente herida por su rechazo sino que confía en que él se lo brindaría si pudiera. Ella no lo rechaza ni lo desaprueba.	10-20
9. Le pide otra vez su apoyo y él nuevamente dice que no. Ella no lo hace	

254

sentir mal si no que acepta sus limi-
taciones en ese momento.   20-30

10. Ella le pide apoyo sin ser exigente
cuando él supone que el puntaje está
de alguna manera parejo.   1-5

11. Ella le pide apoyo sin ser exigente
cuando se sienta perturbada o cuan-
do él sabe que ella ha dado más.   10-30

12. Cuando él se aleja, ella no lo hace
sentir culpable.   10-20

13. Cuando él regresa de su cueva, ella
le da la bienvenida y no lo castiga ni
lo rechaza.   10-20

14. Cuando él pide disculpas por un
error y ella lo recibe con aceptación
y perdón afectuosos. Cuanto más
grande sea el error más puntos adju-
dica él.   10-50

15. Cuando él le pide que ella haga algo
y ella se niega sin dar una lista de
razones justificativas.   1-10

16. Cuando él le pide que ella haga algo
y ella dice que sí y sigue de buen
humor.   1-10

17. Cuando él quiere hacer las paces
después de una pelea y comienza a
hacer pequeñas cosas para ella y ésta
comienza a apreciarlo nuevamente.   10-30

18. Ella se pone contenta al verlo llegar
a casa.   10-20

19. Ella siente desaprobación y, en lugar
de expresarlo, se va a otra habitación
y se concentra privadamente en sí
misma y luego regresa con un cora-
zón más centrado y afectuoso.   10-20

20. En ocasiones especiales ella no se fija
en los errores del hombre, que normalmente la habrían perturbado.   20-40

255

21. En realidad goza teniendo relaciones sexuales con él.   10-40

22. Él olvida dónde puso sus llaves y ella no lo mira como si fuera un irresponsable.   10-20

23. Ella muestra tacto al expresar su desagrado o desencanto respecto de un restaurante o película en el curso de una cita.   10-20

24. Ella no da consejos cuando él está conduciendo o estacionando el auto y luego le muestra aprecio por haber llegado con éxito.   10-20

25. Ella le pide apoyo en lugar de hablar sobre lo que él ha hecho mal.   10-20

26. Ella comparte sus sentimientos negativos con claridad y sin culpar, rechazar ni mostrar falta de aprobación hacia él.   10-40

Cuándo una mujer puede marcar más puntos

Cada uno de los ejemplos arriba señalados revela cómo los hombres marcan puntos en forma distinta de las mujeres. Pero no se requiere que una mujer haga todo lo que se menciona arriba. Esta lista revela los momentos en que él está más vulnerable. Si ella puede mostrar más apoyo ofreciéndole lo que él necesita, éste se mostrará muy generoso al adjudicar puntos.

Tal como lo he mencionado en el capítulo 7, la capacidad de una mujer para dar amor en los momentos difíciles fluctúa como una ola. Cuando la capacidad para dar de una mujer está en crecimiento (durante el movimiento hacia arriba de la ola) es el momento en que una mujer puede marcar muchos puntos de bonificación. Ella no debería esperar el mismo nivel de afecto en otros momentos.

Así como la capacidad de una mujer para dar amor fluctúa, la necesidad de amor de un hombre también fluctúa. En cada uno de los ejemplos arriba señalados, no existe una cifra fija respecto a la cantidad de puntos adjudicados por el hombre. Existe una proporción aproximada; cuando su necesidad de amor es mayor, tiende a darle a la mujer más puntos.

Por ejemplo, si ha cometido un error y se siente incómodo, afligido o avergonzado, es el momento en que más necesita el amor de la mujer; por lo tanto adjudica más puntos si ella responde con su apoyo. Cuanto mayor sea el error, tantos más puntos le da a ella por su amor. Si él no recibe su amor tiende a adjudicarle puntos de penalidad según su necesidad de amor. Si se siente rechazado como resultado de un gran error, puede adjudicar gran cantidad de puntos de penalidad.

Si un hombre ha cometido un error y se siente incómodo, afligido o avergonzado, es el momento en que más necesita el amor de la mujer... Cuanto mayor sea el error, tantos más puntos adjudica.

CUANDO UN HOMBRE SE COLOCA A LA DEFENSIVA

Un hombre puede enojarse mucho con una mujer cuando él ha cometido el error y la mujer está perturbada. El enojo del hombre es proporcional al tamaño del error. Un pequeño error lo coloca menos a la defensiva, que un gran error. A veces las mujeres se preguntan por qué un hombre no dice que lo lamenta cuando comete un gran error. La respuesta es que él teme no ser perdonado. Siente demasiado dolor para reconocer que de alguna manera le falló a su mujer. En lugar de decir que lo lamenta, puede llegar a enojarse con ella por mostrar perturbación y le adjudica a ella puntos de penalidad.

Cuando un hombre está en un estado negativo... trátelo como un estallido pasajero y manténgase apartada

---

Cuando un hombre está en un estado negativo, si ella puede tratarlo como algo pasajero y mantenerse apartada, una vez pasado el estallido, él le adjudicará una abundancia de puntos de más por no hacerlo sentir mal o por no tratar de cambiarlo. Si ella trata de detener el estallido éste creará una devastación y él le echará la culpa a ella por interferir.

Este es un nuevo conocimiento para muchas mujeres porque en Venus, cuando alguien se siente perturbada, las venusinas nunca la ignoran o ni siquiera consideran la posibilidad de mantenerse apartadas. Los estallidos no existen en Venus. Cuando alguien se siente perturbada todas se involucran entre sí y tratan de comprender lo que le está molestando haciendo gran cantidad de preguntas. Cuando en Marte ocurre un estallido, todos encuentran una zanja para refugiarse.

CUANDO LOS HOMBRES ADJUDICAN PUNTOS DE PENALIDAD

Cuando una mujer entiende que los hombres marcan puntos en forma distinta, contribuye mucho a aclarar la situación. El hecho de que los hombres adjudiquen puntos le resulta muy confuso a las mujeres y por ello no se sienten tranquilas al compartir sus sentimientos. Ciertamente sería maravilloso si todos los hombres pudieran ver la injusticia de adjudicar puntos de penalidad y pudieran entonces cambiar de inmediato; pero el cambio lleva su tiempo. Lo que puede resultar tranquilizador para una mujer, sin embargo, es saber que así como un hombre adjudica rápidamente los puntos de penalidad, los sustrae con la misma rapidez.

Un hombre que adjudica puntos de penalidad es similar a una mujer que se siente resentida cuando da más que él. Ella sustrae puntos a su marcador y le adjudica a él un cero. En esos momentos un hombre puede simplemente mostrarse comprensivo ya que ella está enferma con la fiebre del resentimiento y puede brindarle algo de amor suplementario.

Asimismo, cuando un hombre está adjudicando puntos de penalidad, una mujer puede darse cuenta de que él está enfrentando su propia versión de la fiebre del resentimiento. Él necesita algo de amor suplementario para poder mejorarse. Como resultado de ello, él le da de inmediato algunos puntos de más para emparejar nuevamente el marcador.

A través del conocimiento sobre la manera de marcar muchos puntos con un hombre, una mujer dispone de un nuevo estímulo para apoyar a su hombre cuando éste parece distante y herido. En lugar de hacer pequeñas cosas para él (de la lista de las 101 maneras de marcar puntos con una mujer, págs. 231/36), que sería lo que a ella le gustaría, puede centrar con más éxito sus energías dándole lo que él quiere (según la lista "cuando las mujeres pueden marcar muchos puntos a los ojos de los hombres, págs. 254/56).

DEBEMOS RECORDAR NUESTRAS DIFERENCIAS

Tanto los hombres como las mujeres pueden beneficiarse mucho recordando la manera diferente en que marcamos los puntos. Mejorar una relación no requiere más energía de la que ya estamos gastando y no debe ser terriblemente difícil. Las relaciones son agotadoras hasta que aprendemos la manera de orientar nuestras energías en las formas en que nuestra pareja puede apreciarlas plenamente.

Capítulo 11

CÓMO COMUNICAR LOS SENTIMIENTOS DIFÍCILES

Cuando estamos perturbados, decepcionados, frustrados o enojados resulta difícil comunicarse en forma afectuosa. Cuando surgen las emociones negativas, tendemos momentáneamente a perder nuestros sentimientos afectuosos de confianza, interés, comprensión, aceptación, aprecio y respeto. En esas ocasiones, aun con la mejor intención, las conversaciones se convierten en peleas. En el calor del momento, no recordamos la manera conveniente de comunicarnos.

Entonces, las mujeres tienden inadvertidamente a echarle la culpa a los hombres y a hacerlos sentir culpables por sus acciones. En lugar de recordar que su pareja está haciendo lo mejor posible, una mujer podría suponer lo peor y mostrarse crítica y resentida. Cuando surgen en ella sentimientos negativos, le resulta particularmente difícil hablar con un tono de confianza, aceptación y aprecio. No se da cuenta de hasta qué punto su actitud resulta negativa y perjudicial para su pareja.

Cuando los hombres se encuentran perturbados, tienden a juzgar a las mujeres y los sentimientos de éstas. En lugar de recordar que su pareja es vulnerable y sensible, un hombre puede olvidar las necesidades de la mujer y mostrarse vulgar e indiferente. Cuando surgen en él sentimientos negativos, le resulta especialmente difícil hablar en forma cuidadosa, comprensiva y respetuosa. No se da cuenta de hasta qué punto su actitud negativa resulta perjudicial para su pareja.

En esos momentos hablar no resulta conveniente. Afortunadamente existe otra alternativa. En lugar de compartir verbalmente sus sentimientos con su pareja, escríbale una carta. Escribir cartas le permite escuchar sus propios sentimientos sin tener que preocuparse por herir a su pareja. Al expresarse con libertad y al escuchar sus propios sentimientos, automáticamente uno se torna más cerebral y afectuoso. Cuando los hombres escriben cartas se tornan más cuidadosos, comprensivos y respetuosos; cuando las mujeres escriben cartas pueden mostrar más confianza, aceptación y aprecio.

Poner sobre el papel sus sentimientos negativos constituye una excelente manera de tomar conciencia de lo poco afectuoso que uno puede llegar a mostrarse. Con mayor conciencia uno puede ajustar su enfoque. Además, al escribir sus emociones negativas éstas pueden aligerar su intensidad dejando espacio nuevamente para los sentimientos positivos. Al tornarse más racional, uno puede entonces acercarse a su pareja y hablarle en forma más afectuosa —es decir, menos crítica y acusadora—. Como resultado de ello, sus oportunidades de ser comprendido y aceptado son mucho mayores.

Después de escribir la carta uno puede dejar de sentir la necesidad de hablar. En lugar de ello uno puede llegar a sentirse más inspirado para hacer algo afectuoso para su pareja. Ya sea que uno comunique sus sentimientos en una carta o que simplemente escriba para sentirse mejor, el hecho de poner sobre el papel sus sentimientos constituye una herramienta importante.

Ya sea que uno comunique sus sentimientos en una carta o que simplemente uno escriba una carta para sentirse mejor, el hecho de poner sobre el papel sus sentimientos constituye una herramienta importante.

En lugar de escribir sus sentimientos uno puede

elegir también llevar a cabo el mismo proceso en su mente. Simplemente absténgase de hablar y revise mentalmente lo ocurrido. Imagine que está diciendo lo que siente, piensa y quiere sin suprimir nada. Al llevar adelante un diálogo interno que expresa toda la verdad de sus sentimientos, se liberará repentinamente de su carga negativa. Ya sea que escriba sobre sus sentimientos o que reflexione sobre ellos, al analizar, sentir y expresar sus sentimientos negativos éstos pierden su poder y reemergen los sentimientos positivos. La Técnica de la Carta de Amor aumenta mucho el poder y la efectividad de dicho proceso. Aunque se trata de una técnica de escritura, también puede hacerse en forma mental.

LA TÉCNICA DE LA CARTA DE AMOR

Una de las mejores maneras de aliviar la negatividad y luego comunicarse en forma más afectuosa es el uso de la Técnica de la Carta de Amor. Al escribir sus sentimientos de determinada manera, las emociones negativas disminuyen automáticamente y los sentimientos positivos aumentan. La Técnica de la Carta de Amor realza el proceso de la escritura de cartas. Existen tres aspectos o partes para la Técnica de la Carta de Amor:

1. Escriba una Carta de Amor que exprese sus sentimientos de ira, tristeza, temor, pesar y amor.

2. Escriba una Carta de Respuesta que exprese lo que quiere escuchar de su pareja.

3. Comparta su Carta de Amor y su Carta de Respuesta con su pareja.

La Técnica de la Carta de Amor es muy flexible. Uno puede realizar los tres pasos o quizás sólo necesite dar uno o dos de ellos. Por ejemplo, uno puede practicar los pasos uno y dos a fin de sentirse más concentrado y afectuoso y luego tener una conversación verbal con su pareja sin sentirse abrumado por el resentimiento o la culpa. En otras ocasiones, uno puede realizar los tres pasos y compartir su Carta de Amor y su Carta de Respuesta con su pareja.

El hecho de efectuar los tres pasos constituye una experiencia poderosa y positiva para los dos. Sin embargo, algunas veces realizar los tres pasos consume demasiado tiempo o resulta inapropiado. En algunas situaciones, la técnica más eficaz consiste simplemente en cumplir el paso uno y escribir una Carta de Amor. Analicemos algunos ejemplos sobre la manera de escribir una Carta de Amor.

PASO 1: ESCRIBIR UNA CARTA DE AMOR

Para escribir una Carta de Amor, encuentre un lugar privado y escríbale una carta a su pareja. En cada Carta de Amor exprese sus sentimientos de ira, tristeza, temor, pesar y luego amor. Esta estructura le permite expresar y comprender plenamente todos sus sentimientos. Como resultado de comprender todos sus sentimientos, estará entonces en condiciones de comunicarse con su pareja en forma más afectuosa y centrada.

Cuando estamos perturbados, en general experimentamos simultáneamente varios sentimientos. Por ejemplo, cuando su pareja lo decepciona, usted puede sentir ira por la insensibilidad del hombre, ira por la falta de aprecio de la mujer; tristeza porque él se muestra muy preocupado por su trabajo, tristeza porque ella no parece confiar en usted; temor de que ella no lo perdone nunca, temor de que él no muestre tanto interés por usted; pesar porque esté secretamente retirando su amor de él o de ella. Pero al mismo tiempo siente amor por el hecho de que él o ella sea su pareja y usted quiere su amor y atención.

Para encontrar nuestros sentimientos afectuosos, muchas veces necesitamos sentir primero todos nuestros sentimientos negativos. Después de expresar estos cuatro niveles de sentimientos negativos (ira, tristeza, temor y pesar) podemos sentir plenamente nuestros sentimientos afectuosos. El hecho de escribir Cartas de Amor disminuye automáticamente la intensidad de nuestros sentimientos negativos y nos permite experimentar con mayor plenitud nuestros sentimientos positivos. Las siguientes son algunas pautas para escribir una Carta de Amor básica:

1. Dirija la carta a su pareja. Haga de cuenta que él o ella está escuchando con amor y comprensión.

2. Comience con ira, luego tristeza, luego temor, luego pesar y finalmente con amor. Incluya las cinco secciones en cada carta.

3. Escriba unas oraciones acerca de cada sentimiento; mantenga aproximadamente la misma longitud para cada sección. Utilice términos simples.

4. Después de cada sección, haga una pausa y observe cómo llega el siguiente sentimiento. Escriba sobre esto.

5. No interrumpa la carta hasta llegar al amor. Sea paciente y espere que surja el amor.

6. Firme con su nombre al final. Tómese unos momentos para pensar acerca de lo que necesita o quiere. Escríbalo en una P.D.

Para simplificar la forma de escribir sus cartas quizás desee hacer copias de la página siguiente para usarla como guía para sus propias Cartas de Amor. En cada una de las cinco secciones se incluyen unas cuantas frases-guías a fin de ayudarlo a expresar sus sentimientos. En general las expresiones más liberadoras son las siguientes: "Estoy enojado", "Estoy triste", "Tengo miedo", "Lo lamento", "Quiero" y "Amo". Sin embargo, cualquier expresión que lo ayude a manifestar sus sentimientos funcionará. En general se necesitan unos veinte minutos para completar una Carta de Amor.

Una Carta de Amor

Querido/a _____ Fecha _____

Escribo esta carta para compartir mis sentimientos contigo

1. Para la ira
- No me gusta que...
- Me siento frustrado/a...
- Estoy enojado/a porque...
- Me siento molesto/a...
- Quiero...

2. Para la tristeza
- Me siento decepcionado/a...
- Estoy triste porque...
- Me siento herido/a...
- Quise...
- Quiero...

3. Para el temor
- Me siento preocupado/a...
- Tengo miedo de que...
- Me siento asustado/a...
- No quiero...
- Necesito...
- Quiero...

4. Para el pesar
• Me siento incómodo/a...
• Lamento...
• Me siento avergonzado/a...
• No quise...
• Quiero...

5. Para el amor
• Amo...
• Quiero...
• Comprendo...
• Perdono...
• Aprecio...
• Te agradezco por...
• Sé...

P.D. La respuesta que me gustaría escuchar de ti:

Estas son algunas situaciones típicas y algunos ejemplos de Cartas de Amor que lo ayudarán a comprender la técnica.

Una Carta de Amor acerca de la falta de memoria

Cuando Tom durmió una siesta más larga que lo planeado y olvidó llevar a su hija Hayley al dentista, su esposa, Samantha, estaba furiosa. Sin embargo, en lugar de enfrentar a Tom con su ira y desaprobación, se sentó y escribió la siguiente Carta de Amor. Más tarde, estaba en condiciones de acercarse a Tom con mayor sensatez y aceptación.

Por el hecho de haber escrito esa carta, Samantha no sintió el impulso de sermonear o rechazar a su marido. En lugar de tener una discusión, gozaron de una noche encantadora. A la semana siguiente, Tom se aseguró de que Hayley fuera al dentista.

Esta es la Carta de Amor de Samantha:

Querido Tom:

1. Ira: Estoy furiosa de que te hayas olvidado. Estoy furiosa de que te hayas quedado dormido. Odio que duermas siestas y te olvides de todo. Estoy cansada de sentirme responsable por todo. Tú esperas que yo haga todo. Estoy cansada de eso.

2. Tristeza: Estoy triste de que Hayley haya perdido su cita. Estoy triste de que te hayas olvidado. Estoy triste porque siento que no puedo confiar en ti. Estoy triste de que tengas que trabajar tanto. Estoy triste de que estés tan cansado. Estoy triste de que tengas menos tiempo para mí. Me siento herida cuando no te emocionas al verme. Me siento herida cuando olvidas cosas. Siento que no te importo.

3. Temor: Temo tener que hacer todo. Temo confiar en ti. Temo que no te importe. Temo tener que ser responsable la próxima vez. No quiero hacer todo. Necesito tu ayuda. Temo necesitarte. Temo que nunca seas responsable. Temo que estés trabajando demasiado. Temo que te enfermes.

4. Pesar: Me siento incómoda de que hayas dejado pasar la cita. Me siento incómoda cuando llegas tarde. Lamento ser tan exigente. Lamento no mostrar más aceptación. Me siento avergonzada por no mostrarme más afectuosa. No quiero rechazarte.

5. Amor: Te amo. Entiendo que hayas estado cansado. Trabajas demasiado. Sé que estás haciendo lo mejor posible. Te perdono por haberte olvidado. Gracias por hacer otra cita. Gracias por querer llevar a Hayley al dentista. Sé que te importa realmente. Sé que me amas. Me siento tan afortunada de tenerte en mi vida. Quiero tener una noche afectuosa contigo.

Con amor.

Samantha

P.D. Necesito escuchar que asumirás la responsabilidad de llevar a Hayley al dentista la semana que viene.

Una Carta de Amor acerca de la indiferencia

Jim estaba por irse al día siguiente en un viaje de negocios. Esa noche, su esposa, Virginia, trató de crear cierta intimidad. Llevó un mango a su habitación y le ofreció un poco. Jim estaba concentrado leyendo un libro en la cama y comentó brevemente que no tenía hambre. Virginia se sintió rechazada y se fue. Interiormente se sentía herida y enojada. En lugar de regresar y lamentarse sobre su grosería e insensibilidad, escribió una Carta de Amor.

Después de escribir esa carta, Virginia, al sentirse más dispuesta a aceptar y perdonar, regresó a la habitación y dijo: "Esta es nuestra última noche antes de que te vayas, pasemos algo de tiempo especial juntos". Jim bajó su libro y tuvieron una noche encantadora e íntima. El hecho de escribir una Carta de Amor le dio a Virginia la fuerza y el amor para persistir más directamente en captar la atención de su pareja. Ni siquiera tuvo la necesidad de compartir su Carta de Amor con su pareja. Esta es su carta:

Querido Jim:

1. Ira: Me siento frustrada de que quieras leer un libro y ésta sea nuestra última noche juntos antes de que te vayas. Estoy enojada porque me ignoras. Estoy enojada porque no quieres pasar estos últimos momentos juntos. Estoy enojada porque no pasamos más tiempo juntos. Siempre hay algo más importante que yo. Quiero sentir que me amas.

2. *Tristeza:* Estoy triste porque no quieres estar conmigo. Estoy triste porque trabajas tanto. Siento que ni siquiera notarías si yo no estuviera aquí. Me entristece que siempre estés tan ocupado. Me entristece que no quieras hablarme. Me siento herida de que no te importe. No me siento especial.

3. *Temor:* Temo que ni siquiera sepas por qué estoy perturbada. Temo que no te importe. Temo compartir mis sentimientos contigo. Temo que me rechaces. Temo que estemos apartándonos. Estoy asustada de no poder hacer nada al respecto. Temo aburrirte. Temo no gustarte.

4. *Pesar:* Me siento incómoda por querer pasar el tiempo contigo cuando ni siquiera te importa. Lamento parecer exigente. Lamento no mostrar más afecto y aceptación. Lamento haberme mostrado fría cuando no quisiste pasar el tiempo conmigo. Lamento no haberte dado otra oportunidad. Lamento haber dejado de confiar en tu amor.

5. *Amor:* Te amo. Por eso traje el mango. Quise hacer algo para complacerte. Quise pasar un tiempo especial juntos. Sigo deseando pasar una noche especial. Te perdono por mostrarte tan indiferente hacia mí. Te perdono por no responder de inmediato. Comprendo que estuvieras en medio de una lectura. Pasemos una noche íntima y afectuosa.

Te amo
Virginia.

P.D.: La respuesta que me gustaría escuchar: "Te amo, Virginia, y también quiero pasar una noche afectuosa contigo. Te voy a extrañar".

269

Una carta acerca de las discusiones

Michael y Vanessa no se pusieron de acuerdo acerca de una decisión financiera. En pocos minutos se trabaron en una discusión. Cuando Michael observó que estaba empezando a gritar, se calló, respiró profundamente y dijo: "Necesito algo de tiempo para pensar acerca de esto y después hablaremos". Luego se fue a otra habitación y escribió sus sentimientos en una Carta de Amor.

Después de escribir la carta estaba en condiciones de regresar y analizar la cuestión en forma más comprensiva. Como resultado de ello pudieron resolver su problema con afecto.

Esta es la Carta de Amor:

Querida Vanessa:

1. Ira: Estoy enojado por tu excesiva emotividad. Estoy enojado porque sigues malinterpretándome. Estoy enojado porque no puedes permanecer tranquila cuando hablamos. Estoy enojado porque eres demasiado sensible y te sientes herida fácilmente. Estoy enojado porque no confías en mí y me rechazas.

2. Tristeza: Estoy triste porque discutimos. Me duele sentir tus dudas y desconfianza. Me duele perder tu amor. Estoy triste porque peleamos. Estoy triste por no estar de acuerdo.

3. Temor: Temo cometer un error. Temo no poder hacer lo que quiero sin perturbarte. Temo compartir mis sentimientos. Temo que me hagas sentir mal. Temo parecer incompetente. Temo que no me aprecies. Temo hablar contigo cuando estás tan perturbada. No sé qué decir.

4. Pesar: Lamento que te haya lastimado. Lamento

no estar de acuerdo contigo. Lamento haberme puesto tan frío. Lamento oponerme tanto a tus ideas. Lamento apresurarme a hacer lo que quiero. Lamento no valorar tus sentimientos. No mereces ser tratada de esa forma. Lamento haberte juzgado.

5. *Amor:* Te amo y quiero solucionar esta situación. Pienso que ahora puedo escuchar tus sentimientos. Quiero apoyarte. Comprendo que herí tus sentimientos. Lamento haber invalidado tus sentimientos. Te amo tanto. Quiero ser tu héroe y no quiero simplemente estar de acuerdo en todo. Quiero que me admires. Necesito ser yo y te apoyo para que seas tú misma. Te amo. Esta vez cuando hablemos mostraré más paciencia y comprensión. Tú lo mereces.
                    Te amo.
                              Michael

P.D.: La respuesta que me gustaría escuchar: "Te amo, Michael. Realmente aprecio que seas un hombre tan cuidadoso y comprensivo. Confío en que podamos solucionar esta situación".

Una Carta de Amor acerca de la frustración y la decepción

Jean le dejó un mensaje a su marido, Bill, donde le pedía que trajera a casa cierta correspondencia importante. Por algún motivo, Bill nunca recibió el mensaje. Cuando llegó a casa sin la correspondencia, la reacción de Jean fue de profunda frustración y decepción.

Aunque Bill no tenía la culpa, cuando Jean continuó haciendo comentarios acerca de la importancia que tenía para ella esa correspondencia y de lo frustrada que se sentía, él comenzó a sentirse atacado y culpado. Jean no se daba cuenta de que Bill estaba tomando en forma personal todos sus sentimientos de frustración y decepción. Bill estaba a punto de explotar y de hacerla sentir

271

mal por estar tan perturbada.

En lugar de descargar sus sentimientos defensivos sobre ella y arruinar la noche, decidió sabiamente tomarse diez minutos y escribir una Carta de Amor. Cuando terminó de escribir, regresó con más afecto y abrazó a su esposa diciendo: "Lamento no haberte traído tu correspondencia. Ojalá hubiese recibido ese mensaje. ¿Sigues amándome de todos modos?" Jean respondió con mucho amor y aprecio y pasaron una noche maravillosa en lugar de iniciar una guerra fría.

La siguiente es la Carta de Amor de Bill:

Querida Jean:

1. *Ira:* Odio cuando te perturbas tanto. Odio cuando me echas la culpa. Estoy enojado porque te sientes muy desdichada. Estoy enojado porque no te sientes feliz de verme. Pareciera que nada de lo que hago fuera suficiente. Quiero que me aprecies y que te pongas feliz al verme.

2. *Tristeza:* Me siento triste porque estás muy frustrada y decepcionada. Estoy triste porque no eres feliz conmigo. Quiero que seas feliz. Estoy triste porque el trabajo siempre se interpone en el camino de nuestra vida amorosa. Estoy triste porque no aprecias todas las cosas maravillosas que tenemos en nuestra vida. Estoy triste porque no regresé a casa con la correspondencia que necesitabas.

3. *Temor:* Temo no poder hacerte feliz. Temo que no te sientas feliz durante toda la noche. Temo ser abierto contigo o mostrarme cerrado. Temo necesitar tu amor. Temo no ser lo suficientemente bueno. Temo que te vuelvas en mi contra.

4. *Pesar:* Lamento no haber traído a casa la correspondencia. Lamento que seas tan infeliz. Lamento no

haber pensado en llamarte. No quise perturbarte. Quise que te sintieras feliz al verme. Tenemos unas vacaciones de cuatro días y quiero que sean especiales.

5. Amor: Te amo. Quiero que seas feliz. Comprendo que te sientas desdichada. Entiendo que necesites cierto tiempo sólo para sentirte perturbada. Sé que no estás tratando de hacerme sentir mal. Sólo necesitas un abrazo y un poco de empatía. Lo lamento. A veces no sé qué hacer y comienzo a hacerte sentir mal. Gracias por ser mi esposa. Te amo tanto. No tienes que ser perfecta y no tienes que sentirte feliz. Comprendo que estés perturbada por la correspondencia.

Te amo.

Bill

P.D.: La respuesta que me gustaría escuchar: "Te amo, Bill. Aprecio todo lo que haces por mí. Gracias por ser mi marido".

PASO 2: ESCRIBIR UNA CARTA DE RESPUESTA

Escribir una Carta de Respuesta es el segundo paso de la Técnica de la Carta de Amor. Una vez expresados sus sentimientos negativos y positivos, el hecho de tomarse otros tres o cinco minutos para escribir una Carta de Respuesta puede proporcionar un gran alivio. En esa carta, usted escribirá el tipo de respuesta que le gustaría recibir de su pareja.

Funciona de la siguiente manera. Imagine que su pareja es capaz de responder en forma afectuosa a sus sentimientos heridos, aquellos ya expresados en su Carta de Amor. Escríbase una breve carta a sí mismo como si la escribiera su pareja. Incluya todas las cosas que le gustaría escuchar de ella acerca del dolor que usted ha expresado. Las siguientes frases-guías pueden servir de inicio:

- Gracias por...
- Comprendo...
- Lo lamento...
- Tú mereces...
- Quiero...
- Amo...

A veces escribir una Carta de Respuesta resulta aún más efectivo que escribir una Carta de Amor. Escribir lo que realmente queremos y necesitamos aumenta nuestra apertura para recibir el apoyo que merecemos. Además, cuando imaginamos que nuestra pareja responde en forma afectuosa, allanamos en realidad el camino para que así lo haga.

Algunas personas son muy buenas para escribir sus sentimientos negativos pero tienen muchas dificultades para encontrar los sentimientos de amor. Resulta particularmente importante que dichas personas escriban Cartas de Respuesta y analicen lo que les gustaría escuchar. Asegúrese de conocer sus propias resistencias relacionadas con el apoyo de su pareja. Esto le brinda un conocimiento adicional respecto de lo difícil que le debe resultar a su pareja tratarlo en forma afectuosa en esos momentos.

Cómo podemos enterarnos de las necesidades de nuestra pareja

A veces las mujeres se niegan a escribir Cartas de Amor. Esperan que su pareja sepa lo que tiene que decir. Tienen un sentimiento oculto que dice: "No quiero decirle lo que necesito; si me ama realmente, sabrá qué decir". En este caso una mujer necesita recordar que los hombres son de Marte y no saben lo que necesitan las mujeres; necesitan enterarse de ello.

La respuesta de un hombre es más un reflejo de su planeta que un espejo que muestra hasta qué punto la ama. Si él fuera una venusina, sabría qué decir, pero no lo es. Los hombres realmente no saben cómo responder ante los sentimientos de una mujer. En su mayor parte, nuestra cultura no les enseña a los hombres lo que necesitan las mujeres.

Si un hombre ha visto y escuchado a su padre responder con palabras cariñosas a los sentimientos perturbados de su madre, tendrá entonces una mejor idea acerca de lo que tiene que hacer. Tal como son las cosas, él no lo sabe porque nunca se lo han enseñado. Las Cartas de Respuesta son la mejor manera de enseñarle a un hombre cuáles son las necesidades de una mujer. Lentamente, pero con seguridad, podrá aprender.

Las Cartas de Respuesta son la mejor manera de enseñarle a un hombre cuáles son las necesidades de una mujer.

A veces las mujeres me preguntan: "Si le digo lo que quiero escuchar, y él comienza a decirlo, ¿cómo puedo saber si no está simplemente repitiéndolo? Temo que quizás no lo sienta realmente".

Esta es una pregunta importante. Si un hombre no ama a una mujer, ni siquiera se molestará en darle lo que ella necesita. Si trata de dar una respuesta similar al pedido de ella, entonces es muy probable que esté realmente tratando de responder.

Si sus intentos de apoyarla parecen de alguna manera poco sinceros, en general es porque él teme que sus esfuerzos no den resultado. Si una mujer aprecia su intento, la próxima vez se sentirá más seguro y por lo tanto será capaz de ser más sincero. Un hombre no es un tonto. Cuando siente que una mujer se muestra receptiva y que él puede responder de modo de marcar una diferencia positiva, lo hará. Sólo hace falta tiempo.

Las mujeres, por su parte, pueden aprender mucho acerca de los hombres y de sus necesidades al escuchar la Carta de Respuesta de un hombre. Una mujer se muestra generalmente perpleja ante las reacciones de un hombre. Ella no tiene idea de por qué él rechaza sus intentos de apoyarlo. Malinterpreta sus necesidades. A veces ella lo rechaza porque piensa que quiere que se dé por vencida. En la mayoría de los casos, sin embargo, lo que realmente quiere es recibir la confianza, el aprecio y la aceptación de la mujer.

Para poder recibir apoyo no sólo tenemos que enseñarle a nuestra pareja lo que necesitamos, sino que tenemos también que estar bien dispuestos a recibir apoyo. Las Cartas de Respuesta aseguran la apertura de una persona a recibir apoyo. De lo contrario, la comunicación no puede funcionar. Compartir sentimientos negativos con una actitud que dice: "Nada de lo que digas puede hacerme sentir mejor" no sólo resulta contraproducente sino que es perjudicial para su pareja. En esos momentos, es mejor no hablar.

El siguiente es un ejemplo de una Carta de Amor y su Carta de Respuesta. Observe que la respuesta sigue estando en la P.D. pero es un poco más larga y detallada que las anteriores.

Una Carta de Amor y una Carta de Respuesta relacionadas con el rechazo del hombre

Cuando Theresa le pide apoyo a su marido, Paul, éste la rechaza y parece agobiado por sus pedidos.

Querido Paul:

1. *Ira:* Estoy enojada porque me rechazas. Estoy enojada porque no me ofreces ayuda. Estoy enojada porque siempre tengo que pedir. Hago mucho por ti. Necesito tu ayuda.

2. *Tristeza:* Me siento triste porque no me ayudas. Me siento triste porque me siento muy sola. Quiero hacer más cosas juntos. Extraño tu apoyo.

3. *Temor:* Tengo miedo de pedir tu ayuda. Temo tu enojo. Tengo miedo de que digas que no y de sentirme luego herida.

4. *Pesar:* Lamento resentirme tanto contigo. Lamento regañarte y criticarte. Lamento no apreciarte más. Lamento darte tanto y luego exigirte lo mismo.

5. *Amor:* Te amo. Comprendo que estás haciendo lo posible. Sé que te importo. Quiero pedirte cosas en forma más cariñosa. Eres un padre tan afectuoso con nuestros hijos.

Te amo.

Theresa

P.D.: La respuesta que me gustaría escuchar es:

Querida Theresa:

Gracias a ti por amarme tanto. Gracias por compartir tus sentimientos. Comprendo que te sientas herida cuando actúo como si tus pedidos fueran demasiado exigentes. Comprendo que te sientas herida cuando te rechazo. Lamento no ofrecer mi ayuda más a menudo. Mereces mi apoyo y quiero apoyarte más. Te amo y me siento feliz de que seas mi esposa.

Te amo.

Paul

PASO 3: COMPARTIR LA CARTA DE AMOR Y LA CARTA DE RESPUESTA

Compartir sus cartas es importante por las siguientes razones:

- Le da a su pareja la oportunidad de apoyarlo.
- Le permite obtener la comprensión que usted necesita.
- Le brinda a su pareja el estímulo necesario en forma afectuosa y respetuosa.
- Motiva cambios en una relación.
- Crea intimidad y pasión.
- Le enseña a su pareja lo que es importante para usted y la manera de apoyarlo con éxito.
- Ayuda a que las parejas comiencen a hablar de nuevo cuando se interrumpe la comunicación.
- Nos enseña a escuchar sentimientos negativos en forma segura.

Existen cinco maneras de compartir sus cartas. En este caso, se supone que ella escribió la carta, pero estos métodos funcionan igualmente bien si él la escribiera.

1. Él lee en voz alta la Carta de Amor y la Carta de Respuesta de ella en su presencia. Luego él le toma las manos y le da su propia respuesta afectuosa con un mayor conocimiento de lo que ella necesita escuchar.

2. Ella lee su propia Carta de Amor y Carta de Respuesta en voz alta mientras él escucha. Luego él le toma las manos y le da su propia respuesta afectuosa con un mayor conocimiento de lo que ella necesita escuchar.

3. Primero él lee la Carta de Respuesta de ella en voz alta. Luego él lee la Carta de Amor de ella en voz alta. Es más fácil para un hombre escuchar los sentimientos negativos cuando ya sabe cómo responder a dichos sentimientos. Al hacer que el hombre sepa lo que se requiere de él, no siente tanto pánico al escuchar los sentimientos negativos. Después de leer la Carta de Amor de ella, le toma las manos y le ofrece su propia respuesta afectuosa con un mayor conocimiento de lo que ella necesita escuchar.

4. Primero ella le lee a él su propia Carta de Respuesta. Luego ella lee su propia Carta de Amor en voz alta. Finalmente él le toma las manos y le ofrece una respuesta afectuosa con un mayor conocimiento de lo que ella necesita.

5. Ella le da sus cartas a él y él las lee en privado dentro de las veinticuatro horas. Después de haber leído las cartas, él le agradece por haberlas escrito, le toma las manos y le da una respuesta afectuosa con un mayor conocimiento de lo que ella necesita.

Qué hacer si su pareja no puede responder afectuosamente

Basándose en sus experiencias pasadas, algunos hombres y mujeres tienen muchas dificultades para escuchar Cartas de Amor. En ese caso no es de esperar que lean una. Pero aun cuando su pareja elija escuchar una carta, a veces son incapaces de responder en forma afectuosa. Tomemos como ejemplo a Paul y a Theresa.

Si Paul no se siente más afectuoso después de escuchar las cartas de su pareja, es porque no puede responder con amor en ese momento. Pero después de un tiempo sus sentimientos cambiarán.

Cuando lee las cartas él puede sentirse atacado por la ira y el dolor y ponerse a la defensiva. En esos momentos necesita tomarse su tiempo para reflexionar sobre lo dicho.

A veces, cuando una persona escucha una Carta de Amor, sólo escucha la ira y le llevará su tiempo escuchar el amor. Puede ayudar si, después de un rato, él relee la carta, en especial las secciones del pesar y el amor. Antes de leer una Garta de Amor de mi esposa, leo la sección

279

de amor y luego leo toda la carta.

Si un hombre se siente perturbado después de leer una Carta de Amor, también podría responder con su propia Carta de Amor, lo que le permitirá procesar los sentimientos negativos surgidos cuando leyó la Carta de Amor de ella. A veces no sé lo que me está molestando hasta que mi esposa comparte una Carta de Amor conmigo y luego tengo de repente algo que escribir al respecto. Al escribir mi carta soy capaz de volver a encontrar mis sentimientos afectuosos, de releer su carta y percibir el amor detrás de su dolor.

Si un hombre no puede responder de imnediato con amor, debe saber que está bien y no debe ser castigado. Su pareja tiene que comprender y aceptar su necesidad de pensar las cosas durante un tiempo. Quizás, para apoyar a su pareja, puede decir algo así: "Gracias por escribir esta carta. Necesito un poco de tiempo para pensar y luego podemos hablar al respecto". Es importante que no exprese sentimientos críticos acerca de la carta. El hecho de compartir cartas no debe ser conflictivo.

Todas las sugerencias arriba mencionadas en vistas a compartir Cartas de Amor también pueden aplicarse cuando una mujer tiene dificultades para responder a la carta de un hombre en forma afectuosa. En general, recomiendo que las parejas lean en voz alta las cartas que escribieron. Resulta útil leer la carta de su pareja en voz alta porque ayuda a ser escuchado. Experimente con los dos y vea qué método le resulta mejor.

LECTURA DE LAS CARTAS SIN RIESGOS

El hecho de compartir las Cartas de Amor puede atemorizar. La persona que escribe sus verdaderos sentimientos se sentirá vulnerable. Si su pareja la rechaza puede resultar muy penoso. El propósito de compartir la carta es abrirse a los sentimientos de manera que las parejas puedan acercarse más. Funciona bien siempre que el proceso se realice sin riesgos. La persona que recibe la Carta de Amor debe mostrarse particularmente respetuosa de las expresiones del autor. Si no puede dar un apoyo verdadero y respetuoso, no debería consentir en escuchar hasta poder hacerlo.

El compartir cartas implica una intención correcta. Se comparte una carta con el espíritu de las dos siguientes declaraciones de intención:

Declaración de intención para escribir y compartir una Carta de Amor

He escrito esta carta a fin de encontrar mis sentimientos positivos y de darte el amor que mereces. Como parte de ese proceso estoy compartiendo contigo mis sentimientos negativos que me mantienen apartado. Tu comprensión me ayudará a abrirme y a soltar mis sentimientos negativos. Confío en que te importe realmente y en que respondas a mis sentimientos de la mejor manera que puedas. Aprecio tu disposición a escuchar y apoyarme. Además, espero que esta carta te ayude a comprender mis deseos, necesidades y anhelos.

La pareja que esté escuchando la carta debe hacerlo con el espíritu de la siguiente declaración de intención:

Declaración de intención para escuchar una Carta de Amor

Prometo hacer lo mejor posible para comprender la validez de tus sentimientos, para aceptar nuestras diferencias, para respetar tus necesidades como si fueran las mías propias y para apreciar que estés haciendo lo mejor posible para comunicar tus sentimientos y tu amor. Prometo escuchar y no corregir ni negar tus sentimientos. Prometo aceptarte y no tratar de cambiarte. Estoy dispuesto a escuchar tus sentimientos porque me importa y confío en que podamos solucionar esta situación.

Las primeras veces que practique la Técnica de la Carta de Amor resultará mucho más seguro que realmente lea estas declaraciones en voz alta. Ellas lo ayudarán a recordar que debe respetar los sentimientos de su pareja y responder en forma afectuosa y tranquilizadora.

MINICARTAS DE AMOR

Si usted se siente perturbado y no dispone de veinte minutos para escribir una Carta de Amor, puede tratar de escribir una miniCarta de Amor. Sólo se necesitan entre tres y cinco minutos y realmente puede resultar de ayuda. Los siguientes son algunos ejemplos:

Querido Max:

1. ¡Estoy tan enojada de que llegues tarde!

2. Me pone triste que me hayas olvidado.

3. Temo que realmente yo no te interese.

4. Lamento ser tan dura.

5. Te amo y te perdono por llegar tarde. Sé que me amas realmente. Gracias por intentarlo.

Con amor:

Sandie

Querido Henry:

1. Me enoja que estés tan cansado. Me enoja que sólo mires televisión.

2. Estoy triste porque no quieres hablar conmigo.

3. Temo que nos estemos separando. Tengo miedo de hacerte enojar.

4. Lamento haberte rechazado en la cena. Lamento haberte echado la culpa de nuestros problemas.

5. Extraño tu amor. ¿Programarías una hora esta noche o pronto para que yo pueda compartir contigo lo que está ocurriendo en mi vida?

                    Con amor:
                              Lesley

P.D.: Lo que me gustaría escuchar de ti es:

Querida Lesley:

Gracias por escribirme acerca de tus sentimientos. Comprendo que me extrañes. Programemos una hora especial esta noche entre las ocho y las nueve.

                    Con amor:
                              Henry

CUÁNDO ESCRIBIR CARTAS DE AMOR

El momento de escribir una Carta de Amor es cuando uno se siente perturbado y quiere sentirse mejor. Las siguientes son algunas formas comunes en que pueden escribirse Cartas de Amor:

1. Carta de Amor a una pareja.
2. Carta de Amor a un amigo, niño o miembro de la familia.
3. Carta de Amor a un socio comercial o a un cliente. En lugar de decir "Te amo" al final puede usar "Aprecio" y "Respeto". En la mayoría de los casos no recomiendo compartirla.
4. Carta de Amor a uno mismo.
5. Carta de Amor a Dios o al Poder Supremo. Comparta sus sentimientos perturbadores acerca de su vida con Dios y pídale apoyo.
6. Carta de Amor para invertir los papeles. Si le resulta difícil perdonar a alguien, imagine que usted es esa persona durante unos minutos y escriba una Carta de Amor de ella para usted. Le asombrará ver cómo se torna menos implacable.
7. Carta de Amor monstruosa. Si se siente realmente perturbado y sus sentimientos son viles y críticos, déles rienda suelta en una carta. Luego queme la carta. No espere que su pareja la lea a menos que los dos puedan manejar sentimientos negativos y estén dispuestos a hacerlo. En ese caso, incluso las cartas monstruosas pueden resultar muy útiles.
8. Carta de Amor de desplazamiento. Cuando los acontecimientos presentes lo perturban y le recuerdan sentimientos no resueltos de la niñez, imagine que puede volver hacia atrás en el tiempo y escriba una carta a uno de sus padres, compartiendo sus sentimientos y pidiendo su apoyo.

POR QUÉ NECESITAMOS ESCRIBIR CARTAS DE AMOR

Tal como lo hemos analizado a lo largo de todo este libro, el hecho de compartir sus sentimientos y sentirse atendidas, comprendidas y respetadas resulta muy importante para las mujeres. También resulta importante para los hombres sentirse apreciados, aceptados y dignos de confianza. El problema mayor en las relaciones se produce cuando una mujer comparte sus sentimientos de perturbación y, como resultado de ello, un hombre no se siente amado. Para él, los sentimientos negativos de la mujer pueden parecer críticos, exigentes, cargados de culpa y resentimiento.

Cuando él rechaza los sentimientos de ella, ésta deja entonces de sentirse amada. El éxito de una relación depende únicamente de dos factores: la capacidad de un hombre para escuchar con afecto y respeto los sentimientos de una mujer, y la capacidad femenina de compartir sus sentimientos en forma afectuosa y respetuosa.

Una relación requiere que las parejas se comuniquen sus sentimientos y necesidades cambiantes. Resulta demasiado idealista esperar una comunicación perfecta. Afortunadamente, entre esto y la perfección hay mucho espacio para el crecimiento.

Expectativas realistas

Esperar que las comunicaciones sean siempre fáciles resulta poco realista. Algunos sentimientos son muy difíciles de comunicar sin herir al oyente. Las parejas que tienen relaciones maravillosas y afectuosas se atormentan a veces buscando la manera más útil de comunicarse entre sí. Resulta difícil comprender realmente el punto de vista del otro, en especial cuando él o ella no está diciendo lo que uno quiere escuchar. También resulta duro mostrarse respetuoso con alguien cuando sus propios sentimientos han sido heridos.

Muchas parejas piensan erróneamente que su incapacidad para comunicarse con éxito y afecto significa que no se aman lo suficiente. Ciertamente el amor tiene mucho que ver con eso, pero la habilidad de comunicarse constituye un ingrediente mucho más importante.

Afortunadamente se trata de una habilidad que puede aprenderse.

Cómo aprendemos a comunicarnos

Una comunicación satisfactoria formaría parte de nuestra naturaleza si hubiésemos crecido en familias capaces de una comunicación sincera y afectuosa. Pero en las generaciones anteriores, la comunicación supuestamente afectuosa significaba, por lo común, evitar los sentimientos negativos. En general, se consideraba a los sentimientos negativos como una enfermedad vergonzante y como algo que debía mantenerse encerrado en el armario.

En las familias menos "civilizadas", lo que se consideraba una comunicación afectuosa podía incluir la expresión o racionalización de los sentimientos negativos a través del castigo físico, las palizas, los latigazos, los gritos y todo tipo de abuso verbal, siempre con el pretexto de ayudar a los niños a discernir lo correcto de lo incorrecto.

Si nuestros padres hubiesen aprendido a comunicarse en forma afectuosa, sin suprimir los sentimientos negativos, nosotros como niños hubiésemos podido descubrir y analizar nuestros propios sentimientos y reacciones negativas a través del ensayo y el error. A través de modelos positivos podríamos haber aprendido con éxito a comunicarnos, en especial nuestros sentimientos difíciles. Como resultado de dieciocho años de ensayo y error para expresar nuestros sentimientos, habríamos aprendido gradualmente a expresarlos en forma respetuosa y apropiada. Si ese hubiera sido el caso, no necesitaríamos la Técnica de la Carta de Amor.

Si nuestro pasado fuese diferente

Si nuestro pasado hubiese sido diferente, habríamos observado a nuestro padre escuchando en forma satisfactoria y afectuosa a nuestra madre cuando le expresaba sus frustraciones y decepciones. Diariamente habríamos experimentado el hecho de que nuestro padre le brindara a nuestra madre el cuidado y la comprensión afectuosa que ella necesitaba de su marido afectuoso.

Habríamos observado a nuestra madre confiando en nuestro padre y compartiendo sus sentimientos abiertamente, sin desaprobarlo y sin echarle culpas. Habríamos experimentado el hecho de ver que una persona podía sentirse perturbada sin rechazar a nadie con desconfianza, manipulación emocional, desaprobación, prevención, condescendencia o frialdad.

A lo largo de nuestros dieciocho años de crecimiento habríamos estado gradualmente en condiciones de dominar nuestras emociones del mismo modo en que dominábamos la facultad de caminar o las matemáticas. Habría sido una habilidad aprendida, como caminar, saltar, cantar, leer y efectuar el balance de nuestra chequera.

Pero no sucedió así para la mayoría de nosotros. Por el contrario, pasamos dieciocho años aprendiendo a comunicarnos insatisfactoriamente. Por el hecho de que carecemos de educación para comunicar nuestros sentimientos, la tarea de comunicarnos afectuosamente cuando tenemos sentimientos negativos resulta una tarea difícil y aparentemente insuperable.

Para poder entender hasta qué punto resulta esto difícil, considere sus respuestas a las siguientes preguntas:

1. Cuando se siente enojado o resentido, ¿cómo expresa amor si, mientras usted estaba creciendo, sus padres o bien discutían o bien evitaban conscientemente la discusión?

2. ¿Cómo logra que sus hijos lo escuchen sin gritar ni castigarlos, si sus padres gritaban y lo castigaban para mantener el control?

3. ¿Cómo pide más apoyo si, aun siendo niño, usted se sintió permanentemente desatendido y decepcionado?

4. ¿Cómo se abre y comparte sus sentimientos si teme ser rechazado?

5. ¿Cómo le habla a su pareja si sus sentimientos dicen "te odio"?

6. ¿Cómo dice "lo lamento" si, de niño, usted era castigado por cometer errores?

7. ¿Cómo puede admitir sus errores si le teme al castigo y al rechazo?

8. ¿Cómo puede mostrar sus sentimientos si, de niño, usted era permanentemente rechazado o juzgado por sentirse perturbado o por llorar?

9. ¿Cómo se supone que usted pida lo que quiere si, de niño, lo hacían sentir mal por querer más?

10. ¿Cómo se supone siquiera que sepa lo que está sintiendo si sus padres no tenían el tiempo, la paciencia o la sabiduría para preguntarle cómo se sentía o qué era lo que lo molestaba?

11. ¿Cómo puede aceptar las imperfecciones de su pareja si, de niño, usted sentía que tenía que ser perfecto para merecer amor?

12. ¿Cómo puede escuchar los sentimientos de dolor de su pareja si nadie escuchaba los suyos?

13. ¿Cómo puede perdonar si usted no era perdonado?

14. ¿Cómo se supone que usted llore y alivie su dolor y su pesar si, de niño, le decían siempre "No llores" o "¿Cuándo vas a crecer?" o "Sólo los bebés lloran".

15. ¿Cómo puede escuchar la decepción de su pareja si, de niño, lo hacían sentir responsable por el dolor de su madre mucho antes de que pudiera comprender que usted no era responsable?

16. ¿Cómo puede escuchar la ira de su pareja si, de niño, su madre o su padre le adosaban a usted sus frustraciones a través de gritos y exigencias?

17. ¿Cómo se abre y confía en su pareja, si las primeras personas en las que confió con su inocencia lo traicionaron de alguna manera?

18. ¿Cómo se supone que pueda comunicar sus sentimientos en forma respetuosa y afectuosa si no ha tenido la práctica de dieciocho años sin la amenaza de ser rechazado o abandonado?

La respuesta a estas dieciocho preguntas es la misma: es posible aprender a comunicarse en forma afectuosa, pero tenemos que trabajar en ello. Tenemos que compensar dieciocho años de descuido. No importa lo perfectos que hayan sido nuestros padres; nadie es realmente perfecto. Si tiene problemas de comunicación no es ni una maldición ni la culpa de su pareja. Es simplemente porque carece del entrenamiento correcto y de la seguridad para practicar.

Al leer las preguntas arriba señaladas, es posible que usted haya experimentado algunos sentimientos. No desperdicie esta oportunidad especial de aliviarse. Tómese veinte minutos de inmediato y escríbale a uno de sus padres una Carta de Amor. Simplemente tome una lapicera y un papel y comience a expresar sus sentimientos, utilizando el modelo de la Carta de Amor. Haga la prueba ahora y se asombrará del resultado.

DECIR TODA LA VERDAD

Las Cartas de Amor funcionan porque lo ayudan a decir toda la verdad. Analizar simplemente una parte de sus sentimientos no produce el alivio deseado. Por ejemplo:

1. Sentir su ira puede no ayudarlo para nada. Sólo puede llegar a intensificar su enojo. Cuanto más hincapié haga en su ira, tanto más perturbado se llegará a sentir.

2. Llorar durante horas puede hacerlo sentir vacío y agotado, si no deja atrás la tristeza.

3. Al sentir sólo sus miedos, usted puede tornarse aún más miedoso.

4. Lamentar algo sin hacer nada para superarlo puede hacerlo sentir culpable y avergonzado y puede incluso resultar perjudicial para su autoestima.

5. El hecho de tratar de sentirse afectuoso todo el tiempo lo obligará a suprimir todas sus emociones negativas y, después de unos años, usted quedará aturdido e insensible.

Las Cartas de Amor funcionan porque lo guían a escribir la verdad acerca de todos sus sentimientos. Para aliviar nuestra pena interior, tenemos que sentir cada uno de los cuatro aspectos fundamentales del dolor emocional. Son la ira, la tristeza, el temor y el pesar.

Por qué las Cartas de Amor funcionan

Al expresar cada uno de los cuatro niveles de dolor emocional, nuestro dolor se ve aliviado. Escribir uno o dos sentimientos negativos no funciona tan bien. Esto se debe a que muchas de nuestras reacciones emocionales negativas no son sentimientos reales sino mecanismos de defensa que usamos en forma inconsciente para evitar nuestros verdaderos sentimientos.

Por ejemplo:

1. La gente que se enoja fácilmente trata en general de ocultar su dolor, tristeza, temor o pesar. Cuando experimentan sus sentimientos más vulnerables, la ira desaparece y se vuelven más afectuosos.

2. A la gente que llora con facilidad le cuesta mucho enojarse, pero cuando se los ayuda a expresar la ira se sienten mucho mejor y más afectuosos.

3. La gente que es temerosa necesita en general sentir y expresar su ira; el temor desaparece entonces.

4. La gente que se compadece y se siente culpable necesita en general sentir y expresar su dolor y su ira antes de poder sentir el amor a sí mismos que merecen.

5. La gente que siempre se siente afectuosa pero que se pregunta por qué se siente deprimida o aturdida necesita en general hacerse la siguiente pregunta: "¿Si yo estuviera enojado o perturbado por algo, cómo sería?" y escribir las respuestas. Esto lo ayudará a ponerse en contacto con los sentimientos ocultos detrás de la depresión y el aturdimiento. Las Cartas de Amor pueden ser usadas de esa manera.

Cómo pueden los sentimientos ocultar otros sentimientos

Los siguientes son algunos ejemplos sobre la manera en que hombres y mujeres utilizan sus emociones negativas para evitar y reprimir su verdadero dolor. Tenga en cuenta que este proceso es automático. A menudo no tenemos conciencia de que está sucediendo.

Considere por un momento las siguientes preguntas:

- ¿Alguna vez sonríe cuando está realmente enojado?
- ¿Alguna vez actuó con ira cuando muy dentro suyo sentía temor?
- ¿Se ríe o hace bromas cuando en realidad está triste y dolorido?
- ¿Culpó rápidamente a otros cuando se sintió culpable o con temor?

El cuadro siguiente muestra cómo hombres y mujeres niegan comúnmente sus verdaderos sentimientos. Ciertamente no todos los hombres se ajustarán a la descripción masculina y no todas las mujeres a la descripción femenina. El cuadro nos ofrece una manera de entender cómo podemos llegar a desconocer nuestros verdaderos sentimientos.

FORMAS EN QUE OCULTAMOS NUESTROS VERDADEROS SENTIMIENTOS

Cómo ocultan los hombres su dolor (Proceso generalmente inconsciente)	Cómo ocultan las mujeres su dolor (Proceso generalmente inconsciente)
1. Los hombres pueden usar la ira como un medio para evitar los sentimientos dolorosos de tristeza, perjuicio, pena, culpa y temor.	Las mujeres pueden usar el interés y la preocupación como un medio para evitar los sentimientos dolorosos de ira, culpa, temor y decepción.
2. Los hombres pueden usar la indiferencia y el desalien-	Las mujeres pueden caer en la confusión como un medio de evitar la ira, la

to como un medio de evitar los sentimientos dolorosos de ira.

irritación y la frustración.

3. Los hombres pueden hacerse los ofendidos para evitar sentirse heridos.

Las mujeres pueden elegir sentirse mal como un medio de evitar la incomodidad, la ira, la tristeza y el pesar.

4. Los hombres pueden usar la ira y la rectitud como un medio para evitar sentirse temerosos o inciertos.

Las mujeres pueden usar el temor y la incertidumbre como un medio de evitar la ira, el dolor y la tristeza.

5. Los hombres pueden sentirse avergonzados para evitar la ira y la aflicción.

Las mujeres pueden usar la aflicción para evitar sentirse enojadas y con miedo.

6. Los hombres pueden usar la paz y la calma como un medio para evitar la ira, el temor, la decepción, el desaliento y la vergüenza.

Las mujeres pueden usar la esperanza como un medio para evitar la ira, la tristeza, la aflicción y la pena

7. Los hombres pueden usar la confianza para evitar sentirse inadecuados.

Las mujeres pueden usar la felicidad y la gratitud para evitar sentirse tristes y decepcionadas.

8. Los hombres pueden usar la agresión para evitar sentir miedo.	Las mujeres pueden usar el amor y el perdón como un medio para evitar sentirse doloridas y enojadas.

CÓMO ALIVIAR LOS SENTIMIENTOS NEGATIVOS

La comprensión y la aceptación de los sentimientos negativos del otro resultan difíciles si sus propios sentimientos negativos no han sido escuchados y apoyados. Cuanto más podamos aliviar nuestros propios sentimientos no resueltos de la niñez, más fácil nos resultará compartir en forma responsable nuestros sentimientos y escuchar los de nuestra pareja sin sentirnos doloridos, impacientes, frustrados u ofendidos.

Cuanto más resistencia oponga uno a sentir su dolor interior, más resistencia opondrá al hecho de escuchar los sentimientos de los otros. Si se siente impaciente e intolerante cuando los demás expresan sus sentimientos infantiles, es un indicador de la manera en que uno se trata a sí mismo.

Para reeducarnos tenemos que comportarnos como padres de nosotros mismos. Debemos reconocer que hay una persona emocional dentro de nosotros que se perturba aun cuando nuestra mente racional de adulto dice que no hay razón para perturbarse. Tenemos que aislar nuestra parte emocional y convertirnos para ella en un padre afectuoso. Tenemos que preguntarnos: "¿Qué ocurre? ¿Te sientes herido? ¿Qué sucedió para que te sientas perturbado? ¿Por qué estás enojado? ¿Qué te entristece? ¿De qué tienes miedo? ¿Qué quieres?"

Cuando escuchamos nuestros sentimientos con conmiseración, nuestros sentimientos negativos quedan milagrosamente aliviados y estamos en condiciones de responder a distintas situaciones en forma mucho más afectuosa y respetuosa. Al comprender nuestros sentimientos infantiles abrimos automáticamente una puerta para que los sentimientos afectuosos impregnen lo que decimos.

Si de niños nuestras emociones internas fueron escuchadas y convalidadas en forma afectuosa, siendo adultos no nos aferraremos entonces a nuestros sentimientos negativos. Pero la mayoría de nosotros no recibimos ese tipo de apoyo cuando éramos niños, de manera que tenemos que lograrlo por nuestros propios medios.

Cómo lo afecta hoy su pasado

Ciertamente ha tenido usted la experiencia de sentirse aferrado por las emociones negativas. Existen algunas maneras comunes en que nuestras emociones no resueltas de la niñez nos afectan hoy cuando nos topamos con las tensiones de ser adultos:

1. Cuando algo ha resultado frustrante, quedamos atascados sintiendo ira y disgusto, aun cuando nuestro yo adulto nos diga que tenemos que estar calmos y sentir afecto y paz.

2. Cuando algo ha resultado decepcionante, quedamos atascados sintiéndonos tristes y heridos, aun cuando nuestro yo adulto nos diga que deberíamos sentirnos entusiastas, felices y esperanzados.

3. Cuando algo ha resultado perturbador, quedamos atascados sintiéndonos temerosos y preocupados, aun cuando nuestro yo adulto nos diga que deberíamos sentirnos seguros, confiados y agradecidos.

4. Cuando una situación ha resultado incómoda, quedamos atascados sintiéndonos arrepentidos y avergonzados, aun cuando nuestro yo adulto nos diga que deberíamos sentirnos seguros, buenos y maravillosos.

Silenciar nuestros sentimientos a través de adicciones

Cuando somos adultos generalmente tratamos de controlar estas emociones negativas evitándolas. Nuestras adicciones pueden utilizarse para silenciar los dolorosos reclamos de nuestros sentimientos y de nuestras necesidades insatisfechas. Después de un vaso de vino, el dolor desaparece por un momento. Pero regresará una y otra vez.

Irónicamente, el acto mismo de evitar nuestras emociones negativas les da el poder de controlar nuestras vidas. Al aprender a escuchar y estimular nuestras emociones internas, éstas pierden gradualmente su dominio.

Irónicamente, el acto mismo de evitar nuestras emociones negativas les da el poder de controlar nuestras vidas.

Cuando uno se siente muy perturbado, sin duda no resulta posible comunicarse en forma tan efectiva como uno lo desearía. En esos momentos regresan los sentimientos no resueltos de su pasado. Es como si el niño que nunca tuvo autorización para dar rienda suelta a un berrinche lo hiciera ahora, sólo para encerrarlo nuevamente en el armario.

Nuestras emociones no resueltas de la niñez tienen el poder de controlarnos apoderándose de nuestra conciencia adulta e impidiendo una comunicación afectuosa. Hasta tanto no podamos escuchar afectuosamente esos sentimientos en apariencia irracionales de nuestro pasado (que parecen inmiscuirse en nuestra vida cuando más necesitamos nuestra sensatez), éstos obstruirán las comunicaciones afectuosas.

El secreto de comunicar nuestros sentimientos difíciles reside en tener la sabiduría y el compromiso de expresar nuestros sentimientos negativos por escrito de manera de tomar conciencia de nuestros sentimientos más positivos. Cuanto más seamos capaces de comunicarnos con nuestra pareja con el amor que merece, tanto mejor será nuestra relación. Cuando uno es capaz de compartir sus sentimientos perturbadores en forma afectuosa, a su pareja le resulta mucho más fácil apoyarlo.

LOS SECRETOS DE LA AUTOAYUDA

El hecho de escribir Cartas de Amor constituye una excelente herramienta de autoayuda, pero si uno no se acostumbra de inmediato a escribirlas puede llegar a olvidar su uso. Sugiero que por lo menos una vez por semana, cuando algo lo moleste, se sienta y escriba una Carta de Amor.

Las Cartas de Amor son útiles no sólo cuando uno se siente perturbado con su pareja en una relación, sino también cuando uno mismo está perturbado. Escribir Cartas de Amor ayuda cuando uno se siente resentido, desdichado, inquieto, deprimido, molesto, cansado, perplejo o simplemente tensionado. Cuando quiera sentirse mejor, escriba una Carta de Amor. No siempre puede mejorar su humor pero lo ayudará a desplazarse hacia la dirección que desea.

En mi primer libro, *What You Feel You Can Heal*, se analiza más plenamente la importancia de explorar los sentimientos. Además, en mis series grabadas, *Healing the Heart*, transmito imágenes mentales y ejercicios basados en la Técnica de la Carta de Amor a fin de superar la ansiedad, de morigerar el resentimiento y de encontrar el perdón, de amar a su niño interior y de aliviar las heridas emocionales pasadas.

Además, varios autores escribieron muchos otros libros y manuales sobre este tema. Leer dichos libros lo ayudan a mantenerse en contacto con sus sentimientos internos y a aliviarlos. Pero recuerde: a menos que le permita hablar en voz alta a esa parte emocional suya para que sea escuchada, ésta no puede recibir alivio. Los libros pueden inspirarlo a que se ame más pero al escuchar, escribir o expresar verbalmente sus sentimientos usted ya lo está haciendo.

Los libros pueden inspirarlo a que se ame más pero al escuchar, escribir o expresar verbalmente sus sentimientos usted ya lo está haciendo.

Cuando practique la Técnica de la Carta de Amor comenzará a experimentar con la parte suya que más necesita amor. Al escuchar sus sentimientos y analizar sus emociones, contribuirá a que dicha parte crezca o se desarrolle.

Cuando su yo emocional obtiene el amor y la comprensión que necesita, comenzará automáticamente a comunicarse mejor. Estará en condiciones de responder a ciertas situaciones en forma más afectuosa. Aunque todos hemos sido programados para ocultar nuestros sentimientos y reaccionar defensivamente y no en forma afectuosa, podemos reeducarnos. Hay grandes esperanzas para ello.

Para reeducarse uno necesita escuchar y comprender los sentimientos no resueltos que nunca tuvieron la oportunidad de ser aliviados. Esa parte suya necesita ser sentida, escuchada y comprendida y luego se siente aliviada.

La práctica de la Técnica de la Carta de Amor es una manera segura de expresar sentimientos no resueltos,

emociones y deseos negativos, sin ser juzgados o rechazados. Al escuchar nuestros sentimientos tratamos en
efecto a nuestro aspecto emocional como a un niñito
que llora en los brazos de un padre afectuoso. Al
analizar toda la verdad de nuestros sentimientos nos
estamos dando la plena autorización para experimentar
esos sentimientos. Al tratar ese aspecto infantil de
nosotros mismos con respeto y amor, las heridas emocionales no resueltas de nuestro pasado pueden aliviarse
en forma gradual.

Mucha gente crece demasiado rápido porque rechaza y suprime sus sentimientos. Su dolor emocional no
resuelto espera en su interior para salir y ser amado y
aliviado. Aunque intentan suprimir sus sentimientos, el
dolor y la desdicha siguen afectándolos.

Hoy generalmente se acepta que la mayoría de las
enfermedades físicas están directamente relacionadas
con nuestro dolor emocional no resuelto. El dolor
emocional reprimido se convierte en general en dolor o
enfermedad físicos y pueden producir una muerte pre-
matura. Además, la mayoría de nuestros impulsos,
obsesiones y adicciones destructivos son expresiones de
nuestras heridas emocionales internas.

La obsesión común de un hombre relacionada con el
éxito representa su desesperado intento de obtener
amor con la esperanza de reducir su dolor y su agitación
emocional interna. La obsesión común de una mujer
relacionada con la aspiración a ser perfecta representa
su desesperado intento de merecer amor y de reducir su
dolor emocional. Cualquier exceso puede convertirse
en un medio para aturdir el dolor de nuestro pasado no
resuelto.

Nuestra sociedad está llena de distracciones que nos
asisten para evitar nuestro dolor. Sin embargo, las
Cartas de Amor lo ayudan a mirar de frente su dolor
para sentirlo y luego aliviarlo. Cada vez que uno escribe
una Carta de Amor, le está brindando a su yo emocional
interno y herido el amor, la comprensión y la atención

que necesita para sentirse mejor.

El poder de la privacidad

A veces, al escribir sus sentimientos en forma privada, usted descubrirá niveles más profundos de sentimientos que no podía percibir con otra persona presente. La privacidad completa crea la seguridad necesaria para sentir en forma más profunda. Aunque se encuentre en una relación y sienta que puede hablar sobre cualquier cosa, recomiendo de todos modos que escriba de vez en cuando en privado sus sentimientos. Escribir Cartas de Amor en privado también es un alivio porque le permite darse tiempo para sí mismo sin depender de ninguna otra persona.

Recomiendo llevar un diario de sus Cartas de Amor o reunirlas en un archivo. Para que escribir Cartas de Amor sea algo más sencillo, puede recurrir al modelo de Carta de Amor presentado anteriormente en este capítulo. Dicho modelo de Carta de Amor puede ayudarlo a recordar sus diferentes etapas y ofrecerle algunas frases-guías cuando se encuentre atascado.

Si tiene una computadora personal, registre el modelo de la Carta de Amor en ella y utilícelo una y otra vez. Simplemente recurra a ese archivo cada vez que desee escribir una Carta de Amor y cuando termine almacénela con la fecha. Imprímala si desea compartirla con alguien.

Además de escribir cartas, sugiero que lleve un archivo privado de ellas. De vez en cuando reléalas cuando no se encuentre perturbado, es decir cuando pueda revisar sus sentimientos con mayor objetividad. Dicha objetividad lo ayudará a expresar más tarde sentimientos perturbadores en forma más respetuosa. Asimismo, si escribe una Carta de Amor y sigue estando perturbado, al releer la carta puede llegar a sentirse mejor.

Con el fin de asistir a la gente a escribir Cartas de Amor y a analizar y expresar sentimientos en forma privada, desarrollé un programa de computación llamado *Private Session*. En forma personal, la computadora utiliza dibujos, gráficos, preguntas y varios modelos de Cartas de Amor para ayudarlo a tomar contacto con sus sentimientos. Sugiere incluso frases-guías a fin de ayudarlo a redactar y expresar ciertas emociones especiales. Además, almacena privadamente sus cartas y las saca a colación en momentos en que leerlas puede ayudarlo más plenamente a expresar sus sentimientos.

El hecho de usar su computadora para ayudarse a expresar sus sentimientos puede resultar útil para superar la resistencia habitual que la gente siente a escribir Cartas de Amor. Los hombres, que habitualmente demuestran mayor resistencia, se sienten más estimulados para escribir si pueden sentarse en privado frente a su computadora.

El poder de la intimidad

El hecho de escribir Cartas de Amor en privado es un proceso que alivia en sí mismo pero no reemplaza nuestra necesidad de ser escuchado y comprendido por los demás. Cuando uno escribe una Carta de Amor se muestra afectuoso consigo mismo, pero cuando comparte una carta uno recibe amor. Para crecer en nuestra capacidad de amarnos, también tenemos que recibir amor. Compartir la verdad abre la puerta de la intimidad a través de la cual puede ingresar el amor.

Para crecer en nuestra capacidad de amarnos, también tenemos que recibir amor.

Para recibir más amor debemos tener gente en

nuestras vidas con quien podamos compartir nuestros sentimientos en forma abierta y segura. Es muy importante disponer de ciertas personas seleccionadas con quienes podamos compartir todos nuestros sentimientos y confiar en que seguirán amándonos y en que no nos lastimarán con críticas, juicios o rechazos.

Cuando podemos compartir lo que somos y lo que sentimos, podemos entonces recibir amor. Si uno tiene ese amor, resulta más fácil liberar los síntomas emocionales negativos tales como el resentimiento, la ira, el temor y así sucesivamente. Esto no significa que uno tiene que compartir todo lo que siente y descubre en privado. Pero si hay sentimientos que tiene miedo de compartir, dichos temores necesitan entonces ser aliviados.

Un terapeuta afectuoso o un amigo cercano pueden ser una enorme fuente de amor y alivio si uno puede compartir sus sentimientos más internos y profundos. Si no tiene terapeuta, hacer que un amigo lea sus cartas de vez en cuando puede resultar muy útil. El hecho de escribir en privado lo hará sentirse mejor, pero de vez en cuando resulta fundamental compartir sus Cartas de Amor con otra persona capaz de mostrar interés y comprensión.

El poder del grupo

El poder del apoyo grupal es algo que no puede describirse pero que tiene que ser experimentado. Un grupo que demuestra afecto y apoyo puede hacer maravillas para ayudarnos a ponernos en contacto con mayor facilidad con nuestros sentimientos más profundos. El hecho de compartir sus sentimientos con un grupo significa que hay más gente disponible para brindarle amor. El potencial para el crecimiento se ve magnificado por el tamaño del grupo. Aunque uno no hable en un grupo, al escuchar que los demás hablan abierta y sinceramente sobre sus sentimientos, su conocimiento y percepción se amplían.

Cuando dirijo seminarios de grupo en todo el país, experimento muchas veces las partes más profundas de mí mismo que necesitan ser escuchadas y comprendidas. Cuando alguien se pone de pie y comparte sus sentimientos, de repente comienzo a recordar algo o a sentir algo sobre mí mismo. Obtengo valiosas y nuevas percepciones acerca de mí mismo y de los demás. Al final de cada seminario me siento generalmente mucho más liviano y afectuoso.

En todas partes, pequeños grupos de apoyo relacionados con casi cualquier tema se encuentran semanalmente para dar y recibir ese apoyo. El apoyo de grupo resulta particularmente útil si de niños no nos hemos sentido seguros de expresarnos en grupo o en el seno de nuestra familia. Al tiempo que cualquier actividad grupal positiva resulta satisfactoria, hablar o escuchar en un grupo que brinda su afecto y su apoyo puede ofrecer un alivio personal.

Me encuentro regularmente con un pequeño grupo de apoyo de hombres, y mi esposa, Bonnie, se reúne regularmente con su pequeño grupo de apoyo femenino. El hecho de obtener este apoyo exterior mejora mucho nuestra relación. Nos libera de considerar a cada uno de nosotros como la única fuente de apoyo. Además, al escuchar a los demás compartir sus éxitos y sus fracasos nuestros propios problemas tienden a perder peso.

Tomarse el tiempo para escuchar

Ya sea que usted escriba privadamente sus pensamientos y sentimientos en su computadora o que los comparta en una terapia, con sus relaciones o en un grupo de apoyo, está dando un paso importante a su favor. Cuando se toma el tiempo para escuchar sus sentimientos, usted le está diciendo a la pequeña persona sensible que se encuentra dentro suyo: "Me importas. Mereces ser escuchado y me interesas lo suficiente como para escuchar".

Cuando uno se toma el tiempo para escuchar sus sentimientos le está diciendo a la pequeña persona sensible que se encuentra dentro suyo: "Me importas. Mereces ser escuchado y me interesas lo suficiente como para escuchar".

Espero que utilice esta Técnica de la Carta de Amor porque he sido testigo de cómo transformó las vidas de miles de personas, incluyendo la mía. Cuando escriba mayor cantidad de Cartas de Amor el proceso se vuelve más fácil y funciona mejor. Se requiere práctica, pero vale la pena.

Capítulo 12

CÓMO PEDIR
APOYO Y CÓMO OBTENERLO

Si usted no está recibiendo el apoyo que quiere en sus relaciones, una razón importante puede ser que no esté pidiendo lo suficiente o que quizás lo esté pidiendo en una forma que no funciona. El hecho de pedir amor y apoyo resulta fundamental para el éxito de cualquier relación. Si quiere OBTENER algo, tiene que PEDIRLO.

Tanto hombres como mujeres experimentan dificultades para pedir apoyo. Las mujeres, sin embargo, tienden a considerarlo mucho más frustrante y decepcionante que los hombres. Por esa razón, dedicaré este capítulo a las mujeres. Evidentemente los hombres profundizarán su comprensión acerca de las mujeres si ellos también leen este capítulo.

POR QUÉ LAS MUJERES NO PIDEN

Las mujeres cometen el error de pensar que no tienen que pedir apoyo. Debido a que ellas sienten en forma intuitiva las necesidades de los demás y dan lo que pueden, esperan erróneamente que los hombres hagan lo mismo. Cuando una mujer está enamorada, ofrece instintivamente su amor. Con gran deleite y entusiasmo, busca las maneras de ofrecer su apoyo. Cuanto más

305

ama a alguien, más impulsada se sentirá a ofrecer su amor. En Venus, todas dan apoyo automáticamente, de manera que no hay motivos para pedirlo. En realidad, una de las maneras en que ellas muestran su amor por el otro es no pidiendo. En Venus el lema es: "¡Amor es nunca tener que pedir!"

En Venus el lema es: "¡Amor es nunca tener que pedir!"

Dado que este es su punto de referencia, la venusina supone que si su pareja la ama, le ofrecerá su apoyo y ella no tendrá que pedir nada. Puede incluso no pedir intencionalmente como una prueba para ver si él realmente la ama. ¡Para pasar la prueba, ella requiere que él se anticipe a sus necesidades y le ofrezca su apoyo no solicitado!

Este enfoque de las relaciones no funciona con los hombres. Los hombres son de Marte y en Marte si uno quiere apoyo simplemente tiene que pedirlo. Los hombres no se sienten instintivamente impulsados a ofrecer su apoyo; necesitan que alguien se los pida. Esto puede resultar muy confuso porque si uno pide apoyo a un hombre de manera incorrecta éste no la escuchará, y si no se lo pide para nada poco o nada podrá obtener.

Al comienzo de una relación, si una mujer no obtiene el apoyo que quiere, supone en ese momento que él no se lo da porque no tiene nada más que dar. Ella continúa dando en forma paciente y afectuosa, suponiendo que tarde o temprano él se pondrá a la par. Él supone, sin embargo, que está dando lo suficiente porque ella no deja de darle.

Él no toma conciencia de que ella está esperando que él dé. Piensa que si ella necesitara o quisiera más dejaría de dar. Pero dado que ella es de Venus, no sólo quiere más sino que espera que él ofrezca su apoyo sin que se lo pidan. Pero él está esperando que ella comience a pedir apoyo cuando lo necesite. Si ella no pide apoyo él supone que está dando lo suficiente.

Finalmente, ella puede pedir su apoyo pero en ese momento ha dado mucho más y siente tanto resentimiento que su pedido es realmente una exigencia. Algunas mujeres se resienten con un hombre simplemente por tener que pedir apoyo. Entonces, cuando finalmente lo piden, aun cuando él diga que sí y le dé algún apoyo, seguirán resentidas por haber tenido que pedir. Ella siente: "Si tengo que pedir, no vale".

Los hombres no responden bien a las exigencias y al resentimiento. Aun cuando un hombre esté bien dispuesto para dar apoyo, el resentimiento o las exigencias de una mujer lo llevarán a decir que no. Las exigencias son totalmente contraproducentes. Las posibilidades de que ella obtenga el apoyo del hombre se ven drásticamente reducidas cuando un pedido se convierte en una exigencia. En algunos casos él dará incluso menos durante un tiempo si percibe que ella está exigiendo más.

Si la mujer no pide apoyo,
el hombre supone que está dando lo suficiente.

Esta pauta de comportamiento hace que las relaciones con los hombres se tornen muy difíciles para las mujeres que ignoran esta situación. Aunque dicho problema parezca insuperable, puede ser resuelto. Al recordar que los hombres son de Marte uno puede aprender nuevas maneras de pedir lo que quiere, pero maneras que funcionen.

En mis seminarios he entrenado a miles de mujeres en el arte de pedir, y la mayoría tuvo un éxito inmediato. En este capítulo analizaremos los tres pasos del arte de pedir y obtener lo que uno quiere. Son los siguientes: 1) practicar cómo pedir correctamente lo que uno ya está obteniendo; 2) practicar cómo pedir más, aun cuando sepa que él dirá que no, y aceptar su negativa; 3) practicar cómo pedir en forma confiada.

PASO 1: PEDIR CORRECTAMENTE
LO QUE UNO YA ESTÁ OBTENIENDO

El primer paso para aprender cómo obtener más en sus relaciones consiste en practicar la manera de pedir correctamente lo que ya está obteniendo. Tome conciencia de lo que su pareja ya está haciendo para usted. En especial, las pequeñas cosas como transportar cajas, arreglar cosas, limpiar, hacer llamadas y otras tareas rutinarias.

La parte importante de este paso es comenzar a pedirle que haga las pequeñas cosas que ya hace y no dar nada por sentado. Luego, cuando él las hace muéstrele mucho aprecio. Abandone temporariamente la idea de que él le ofrecerá su apoyo no solicitado.

En el paso 1, resulta importante no pedir más de lo que él suele dar. Concéntrese en pedirle que haga las cosas pequeñas que hace normalmente. Haga que se acostumbre a escuchar que usted le pide cosas sin tono exigente.

Cuando él escucha un tono exigente, por más amablemente formulado que esté su pedido, lo único que escucha es que no está dando lo suficiente. No se siente entonces ni amado ni apreciado. Tiende así a dar menos hasta que usted aprecie lo que ya está dando.

Cuando un hombre escucha un tono exigente, por más amablemente formulado que esté su pedido, todo lo que escucha es que no está dando lo suficiente. Tiende entonces a dar menos hasta que usted aprecie lo que ya está dando.

Puede verse condicionado por usted (o por la madre de él) a decir inmediatamente que no a sus pedidos. En el paso 1, usted lo reacondicionará para responder en forma positiva. Cuando un hombre, gradualmente, se da cuenta de que es apreciado, de que no dan todo por sentado y de que la complace, querrá entonces responder en forma positiva a sus pedidos cuando pueda. Comenzará entonces a ofrecer automáticamente su apoyo. Pero esta etapa avanzada no debería esperarse en el comienzo.

Además, existe otra razón para comenzar pidiéndole lo que ya está dando. Uno tiene que estar seguro de que está pidiendo de tal forma que él pueda escucharla y responder. A eso me refiero cuando digo "pedir correctamente".

Algunas pistas para estimular a un hombre

Existen cinco secretos para saber pedir apoyo correctamente a un marciano. Si no son respetados, él puede fácilmente desconectarse de la situación. Son los siguientes: utilizar la oportunidad apropiada, no adoptar una actitud exigente, ser breve, ser directa y usar las palabras correctas.

Analicemos cada uno de ellos en forma más detallada:

1. *Utilizar la oportunidad apropiada.* Tenga cuidado de no pedirle que haga algo que él ya esté planeando hacer. Por ejemplo, si está a punto de vaciar el tacho de la basura, no diga: "¿Podrías vaciar el tacho?". Sentirá que le está diciendo qué hacer. La oportunidad resulta fundamental. Asimismo, si él está totalmente concentrado en algo no espere que responda de inmediato a su pedido.

2. *No adoptar una actitud exigente.* Recuerde: un pedido no es una exigencia. Si usted demuestra una actitud resentida o exigente, cualquiera sea el cuidado con que elija sus palabras, él no se sentirá apreciado por lo que ya dio y probablemente dirá que no.

3. Ser breve. Evite darle una lista de razones por las que él debería ayudarla. Suponga que no tiene que convencerlo. Cuanto más tiempo emplea en dar explicaciones, tanto más se resistirá a ayudarla. Las largas explicaciones que convalidan su pedido lo hacen sentir como si usted no confiara en que él le brindará su apoyo. Comenzará a sentirse manipulado en lugar de libre para ofrecer su apoyo.

**Cuando le pide apoyo a un hombre,
haga de cuenta que no tiene que convencerlo.**

Así como una mujer que se siente perturbada no quiere escuchar una lista de razones y explicaciones acerca de por qué no debería sentirse perturbada, un hombre no quiere escuchar una lista de razones y explicaciones acerca de por qué debería satisfacer el pedido de la mujer.

Las mujeres dan erróneamente una lista de razones para justificar sus necesidades. Piensan que lo ayudarán a ver que su pedido es válido y por lo tanto que lo estimularán. Lo que un hombre escucha es: "Por eso tienes que hacerlo". Cuanto más larga sea la lista, tanto más rechazo a apoyarla sentirá él. Si le pregunta por qué, en ese caso usted podrá dar sus razones, pero también en ese momento deberá mostrarse cuidadosamente breve. Practique la manera de confiar en que él lo hará, si puede hacerlo. Sea lo más breve posible.

4. Ser directa. Las mujeres suelen pensar que están pidiendo apoyo cuando en realidad no lo están haciendo. Cuando necesita apoyo, una mujer puede plantear el problema pero sin pedir directamente el apoyo del hombre. Espera que él lo ofrezca y no se preocupa por pedirlo directamente.

Un pedido indirecto incluye el pedido pero no lo formula directamente. Estos pedidos indirectos hacen que los hombres sientan que la mujer da todo por sentado y que no se sientan apreciados. De vez en cuando, el hecho de usar declaraciones indirectas está bien, pero cuando se usan en forma repetida, un hombre comienza a retacear su apoyo. Puede incluso ignorar por qué ocurre eso. Las siguientes declaraciones constituyen ejemplos de pedidos indirectos y la manera en que un hombre puede responder a ellos:

LO QUE ÉL PUEDE ESCUCHAR CUANDO ELLA NO ES DIRECTA

Lo que ella debería decir (breve y directo)	Lo que no debería decir (indirecto)	Lo que él escucha cuando ella es indirecta
"¿Irías a buscar a los niños?"	"Hay que ir a buscar a los niños y yo no puedo ir."	"Si puedes ir a buscarlos, deberías hacerlo; de lo contrario no me sentiré apoyada y me sentiré resentida." (Exigencia)
"¿Querrías traer los comestibles?"	"Los comestibles están en el auto."	"Te toca a ti traerlos, yo hice las compras." (Expectativas)
"¿Querrías vaciar el tacho de basura?"	"Ya no cabe nada más en el tacho."	"No vaciaste el tacho. No deberías esperar tanto." (Crítica)
"¿Querrías limpiar el patio?"	"El patio está todo desordenado."	"Una vez más no limpiaste el patio. Deberías

		ser responsable, no debería recordártelo." (Rechazo)
"¿Querrías traer la correspondencia?"	"Hay que traer la correspondencia"	"Olvidaste traer la correspondencia Deberías recordarlo." (Desaprobación)
"¿Querrías salir a comer afuera esta noche?"	"Hoy no tengo tiempo de hacer la cena."	"He hecho mucho; lo menos que puedes hacer esta noche es llevarme a comer afuera." (Insatisfacción)
"¿Querrías salir esta semana?"	"No hemos salido en semanas."	"Me estás descuidando. No estoy recibiendo lo que necesito. Tendríamos que salir más a menudo." (Resentimiento)
"¿Programarías un poco de tiempo para hablar conmigo?"	"Tenemos que hablar."	"Es culpa tuya que no hablemos más. Tendrías que hablar más conmigo." (Culpa)

5. *Usar las palabras correctas.* Uno de los errores más comunes al pedir apoyo es el uso de podrías y puedes en lugar de querrías y quieres. "¿Podrías vaciar el tacho de basura?" es una simple pregunta para

obtener información. "¿Querrías vaciar el tacho de basura?" es un pedido.

Las mujeres a menudo usan "¿podrías?" en una forma indirecta que incluye el "¿querrías?". Tal como lo he mencionado anteriormente, los pedidos indirectos provocan alejamiento. Cuando se usan de vez en cuando ciertamente pueden pasar desapercibidos, pero el uso persistente del puedes y podrías termina por irritar a los hombres.

Cuando sugiero a las mujeres que comiencen a pedir apoyo, a veces sienten pánico porque sus parejas ya han hecho en numerosas ocasiones comentarios como:

- "No me sermonees."
- "No me pidas que haga cosas todo el tiempo."
- "Deja de decirme lo que tengo que hacer."
- "Ya sé lo que tengo que hacer."
- "No tienes que decírmelo."

Al margen de lo que les parezca a las mujeres, cuando un hombre hace ese tipo de comentarios, lo que realmente quiere decir es: "¡No me gusta la manera en que lo pides!" Si una mujer no entiende hasta qué punto cierto tipo de lenguaje puede afectar a los hombres, se sentirá aún más confundida. Empieza a tener miedo de preguntar y comienza diciendo: "¿Podrías...?" porque piensa que es más educado. Aunque esto funciona bien en Venus, en Marte no funciona para nada.

En Marte sería un insulto pedirle a un hombre: "¿Puedes vaciar el tacho de basura?" ¡Por supuesto que puede hacerlo! La pregunta no apunta a saber si puede sino si quiere vaciar el tacho de basura. Después de haber sido insultado, él puede decir que no por sentirse irritado.

Lo que los hombres quieren que les pregunten

Cuando explico esta distinción entre las palabras

313

que comienzan con *p* y las que comienzan con *q* en mis seminarios, las mujeres tienden a pensar que estoy exagerando. Para las mujeres no hay mucha diferencia; en realidad, "¿podrías?" puede incluso parecer más cortés que "¿querrías?". Pero para muchos hombres hay una gran diferencia. Como dicha distinción es tan importante, incluyo comentarios de diecisiete hombres que asistieron a mis seminarios.

1. Cuando me preguntan "¿Podrías limpiar el patio?" lo tomo en forma literal. Digo: "Podría hacerlo, por supuesto que es posible". Pero no estoy diciendo: "quiero hacerlo" y ciertamente no siento que estoy prometiendo que lo voy a hacer. Por otra parte, cuando me preguntan: "¿Querrías limpiar el patio?" comienzo a tomar una decisión y quiero prestar mi apoyo. Si digo que sí, las posibilidades de que recuerde que tengo que hacerlo son mucho mayores porque he hecho una promesa.

2. Cuando ella dice "Necesito tu ayuda. ¿Podrías ayudar?", me parece una crítica, como si yo ya le hubiese fallado. No parece una invitación para ser el buen muchacho que quiero ser y para apoyarla. Por otra parte, "Necesito tu ayuda. ¿Por favor querrías llevar esto?" me suena a un pedido y una oportunidad para ser el buen muchacho. Quiero decir que sí.

3. Cuando mi esposa dice: "¿Puedes cambiar el pañal de Christopher?" yo pienso internamente, "seguro que puedo". Soy capaz de hacerlo, y un pañal es algo sencillo de cambiar. Pero si no tengo ganas de hacerlo puedo inventar alguna excusa. Ahora bien, si ella pregunta: "¿Querrías cambiar el pañal de Christopher?" yo diría: "Sí,

por supuesto", y lo haría. Internamente sentiría que me gusta participar y que gozo ayudando a criar a nuestros hijos. ¡Quiero ayudar!

4. Cuando alguien me pregunta: "¿Querrías ayudarme, por favor?" me da una oportunidad de ayudar y me siento muy bien dispuesto para apoyarla, pero cuando escucho: "¿Podrías ayudarme, por favor?" me siento arrinconado contra la pared como si no tuviera elección. Si tengo la capacidad de ayudar, ¡entonces se supone que lo haré! No me siento apreciado.

5. Me siento resentido cuando me preguntan "podrías". Siento como si no tuviera otra opción que decir que sí. Si digo que no, ella se enojará conmigo. No es un pedido sino una exigencia.

6. Me mantengo ocupado o por lo menos simulo estar ocupado para que la mujer con la que trabajo no me pregunte "¿podrías...?". Con la pregunta "¿querrías?" siento que tengo una elección y quiero ayudar.

7. Esta misma semana mi esposa me preguntó: "¿Podrías plantar las flores?" y sin vacilación respondí que sí. Luego, cuando vino a casa, ella preguntó: "¿Plantaste las flores?" y yo respondí que no. Ella dijo: "¿Podrías hacerlo mañana?" y nuevamente, sin vacilar, dije que sí. Esto sucedió todos los días de esta semana y las flores no han sido plantadas. Pienso que si me hubiese preguntado "¿Querrías plantar las flores mañana?" habría pensado en ello y si hubiese respondido que sí lo habría hecho.

8. Cuando digo: "Sí, podría hacer eso" no me estoy comprometiendo a hacerlo. Sólo estoy diciendo

315

que podría hacerlo. No prometí hacerlo. Si ella se enoja conmigo, siento como si no tuviera derecho a hacerlo. Si digo que voy a hacerlo, puedo entender entonces la razón de su enojo si no lo hago.

9. Crecí con cinco hermanas y ahora estoy casado y tengo tres hijas. Cuando mi esposa dice: "¿Puedes sacar el tacho de la basura?" simplemente no contesto. Luego ella pregunta "¿por qué?" y ni siquiera lo sé. Ahora me doy cuenta por qué. Me siento controlado. Sí puedo responder a un "¿querrías...?"

10. Cuando escucho un "¿podrías?" inmediatamente contesto que sí y después de unos diez minutos me doy cuenta de por qué no voy a hacerlo y luego ignoro la pregunta. Pero cuando escucho un "¿quieres?" una parte de mí dice "sí, quiero ser útil" y luego, aun cuando surjan objeciones en mi mente, de todos modos satisfaré su pedido porque le di mi palabra.

11. Diré que sí a un "¿puedes?", pero dentro de mí siento resentimiento hacia ella. Siento que si digo que no ella tendrá una rabieta. Me siento manipulado. Cuando ella pregunta: "¿querrías?" me siento libre de decir que sí o que no. Yo elijo y luego quiero decir que sí.

12. Cuando una mujer me pregunta: "¿Querrías hacer esto?" me siento seguro de que tendré un punto a favor por ello. Me siento apreciado y feliz de dar.

13. Cuando escucho un "¿querrías?" siento que me tienen confianza para servir. Pero cuando escucho un "¿puedes?" o "¿podrías?" escucho una

pregunta detrás de otra pregunta. Ella me está preguntando si podía vaciar el tacho de basura cuando es obvio que puedo. Pero detrás de su pregunta está el pedido que no tiene la suficiente confianza para hacérmelo directamente.

14. Cuando una mujer pregunta "¿querrías?" o "¿quieres?" siento su vulnerabilidad. Siento mucho más sensibilidad hacia ella y sus necesidades; de ninguna manera quiero rechazarla. Cuando dice "podrías" estoy en mejores condiciones de decir que no porque sé que no es un rechazo. Se trata simplemente de una afirmación impersonal que dice que no puedo hacerlo. Ella no se lo tomará en forma personal si digo que no a un "¿Podrías hacer esto?"

15. Para mí, "¿querrías?" lo hace más personal y quiero dar, pero "¿podrías?" lo hace más impersonal y estaré dispuesto a dar si es conveniente o si no tengo otra cosa que hacer.

16. Cuando una mujer dice "¿Podrías ayudarme, por favor?" puedo sentir su resentimiento y la rechazaré, pero si dice: "¿Querrías ayudarme, por favor" no puedo escuchar ningún resentimiento, aun cuando haya alguno. Me siento dispuesto a decir que sí.

17. Cuando una mujer dice: "¿Podrías hacer esto para mí" respondo con sinceridad: "prefiero no hacerlo". Sale a relucir mi parte perezosa. Pero cuando escucho un "¿Querrías, por favor?" me torno creativo y comienzo a pensar en distintas formas de ayuda.

Las mujeres pueden llegar a percibir la significativa diferencia entre querrías y podrías identificándose por un momento con la siguiente escena romántica. Imagine que un hombre le propone matrimonio a una mujer. Su corazón está lleno, como la luna que brilla en el cielo. Arrodillado frente a ella, le toma las manos. Luego la mira a los ojos y le dice con suavidad: "¿Podrías casarte conmigo?"

El romance desaparece de inmediato. Al usar la palabra que comienza con una p él se muestra débil e indigno. En ese momento, exhala inseguridad y una baja autoestima. Si por el contrario él dijera: "¿Querrías casarte conmigo?" estarán presentes tanto su fortaleza como su vulnerabilidad. Esa es la manera de pedir matrimonio.

Del mismo modo, un hombre necesita que una mujer le presente sus pedidos en esa forma. Utilice las palabras que comienzan con una q. Las palabras con p suenan demasiado poco confiables, indirectas, débiles y manipuladoras.

Cuando ella dice: "¿Podrías vaciar el tacho de basura?" el mensaje que él recibe es: "Si puedes, entonces deberías hacerlo. ¡Yo lo haría por ti!" Desde el punto de vista del hombre, siente que es obvio que puede hacerlo. Al no pedir su apoyo siente que ella lo está manipulando o que está dando las cosas por sentadas. Él siente que ella no confía en que, si puede, él la ayudará.

Recuerdo a una mujer en un seminario que explicaba la diferencia en términos venusinos. Dijo lo siguiente: "Al principio no podía percibir la diferencia entre esas dos maneras de pedir. Pero luego la capté. Siento algo muy distinto cuando él dice: 'No, no puedo hacerlo' y cuando dice: 'No, no voy a hacerlo'.

Cuando dice 'no voy hacerlo' se trata de un rechazo personal. Si él dice 'no puedo hacerlo' no se refiere a mí sino que simplemente él no puede hacerlo".

Errores comunes en la manera de pedir

Lo más difícil de aprender a pedir es recordar cómo

hacerlo. Trate de usar las palabras que comienzan con q tantas veces cuanto sea posible. Necesitará mucha práctica.

Para pedirle apoyo a un hombre:

1. Sea directa.
2. Sea breve.
3. Utilice las expresiones "querrías" o "quieres".

Es mejor no ser demasiado indirecta, poco sintética o no emplear expresiones como "podrías" o "puedes". Veamos algunos ejemplos.

Diga	No diga
"¿Querrías vaciar el tacho de basura?"	Esta cocina es un lío; realmente apesta. No puedo meter nada más en la bolsa de residuos. Hay que vaciarla ¿Podrías hacerlo?" (Esto es demasiado largo e incluye el podrías.)
"¿Querrías ayudarme a trasladar esta mesa?"	"No puedo mover esta mesa. Tengo que volver a ordenarla antes de nuestra fiesta de esta noche. ¿Podrías ayudar, por favor?" (Esto es demasiado largo e incluye el podrías.)
"¿Querrías guardar eso por mí, por favor?"	"No puedo guardar todo esto". (Se trata de un mensaje indirecto.)
"¿Querrías traer los comestibles del auto?"	"Dejé cuatro bolsas de comestibles en el auto. Y necesito esa comida para

preparar la cena ¿Podrías traerlas?" (Esto es demasiado largo, indirecto e incluye el podrías.)

"¿Querrías traer una botella de leche camino a casa?"

"Pasarás por el almacén. Lauren necesita una botella de leche. Yo no puedo volver a salir. Estoy tan cansada. Hoy fue un mal día. ¿Podrías traerla?" (Esto es demasiado largo, indirecto e incluye el podrías.)

"¿Querrías ir a buscar a Julie a la escuela?"

"Julie necesita que la traigan a casa y yo no puedo ir a buscarla ¿Tienes tiempo? ¿Crees que podrías ir a buscarla?" (Esto es demasiado largo, indirecto e incluye el podrías.)

"¿Querrías llevar a Zoey al veterinario?"

"Ya es hora de que Zoey reciba sus inyecciones. ¿Te gustaría llevarla al veterinario?" (Esto es demasiado indirecto.)

"¿Querrías salir a cenar esta noche?"

"Estoy demasiado cansada para preparar la cena. Hace mucho que no salimos. ¿Tienes ganas de salir?" (Esto es demasiado largo e indirecto.)

"¿Querrías subirme el cierre?"

"Necesito tu ayuda. ¿Podrías subirme el cierre?"

	(Esto es indirecto e incluye el podrías.)
"¿Querrías hacer fuego esta noche?"	"Hace realmente frío. ¿Harás un fuego?" (Esto es demasiado indirecto.)
"¿Querrías llevarme al cine esta semana?"	"¿Tienes ganas de ir al cine esta semana?" (Esto es demasiado indirecto.)
"¿Querrías ayudar a Lauren a ponerse los zapatos?"	"¡Lauren todavía no se ha puesto los zapatos! Estamos retrasados. ¡No puedo hacer todo sola! ¿Podrías ayudar?" (Esto es demasiado largo, indirecto e incluye el podrías.)
"¿Querrías sentarte conmigo ahora o en algún momento de la noche para hablar sobre nuestro horario?"	"No tengo idea de lo que está ocurriendo. No hemos hablado y necesito saber lo que estás haciendo." (Esto es demasiado largo e indirecto.)

Es probable que usted ya se haya dado cuenta de que su manera de pedir no significaba tal cosa para los marcianos; ellos escuchan algo diferente. Se requiere un esfuerzo consciente para llevar a cabo estos pequeños pero significativos cambios en su forma de pedir ayuda. Sugiero practicar por lo menos durante tres meses la manera de corregir su forma de pedir las cosas antes de encarar el paso dos. Otras expresiones para pedir que funcionan son: "¿Querrías, por favor...?" y "¿Te molestaría...?"

Comience el paso 1 tomando conciencia de la cantidad de veces que usted no pide apoyo. Tome conciencia de la manera en que pide cuando sí lo hace. Con este conocimiento, practique luego la manera de pedir lo que ya le está dando. Recuerde ser directa y breve. Luego demuéstrele mucho aprecio y agradecimiento.

Preguntas comunes sobre la manera de pedir ayuda

Este primer paso puede resultar difícil. Presento a continuación algunas preguntas comunes que ofrecen ejemplos tanto de las objeciones como de la resistencia que pueden tener las mujeres.

1. Pregunta. Una mujer podría sentir: "¿Por qué tengo que pedirle si yo no le exijo que me pida a mí?".
Respuesta: Recuerde que los hombres son de Marte; son diferentes. Al aceptar y trabajar con sus diferencias, usted obtendrá lo que necesita. Si, por el contrario, trata de cambiarlo, él se resistirá obstinadamente. Aunque el hecho de pedir lo que quieren no resulta algo natural para las venusinas, pueden hacerlo sin renunciar a lo que son. Cuando él se sienta amado y apreciado se mostrará gradualmente más dispuesto a ofrecer su apoyo sin que se lo pidan. Esta es una etapa posterior.

2. Pregunta. Una mujer podría pensar: "¿Por qué tengo que apreciar lo que él hace si yo hago más?"
Respuesta: Los marcianos dan menos cuando no se sienten apreciados. Si usted quiere que él dé más, entonces lo que él necesita es más aprecio. Los hombres se sienten estimulados por dicho aprecio. Si usted está dando más, evidentemente, le resultará difícil apreciarlo. Comience a dar menos con cierto tacto para poder apreciarlo más. Al efectuar este cambio, no sólo lo está apoyando haciéndolo sentirse amado, sino que obtendrá también el apoyo que necesita y merece.

3. Pregunta. Una mujer puede decir: "Si tengo que pedirle su apoyo, él puede pensar que me está haciendo un favor".

Respuesta: Él tendría que sentirse así. Un regalo de amor es un favor. Cuando un hombre siente que le está haciendo un favor, le está dando entonces algo desde su corazón. Recuerde que es un marciano y no contabiliza los puntos de la misma manera que usted. Si siente que usted le está diciendo que está obligado a dar, su corazón se cierra y comienza a dar menos.

4. Pregunta. Una mujer puede sentir lo siguiente~ "Si me quiere, simplemente debería ofrecer su apoyo; yo no tendría que pedírselo".

Respuesta: Recuerde que los hombres son de Marte; son diferentes. Los hombres esperan que les pidan ayuda antes de actuar. En lugar de pensar "si me ama ofrecerá su apoyo", tome en consideración este pensamiento: "si él fuera un venusino ofrecería su apoyo, pero no lo es; es un marciano". Al aceptar esta diferencia, él estará mucho más dispuesto a apoyarla y gradualmente comenzará a ofrecer su apoyo.

5. Pregunta. Una mujer puede sentir lo siguiente: "Si tengo que pedir las cosas él pensará que yo no estoy dando tanto como él. ¡Me temo que él pueda sentir que no tiene por qué darme más!"

Respuesta: Un hombre es más generoso cuando siente como si no tuviera que dar. Además, cuando un hombre escucha que una mujer pide ayuda (en forma respetuosa), lo que también escucha es que ella se siente con derecho a dicho apoyo. No supone que ella ha dado menos. Muy por el contrario, supone que ella ha estado dando más o por lo menos tanto como él, y por eso ella se siente bien al pedir.

6. Pregunta. Una mujer puede sentir lo siguiente: "Cuando pido ayuda, tengo miedo de ser breve. Quiero explicar por qué necesito su ayuda. No quiero parecer exigente".

Respuesta: Cuando un hombre escucha un pedido por parte de su pareja, confía en que ella tiene buenas razones para pedir. Si ella le da muchas razones por las que él debería satisfacer su pedido, él siente como si no pudiera decir que no y, si no puede decir que no, se siente entonces manipulado o siente que ella da las cosas por sentado. Deje que le dé un regalo en lugar de dar por sentado su apoyo.

Si él necesita comprender algo más preguntará por qué. Entonces sí se podrán dar razones. Aun cuando él pregunte, no se extienda demasiado. Bríndele una o como máximo dos razones. Si sigue necesitando más información, él se lo hará saber.

PASO 2: PRACTIQUE LA MANERA DE PEDIR MÁS (AUN CUANDO SEPA QUE ÉL PUEDE DECIR QUE NO)

Antes de intentar pedirle más a un hombre, asegúre-se de que se sienta apreciado por lo que ya está dando. Al continuar pidiendo su apoyo sin esperar que él haga más de lo que está haciendo, él se sentirá no sólo apreciado sino aceptado.

Cuando él está acostumbrado a escuchar que usted le pide su apoyo sin querer más, se siente amado en su presencia. Siente que no tiene que cambiar para recibir su amor. En ese momento se mostrará bien dispuesto para cambiar y ampliar su capacidad de apoyo. Enton-ces usted puede arriesgarse a pedir más sin transmitirle el mensaje de que no es lo suficientemente bueno.

El segundo paso de este proceso es dejarlo darse cuenta de que puede decir que no y recibir de todos modos su amor. Si él siente que puede decir que no, cuando usted le pide más, se sentirá libre de decir que sí o que no. Tenga en cuenta que los hombres se muestran mejor dispuestos a decir que sí si tienen la libertad de decir que no.

Los hombres se muestran mucho más dispuestos a decir que sí si tienen la libertad de decir que no.

Resulta importante que las mujeres aprendan a pedir y a aceptar un "no" como respuesta. Las mujeres habitualmente sienten en forma intuitiva cuál será la respuesta de su pareja aun antes de pedir. Si perciben que él se resistirá a su pedido, ni siquiera se molestarán en pedir. Por el contrario, se sentirán rechazadas. Él, por supuesto, no tendrá ni idea de lo ocurrido: todo eso sucedió en la cabeza de ellas.

En el paso 2, practique la manera de pedir apoyo en todas aquellas situaciones en que a usted le hubiera gustado pedir pero no lo hizo porque sintió la resistencia del hombre. Siga adelante y pídale apoyo aun cuando perciba su resistencia; aun cuando sepa que va a decir que no.

Por ejemplo, una esposa podría decirle a su esposo, que está concentrado en mirar las noticias: "¿Querrías ir al almacén y comprar un poco de salmón para la cena?". Cuando ella hace esta pregunta ya está preparada para escuchar la negativa de su marido. Este probablemente se sienta sorprendido porque ella nunca antes lo había interrumpido con un pedido como ése. Probablemente dé alguna excusa como la siguiente: "Estoy justo en la mitad del noticiario. ¿No puedes hacerlo tú?"

Ella podría responder: "Por supuesto que podría hacerlo. Pero yo siempre hago todo aquí. No me gusta ser tu sirvienta. ¡Quiero algo de ayuda!"

Cuando usted pide y percibe que recibirá un rechazo, prepárese para el "no" y tenga lista una respuesta como ésta: "Está bien". Si quiere realmente ser un marciano en su respuesta, podría decir: "No hay problema"; eso sonará como música en sus oídos. Sin embargo un simple "está bien" funciona igualmente.

Resulta importante pedir y luego actuar como si su negativa estuviera perfectamente bien. Recuerde, usted le está allanando el camino para que él diga que no sin problemas. Utilice este enfoque sólo para las situaciones en que su negativa realmente no signifique un problema. Escoja situaciones en las que apreciaría el apoyo del hombre pero en las que raras veces se lo pediría. Asegúrese de sentirse cómoda cuando él diga que no.

Estos son algunos ejemplos de lo que quiero decir:

Momento de pedir	Qué decir
Él está trabajando en algo y usted quiere que vaya a buscar a los chicos. Normalmente no lo molestaría y lo haría usted misma.	Usted dice: "¿Querrías ir a buscar a Julie?; acaba de llamar". Si él dice que no, responda entonces con soltura: "Está bien".
Normalmente, él llega a casa y espera que usted prepare la cena. Usted quiere que lo haga él, pero nunca se lo pide. Percibe que él siente rechazo a la cocina.	Usted dice: "¿Querrías ayudarme a cortar las papas?" o "¿Querrías preparar la cena esta noche?" Si él dice que no, responda entonces con soltura: "Está bien".
Normalmente mira la TV después de cenar mientras usted lava los platos. Usted quiere que los lave él o por lo menos recibir ayuda, pero nunca se lo pide. Percibe que él odia lavar los platos.	Usted dice: "¿Querrías ayudarme con los platos esta noche?" o "¿Querrías traer los platos?", o espere una noche tranquila y diga: "¿Querrías lavar los platos esta noche?"

Quizás a usted no le importa tanto como a él, de manera que sigue adelante y lo hace sola.

Él quiere ir al cine y usted quiere ir a bailar. Normalmente usted percibe su deseo de ver la película y no se molesta en pedirle ir a bailar

Los dos están cansados y listos para ir a la cama La basura será recolectada a la mañana siguiente. Usted percibe lo cansado que está su marido, de manera que no le pide que saque los residuos.

Él está muy ocupado y preocupado con un importante proyecto. Usted no quiere distraerlo porque percibe su grado de concentración, pero también quiere hablar con él. Normalmente usted percibiría su resistencia y no se lo pediría.

Él está concentrado y ocupado, pero usted necesita ir a buscar su auto al taller. Normalmente

Si dice que no, responda entonces con soltura: "Está bien"

Usted dice: "¿Querrías llevarme a bailar esta noche? Me encantaría bailar contigo".
Si dice que no, responda entonces con soltura: "Está bien"

Usted dice: "¿Querrías sacar la basura?"
Si dice que no, responda entonces con soltura: "Está bien".

Usted dice: "¿Querrías pasar algún tiempo conmigo?"
Si dice que no, responda entonces con soltura: "Está bien".

Usted dice: "¿Querrías llevarme hoy a buscar mi auto? Ya lo arreglaron". Si dice que no, usted anticipa lo difícil que será para él reordenar su horario y no le pide que la lleve. responda entonces con soltura: "Está bien".

En cada uno de los ejemplos arriba mencionados, prepárese para escuchar un "no" y practique la manera de mostrar aceptación y confianza. Acepte su negativa y confíe en que si él pudiera le ofrecería apoyo. Cada vez que le pide apoyo a un hombre sin hacerlo sentir mal por su negativa, él le adjudica entre cinco y diez puntos. La próxima vez que usted pida él se mostrará mejor dispuesto ante su pedido. En cierto sentido, al pedirle su apoyo en forma afectuosa, lo está ayudando a ampliar su capacidad de dar más.

Aprendí esto por primera vez hace años de una empleada. Estábamos trabajando en un proyecto sin fines de lucro y necesitábamos voluntarios. Ella estaba a punto de llamar a Tom, que era amigo mío. Le dije que no se molestara porque yo ya sabía que esta vez no estaría en condiciones de ayudar. Ella dijo que lo llamaría de todos modos. Le pregunté por qué y respondió: "Cuando llame le pediré su apoyo y cuando diga que no me mostraré muy benevolente y comprensiva. La próxima vez, cuando llame para un nuevo proyecto, se mostrará mejor dispuesto a decir que sí. Tendrá un recuerdo positivo de mí". Tenía razón.

Cuando le pide apoyo a un hombre y no lo rechaza por decir que no, él lo recordará y la próxima vez estará mucho más dispuesto a dar. Por otra parte, si usted sacrifica en silencio sus necesidades y no pide, él no tendrá la más mínima idea de la cantidad de veces que uno lo necesita. ¿Cómo podría saberlo si usted no se lo pide?

Cuando le pide apoyo a un hombre y no lo rechaza
por decir que no, él lo recordará,
y la próxima vez estará mucho más dispuesto a dar.

A medida que usted continúe pidiendo más con suavidad, de vez en cuando su pareja podrá ampliar su zona de comodidad y dirá que sí. En ese momento pedir más se ha convertido en algo seguro. Esa es una de las maneras en que se desarrollan relaciones sanas.

Relaciones sanas

Una relación es sana cuando los dos miembros de una pareja tienen permiso para pedir lo que quieren y necesitan y ambos tienen permiso para decir que no si así lo eligen.

Por ejemplo, recuerdo un día en que estábamos en la cocina con un amigo de la familia cuando nuestra hija Lauren tenía cinco años. Me pidió que la levantara y que hiciera algunas piruetas con ella. Yo le dije: "No, hoy no puedo. Estoy realmente cansado".

Ella siguió insistiendo, pidiendo en forma juguetona: "Por favor, papá, por favor, papá, un salto nada más".

El amigo dijo: "Vamos, Lauren, tu padre está cansado. Trabajó mucho hoy. No deberías pedírselo".

Lauren respondió de inmediato: "¡Sólo estoy pidiendo!"

"Pero sabes que tu padre te ama", dijo mi amigo. "No puede decirte que no".

(La verdad es que si él no puede decir que no, es su problema, no el de ella.)

Inmediatamente mi esposa y mis tres hijas dijeron: "¡Oh, sí que puede!"

Me sentí orgulloso de mi familia. Había llevado mucho trabajo, pero gradualmente aprendimos a pedir apoyo y también a aceptar una negativa.

PASO 3: PRACTIQUE LA MANERA DE PEDIR EN FORMA CONFIADA

Una vez practicado el paso 2 y una vez que pueda aceptar un no con soltura, está preparada para el paso 3. En este paso usted afirma todo su poder para obtener lo que quiere. Usted le pide apoyo al hombre y si éste comienza a dar excusas y a rechazar su pedido, usted no debe decir "está bien" como en el paso 2. Debe seguir pensando que está bien que él oponga resistencia pero debe seguir esperando que él diga que sí.

Supongamos que él está por acostarse y usted le pide lo siguiente: "¿Querrías ir hasta el almacén y traer un poco de leche?" En respuesta él dice: "Ah, estoy realmente cansado, quiero acostarme".

En lugar de liberarlo de inmediato diciendo "está bien", no diga nada. Quédese allí y acepte que él está rechazando su pedido. Al no rechazar su negativa existen muchas más probabilidades de que él diga que sí.

El arte de pedir en forma confiada es permanecer silenciosa después de hacer un pedido. Después de haber pedido, espere que él se lamente, profiera gemidos, mire con severidad, rezongue, masculle y refunfuñe. Denomino la resistencia de los hombres para responder a los pedidos "los refunfuños". Cuanto más concentrado se encuentre un hombre en ese momento, más refunfuñará. Sus refunfuños nada tienen que ver con su disposición para el apoyo; son un síntoma del grado de concentración que tiene en ese momento.

Una mujer en general malinterpretará los refunfuños de un hombre. Supone erróneamente que no está dispuesto a satisfacer su pedido. No es así. Sus refunfuños son un signo de que está procesando su pedido. Si no estuviera tomando en consideración su pedido, respondería entonces muy tranquilamente que no. Cuando un hombre refunfuña es un buen signo; está tratando de considerar el pedido frente a sus propias necesidades.

**Cuando un hombre refunfuña es un buen signo;
está tratando de considerar el pedido
frente a sus propias necesidades.**

Atravesará la resistencia interior y cambiará su orientación pasando de lo que lo mantenía concentrado a su pedido. Como si estuviera abriendo una puerta con los goznes oxidados, el hombre producirá ruidos inusuales. Al ignorar sus refunfuños, éstos desaparecen rápidamente.

A menudo, cuando un hombre refunfuña está a punto de responder afirmativamente a su pedido. Debido a que la mayoría de las mujeres malinterpretan esta reacción, o bien evitan pedirle apoyo al hombre o se lo toman en forma personal y lo rechazan.

En nuestro ejemplo, cuando él está por acostarse y usted le pide que vaya al almacén para comprar leche, probablemente refunfuñe.

"Estoy cansado", dice con una mirada molesta. "Quiero irme a la cama". Si usted malinterpreta su respuesta tomándola como un rechazo, podría responder lo siguiente: "Yo preparé la cena, lavé los platos, acosté a los chicos y ¡tú lo único que has hecho es plantarte en ese sillón! No estoy pidiendo mucho, pero por lo menos podrías ayudar ahora. Me siento exhausta. Siento que yo hago todo aquí".

Comienza la discusión. Por otra parte, si usted sabe que los refunfuños son simplemente refunfuños y representan a menudo su forma de decir que sí, su respuesta será el silencio. Su silencio es un signo de que confía en que él esté ampliando internamente su capacidad de decir que sí.

La ampliación es otra forma de comprender la resistencia de un hombre a sus pedidos. Cada vez que usted pide más, él tiene que ampliarse internamente. Si no está en buena forma, no puede hacerlo. Por eso, tiene que preparar al hombre para el paso 3 a través de los pasos 1 y 2.

Además, usted sabe que resulta más difícil "expandirse" a la mañana. Más tarde uno puede "expandirse" con mucha más facilidad. Cuando un hombre refunfuña, imagine simplemente que se está "expandiendo" a la mañana. Una vez terminado el proceso se sentirá muy bien. Simplemente necesita refunfuñar primero.

Cómo programar a un hombre
para decir que sí

Tomé conciencia por primera vez de este proceso cuando mi esposa me pidió que comprara un poco de leche en el almacén cuando estaba a punto de acostarme. Recuerdo haber refunfuñado en voz alta. En lugar de discutir conmigo, ella se limitó a escucharme, suponiendo que al final yo haría lo que ella me estaba pidiendo. Luego hice algunos ruidos estrepitosos cuando salí, me metí en el auto y fui hasta el almacén.

Después ocurrió algo, algo que les ocurre a todos los hombres, algo que las mujeres no saben. A medida que me acercaba a mi nueva meta, la leche, mis refunfuños desaparecieron. Comencé a sentir el amor por mi esposa y mi buena disposición para ayudar. Comencé a sentirme como el buen muchacho. Créanme, me gustó ese sentimiento.

En el momento en que llegué al almacén, me sentí feliz de comprar la leche. Cuando mi mano tomó la botella, había alcanzado mi nueva meta. El cumplimiento de una meta siempre me hace sentir bien. Tomé en forma juguetona la botella de leche con la mano derecha y giré con una mirada de orgullo que decía: "Eh, mírenme. Estoy comprando la leche para mi esposa. Soy uno de esos tipos generosos. ¡Qué gran tipo!"

Cuando regresé con la leche, ella estaba feliz de verme. Me dio un fuerte abrazo y dijo: "Muchas gra-

332

cias. Estoy tan contenta de no haber tenido que vestirme".

Si ella me hubiese ignorado, probablemente yo me hubiera resentido con ella. La vez siguiente en que me pidió que fuera a comprar leche, probablemente refunfuñé más aún. Pero ella no me ignoró y me mostró mucho amor.

Observé mi reacción y me escuché pensar: "Qué maravillosa esposa tengo. Aun después de haber manifestado tanto rechazo y de haber refunfuñado, sigue apreciándome".

La vez siguiente en que me pidió que fuera a comprar leche, refunfuñé menos. Cuando regresé, ella mostró nuevamente su aprecio. La tercera vez, respondí automáticamente: "Seguro".

Luego, una semana más tarde, observé que le faltaba leche. Me ofrecí para ir a comprar. Me respondió que ella estaba por ir al almacén. Para mi sorpresa, ¡una parte de mí se sintió decepcionada! Quería ir a comprar la leche. Su amor me había programado a decir que sí. Aun hoy, cada vez que me pide que vaya a comprar leche al almacén, una parte de mí responde contenta que sí.

Experimenté personalmente esta transformación interna. Su aceptación de mis refunfuños y su aprecio cuando yo regresaba hicieron desaparecer mi resistencia. A partir de ese momento, dado que ella practicaba la manera de pedir en forma confiada, me resultaba mucho más fácil responder a sus pedidos.

La pausa significativa

Uno de los elementos clave para pedir en forma confiada es permanecer en silencio después de haber pedido apoyo. Permita que su pareja se abra paso a través de su resistencia. Sea precavida y no desapruebe sus refunfuños. En la medida en que usted haga una pausa y permanezca en silencio, tendrá la posibilidad de obtener su apoyo. Si rompe el silencio, pierde su poder.

Las mujeres rompen el silencio inadvertidamente y pierden su poder haciendo comentarios como los siguientes:

- "Bah, olvídalo."
- "No puedo creer que digas que no. Hago tanto por ti."
- "No te estoy pidiendo demasiado."
- "Sólo te llevará quince minutos."
- "Me siento decepcionada. Esto realmente hiere mis sentimientos."
- "¿Quieres decirme que no harás eso por mí?"
- "¿Por qué no puedes hacerlo?"

Y así sucesivamente. Comprenda la idea. Cuando él refunfuña, ella siente el impulso de defender su pedido y rompe equivocadamente el silencio. Discute con su pareja en un intento de convencerlo de que debería hacer lo que ella pide. Ya sea que lo haga o no, la próxima vez que ella le pida apoyo, él mostrará una mayor resistencia.

Uno de los elementos clave para pedir en forma confiada es permanecer en silencio después de haber pedido apoyo.

A fin de darle una oportunidad para satisfacer sus requerimientos, haga el pedido y luego una pausa. Déjelo refunfuñar y decir cosas. Sólo escuche. Al final dirá que sí. No crea erróneamente que él aprovechará la situación en contra suya. No hará tal cosa siempre que usted no insista en discutir con él. Aun cuando se aleje refunfuñando, dejará de hacerlo si los dos sienten que es elección de él hacerlo o no.

A veces, sin embargo, él puede dar una respuesta

negativa. O puede tratar de discutir una salida haciéndole algunas preguntas. Sea precavida. Durante su pausa él puede llegar a preguntarle lo siguiente:

- "¿Por qué no puedes hacerlo?"
- "Realmente no tengo tiempo. ¿Querrías hacerlo tú?"
- "Estoy ocupado, no tengo tiempo. ¿Tú qué haces?"

A veces éstas son sólo preguntas retóricas. De manera que usted puede permanecer en silencio. No hable a menos que quede claro que realmente está buscando una respuesta. Si él quiere una respuesta, ofrézcale una, pero sea muy breve y luego pida de nuevo. Pedir en forma confiada significa pedir con fe y confianza sintiendo que él le prestará su ayuda si puede hacerlo.

Si él le hace preguntas o dice que no, responda entonces con una respuesta breve transmitiendo el mensaje de que su necesidad es tan grande como la de él. Luego pida nuevamente.

Los siguientes son algunos ejemplos en ese sentido:

Lo que él dice como expresión de rechazo al pedido de ella	Cómo puede ella responder con una pregunta confiada
"No tengo tiempo. ¿Puedes hacerlo tú?"	"Yo también estoy apurada. ¿Querrías hacerlo tú, por favor?" Luego permanezca nuevamente en silencio.
"No, no quiero hacer eso."	"Realmente apreciaría que lo hicieras. ¿Por favor, quieres hacerlo por mí?" Luego permanezca nuevamente en silencio.

"Estoy ocupado, ¿qué estás haciendo tú?"	"Yo también estoy ocupada. Por favor, ¿quieres hacerlo?" Luego permanezca nuevamente en silencio.
"No, no tengo ganas de hacerlo."	"Yo tampoco tengo ganas. ¿Querrías hacerlo, por favor?" Luego permanezca nuevamente en silencio.

Observe que ella no está tratando de convencerlo sino que simplemente se pone a la par de su rechazo. Él está cansado, no trate de probar que usted está más cansada y que por lo tanto él debería ayudarla. O si él piensa que está demasiado ocupado, no trate de convencerlo de que usted está más ocupada aún. Evite darle razones por las que él debería hacer algo. Recuerde, usted sólo está pidiendo y no exigiendo.

Si él se sigue resistiendo, entonces practique el paso 2 y acepte con soltura su rechazo. No es el momento de compartir su decepción. No dude de que si se resigna esta vez, él recordará su afecto y la próxima vez se mostrará más dispuesto a apoyarla.

A medida que avance, usted experimentará más éxito al pedir y obtener su apoyo. Aun cuando practique la pausa significativa del paso 3, sigue siendo necesario practicar los pasos 1 y 2. Siempre resulta importante que siga pidiendo correctamente las pequeñas cosas y siga aceptando con soltura sus rechazos.

POR QUÉ LOS HOMBRES SON TAN SENSIBLES

Tal vez se pregunte por qué los hombres son tan sensibles ante los pedidos de apoyo. No es porque los hombres sean perezosos sino porque tienen una gran necesidad de sentirse aceptados. Cualquier pedido de ser más o de dar más puede por el contrario transmitir el mensaje de que no es aceptado tal como es.

Así como una mujer se muestra más sensible ante el hecho de ser escuchada y comprendida cuando está compartiendo sus sentimientos, un hombre es más sensible frente al hecho de ser aceptado tal como es. Cualquier intento de mejorarlo lo hace sentir como si usted tratara de cambiarlo, porque no es lo suficientemente bueno.

En Marte, el lema es: "No lo repares a menos que esté roto". Cuando un hombre siente que una mujer quiere más y que está tratando de cambiarlo, interpreta que ella siente que él necesita ser reparado; naturalmente no se siente amado tal como es.

Al aprender el arte de pedir apoyo, sus relaciones se enriquecerán en forma gradual. Cuando usted se encuentre en condiciones de recibir una mayor parte del amor y del apoyo que necesita, su pareja también se sentirá naturalmente muy feliz. Los hombres son más felices cuando sienten que han logrado satisfacer a la gente que les interesa. Al aprender a pedir apoyo correctamente no sólo ayudará a su hombre a sentirse más amado sino que usted podrá también obtener el amor que necesita y merece.

En el siguiente capítulo analizaremos el secreto de mantener viva la magia del amor.

Capítulo 13

CÓMO MANTENER VIVA LA MAGIA
DEL AMOR

Una de las paradojas de las relaciones afectivas es que, cuando las cosas están saliendo bien y nos sentimos amados, podemos descubrir de pronto que nos estamos distanciando emocionalmente de nuestras parejas o que estamos reaccionando frente a ellas en formas no afectuosas. Quizás puedan sentirse identificados con algunos de los siguientes ejemplos:

1. Uno puede sentir mucho amor hacia su pareja y luego, al día siguiente, despertarse y sentirse molesto o resentido con él/ella.

2. Uno muestra afecto, paciencia y aceptación y luego, al día siguiente, puede convertirse en alguien exigente e insatisfecho.

3. Uno no puede imaginar la posibilidad de no amar a su pareja y luego, al día siguiente, tienen una discusión y repentinamente comienza a pensar en el divorcio.

4. Su pareja hace algo afectuoso para usted, y uno se siente resentido por las veces en que lo ha ignorado en el pasado.

338

5. Uno se siente atraído por su pareja y luego, de repente, se siente aturdido frente a él/ella.

6. Uno se siente feliz con su pareja y luego, repentinamente, se siente inseguro acerca de la relación o impotente frente a la posibilidad de obtener lo que necesita.

7. Uno se siente confiado y seguro de que su pareja lo ama y de repente se siente desesperado y necesitado.

8. Uno se muestra generoso con su amor y luego repentinamente se vuelve contenido, puntilloso, crítico, enojado o dominante.

9. Se siente atraído por su pareja y luego, cuando ésta se compromete, uno pierde la atracción o descubre que otros resultan más atractivos.

10. Quiere mantener relaciones sexuales con su pareja, pero cuando ésta quiere, usted no quiere.

11. Se siente bien consigo mismo y su vida y luego, de repente, comienza a sentirse indigno, abandonado e inadecuado.

12. Está pasando un día maravilloso y espera ver a su pareja, pero cuando la ve, por algo que ella hace se siente decepcionado, deprimido, alejado, cansado o emocionalmente distante.

Quizás usted haya observado que su pareja está atravesando también algunos de esos cambios. Tómese un instante para releer la lista arriba mencionada, y piense en la manera en que su pareja puede repentinamente perder su capacidad de darle el amor que usted merece. Probablemente haya experimentado algunas veces sus súbitos cambios. Es muy común que dos personas que están locamente enamoradas un día se odien o se peleen al día siguiente.

Estos cambios repentinos pueden inducir a confusión. Sin embargo, son comunes. Si no comprendemos por qué ocurren, podemos pensar que nos estamos volviendo locos o podemos concluir equivocadamente que nuestro amor ha muerto. Afortunadamente, existe una explicación.

El amor hace que afloren sentimientos no resueltos. Un día nos sentimos amados y al día siguiente sentimos repentinamente temor de confiar en el amor. Los dolorosos recuerdos de ser rechazados comienzan a emerger cuando nos enfrentamos al hecho de tener que confiar y aceptar el amor de nuestra pareja.

Cada vez que nos amamos más a nosotros mismos o somos amados por otros, los sentimientos reprimidos tienden a surgir y a eclipsar temporariamente nuestra conciencia afectuosa. Surgen para recibir alivio y para liberarse. Podemos tornarnos repentinamente irritables, críticos, resentidos, exigentes, aturdidos, enojados o podemos colocarnos a la defensiva.

Los sentimientos que no pudimos expresar en nuestro pasado inundan súbitamente nuestra conciencia cuando gozamos de la seguridad de sentir. El amor ablanda nuestros sentimientos reprimidos y gradualmente dichos sentimientos no resueltos comienzan a emerger en nuestra relación.

Es como si sus sentimientos no resueltos esperaran hasta que uno se sintiera amado, y luego emergieran para recibir alivio. Todos nos movemos con un manojo de sentimientos no resueltos, las heridas de nuestro pasado que yacen adormecidas en nosotros, hasta que llega el momento en que nos sentimos amados. Cuando nos sentimos seguros de nosotros mismos, nuestros sentimientos de dolor emergen.

Si podemos enfrentar con éxito dichos sentimientos, nos sentiremos entonces mucho mejor y animaremos nuestro potencial creativo y afectuoso. Sin embargo, si iniciamos una pelea y le echamos la culpa a nuestra pareja, en lugar de resolver nuestro pasado, no hacemos más que perturbarnos y luego reprimir nuevamente los sentimientos.

Cómo emergen los sentimientos reprimidos

El problema es que los sentimientos reprimidos no emergen diciendo: "Hola, somos sus sentimientos no resueltos del pasado". Si sus sentimientos de abandono o rechazo de la niñez comienzan a emerger, se sentirá entonces abandonado o rechazado por su pareja. El dolor del pasado se proyecta en el presente. Las cosas que normalmente no serían tan importantes, provocan mucho dolor.

Durante años hemos reprimido nuestros sentimientos de dolor. Un día, nos enamoramos, y el amor nos hace sentir lo suficientemente seguros como para abrirnos y tomar conciencia de nuestros sentimientos. El amor nos abre y comenzamos a sentir nuestro dolor.

Por qué las parejas pueden pelearse en las buenas épocas

Nuestros sentimientos del pasado emergen repentinamente no justo en el momento en que nos enamoramos sino en otros momentos, cuando nos sentimos realmente bien, felices o afectuosos. En esos momentos positivos, las parejas pueden pelearse en forma inexplicable cuando se supone que deberían sentirse felices.

Por ejemplo, las parejas pueden pelearse cuando se mudan a una nueva casa, cuando la redecoran, cuando asisten a una graduación, a una celebración religiosa o a una boda, cuando reciben regalos, cuando se van de vacaciones o de paseo, cuando terminan un proyecto, celebran Navidad o el día de Acción de Gracias, cuando deciden cambiar un hábito negativo, comprar un auto nuevo, efectuar un cambio positivo de carrera, cuando ganan a la lotería, cuando hacen mucho dinero, cuando deciden gastar mucho dinero o hacer el amor.

En todas estas ocasiones especiales uno de los miembros de la pareja o ambos pueden llegar a experimentar repentinamente humores y reacciones inexplicables; la perturbación tiende a surgir ya sea antes, durante o justo después de dicha ocasión. La revisión de la lista de ocasiones especiales arriba enunciada puede resultar muy reveladora y uno puede reflexionar en la manera en que sus padres pudieron haber reaccionado en esas oportunidades así como en la manera en que uno mismo ha reaccionado en dichas ocasiones y en el marco de sus relaciones.

EL PRINCIPIO DE 90/10

Al comprender la manera en que los sentimientos no resueltos del pasado emergen en forma periódica, resulta fácil comprender por qué podemos sentirnos tan heridos por nuestra pareja. Cuando nos sentimos perturbados, cerca del 90 por ciento de la perturbación se relaciona con nuestro pasado y no tiene nada que ver con lo que pensamos que nos está perturbando. En general, sólo aproximadamente el 10 por ciento de nuestra perturbación se relaciona con la experiencia presente.

Veamos un ejemplo. Si nuestra pareja se muestra un poco crítica, puede herir nuestros sentimientos. Pero como somos adultos, somos capaces de comprender que no tiene la intención de ser crítica o quizás vemos que tuvo un mal día. Esta comprensión hace que su crítica no resulte demasiado perjudicial. No la tomamos en forma personal.

Pero otro día su crítica es muy dolorosa. Ese día

nuestros sentimientos del pasado están emergiendo. Como resultado de ello somos más vulnerables a la crítica de nuestra pareja. Duele mucho porque de niño fuimos criticados severamente. La crítica de nuestra pareja duele más porque pone en evidencia nuestro doloroso pasado.

De niños no éramos capaces de entender que éramos inocentes y que la negatividad de nuestros padres era problema de ellos. En la niñez nos tomamos toda crítica, todo rechazo y toda culpa en forma personal.

Cuando emergen estos sentimientos no resueltos de la niñez, podemos interpretar con facilidad los comentarios de nuestra pareja como si fueran el producto de la crítica, el rechazo y la culpa. Mantener una conversación adulta en esos momentos resulta difícil. Todo es malinterpretado. Cuando nuestra pareja parece crítica, el 10 por ciento de nuestra reacción se relaciona con su efecto sobre nosotros y el 90 por ciento se relaciona con nuestro pasado.

Imagine que alguien golpea un poco su brazo o se da la cara suavemente contra usted. No duele mucho. Ahora imagine que tiene una herida abierta o inflamada y alguien comienza a golpearla y choca contra usted. Duele mucho más. Del mismo modo, si los sentimientos no resueltos están emergiendo, estaremos excesivamente sensibles a los golpes normales.

Al principio de una relación podemos no sentirnos tan sensibles. A nuestros sentimientos del pasado les lleva tiempo emerger. Pero cuando finalmente lo hacen, reaccionamos en forma diferente ante nuestra pareja. En la mayoría de las relaciones, el 90 por ciento de lo que nos está perturbando no resultaría perturbador si nuestros sentimientos no resueltos del pasado no emergieran.

Cómo apoyarnos mutuamente

Cuando el pasado de un hombre emerge, generalmente él se dirige hacia su cueva. En esos momentos se muestra excesivamente sensible y necesita mucha aceptación. Cuando el pasado de una mujer emerge, su autoestima se hace pedazos. Baja al pozo de sus sentimientos y necesita un cuidado afectuoso y tierno.

Esta percepción lo ayuda a controlar sus sentimientos en el momento en que emergen. Si usted está perturbado con su pareja, antes de enfrentarla escriba primero en un papel cuáles son sus sentimientos. A través del proceso de escribir Cartas de Amor, su negatividad quedará automáticamente liberada y su doloroso pasado, aliviado. Las Cartas de Amor lo concentran en el presente para poder responder a su pareja con confianza, aceptación, comprensión y condescendencia.

El hecho de comprender el principio de 90/10 también ayuda cuando su pareja reacciona con fuerza contra usted. Al saber que está recibiendo la influencia del pasado, uno puede mostrar mayor comprensión y apoyo.

Nunca le diga a su pareja, cuando pareciera que sus viejos sentimientos están emergiendo, que exagera. Ese tipo de comentario duele aún más. Si uno golpeara a alguien justo en medio de una herida no le diría que está exagerando su reacción.

El hecho de comprender el surgimiento de los sentimientos del pasado nos da una mayor comprensión de por qué nuestras parejas reaccionan en la forma en que lo hacen. Forma parte de su proceso de curación. Déles cierto tiempo para calmarse y volver a concentrarse. Si resulta demasiado difícil escuchar los sentimientos de su pareja, aliéntela a que le escriba una Carta de Amor antes de hablar acerca de lo que era tan perturbador.

Una carta de alivio

El hecho de comprender la manera en que su pasado

afecta sus reacciones presentes lo ayuda a aliviar sus sentimientos. Si su pareja lo ha perturbado de alguna manera, escríbale una Carta de Amor y mientras lo hace pregúntese cuál es la relación de esa reacción con su pasado. Mientras escribe puede llegar a percibir el surgimiento de recuerdos del pasado y notar que está realmente enojado con su propia madre o padre. En ese momento siga escribiendo pero dirija ahora la carta a su padre. Luego escriba una Carta de Respuesta. Comparta esa carta con su pareja.

A ésta le gustará escuchar su carta. Suena bien cuando su pareja asume la responsabilidad del 90 por ciento de su dolor que proviene del pasado. Sin esta comprensión de nuestro pasado, tendemos a echarle la culpa a nuestra pareja, o por lo menos ésta se siente acusada.

Si desea que su pareja se muestre más sensible ante sus sentimientos, déjela experimentar los dolorosos sentimientos de su pasado. Estará entonces en condiciones de comprender su sensibilidad. Las Cartas de Amor son una excelente oportunidad para hacerlo.

UNO NUNCA ESTÁ PERTURBADO POR LA RAZÓN QUE PIENSA

A medida que escriba Cartas de Amor y analice sus sentimientos comenzará a descubrir que en general uno se siente perturbado por razones distintas de las que pensó originalmente. Al experimentar y sentir las razones más profundas, la negatividad tiende a desaparecer. De la misma manera en que súbitamente nos atrapan las emociones negativas, también podemos liberarlas en forma repentina. Veamos algunos ejemplos:

1. Una manana, Jim se despertó molesto con su pareja. Cualquier cosa que hiciera lo perturbaba. Cuando le escribió una Carta de Amor descubrió

que en realidad estaba enojado con su madre por ser tan dominante. Dichos sentimientos estaban emergiendo, de manera que escribió una breve Carta de Amor a su madre. Para hacerlo imaginó haber regresado a la época en que se sentía controlado. Después de haber escrito la carta ya no se sintió enojado con su pareja.

2. Después de unos meses de haberse enamorado, Lisa comenzó a criticar a su pareja. Cuando escribió una Carta de Amor descubrió que en realidad sentía miedo de no ser lo suficientemente buena para él y miedo de que él ya no se interesara por ella. Al tomar conciencia de sus temores más profundos, comenzó nuevamente a experimentar sus sentimientos de afecto.

3. Después de haber pasado juntos una noche romántica, Bill y Jean tuvieron una terrible pelea al día siguiente. Comenzó cuando Jean se enojó un poco con él por haberse olvidado de hacer algo. En lugar de mostrar su habitual personalidad comprensiva, Bill sintió que quería el divorcio. Más tarde, cuando éste escribió una Carta de Amor se dio cuenta de que en realidad tenía miedo de que lo abandonaran. Recordó cómo se sentía de niño cuando sus padres discutían. Escribió una carta para sus padres, y de repente sintió nuevamente afecto hacia su esposa.

4. El marido de Susan, Tom, estaba ocupado tratando de entregar un trabajo a tiempo. Cuando él regresó a casa, Susan se sintió extremadamente resentida y enojada. Una parte de ella comprendió la tensión soportada por Tom, pero emocionalmente ella seguía enojada. Mientras le escribía una Carta de Amor, ella descubrió que estaba enojada con su padre por haberla dejado

sola con su madre, que la maltrataba. De niña se había sentido impotente y abandonada y dichos sentimientos estaban resurgiendo en busca de alivio. Escribió una Carta de Amor para su padre y de repente dejó de estar enojada con Tom.

5. Rachel se sentía atraída hacia Phil hasta que éste le dijo que la amaba y que quería comprometerse. Al día siguiente, su humor cambió repentinamente. Comenzó a experimentar muchas dudas y su pasión desapareció. Cuando ella le escribió una Carta de Amor descubrió que estaba enojada con su padre por ser tan pasivo y por perjudicar a su madre. Después de haber escrito una Carta de Amor para su padre y de haber liberado sus sentimientos negativos, se sintió nuevamente atraída hacia Phil.

Cuando comience a practicar con las Cartas de Amor, no siempre podrá experimentar recuerdos y sentimientos del pasado. Pero cuando se abra y penetre más profundamente en sus sentimientos, se dará cuenta de que cuando está realmente perturbado lo está también por algo de su pasado.

LA RESPUESTA DE REACCIÓN
RETRASADA

Así como el amor puede hacer surgir nuestros sentimientos no resueltos del pasado, lo mismo ocurre cuando uno obtiene lo que quiere. Recuerdo la ocasión en que me enteré de esto por primera vez. Hace muchos años, cierto día quise tener relaciones sexuales con mi pareja, pero ella no estaba de humor. Lo acepté internamente. Al día siguiente hice nuevas insinuaciones y ella seguía sin estar interesada. Esta situación se siguió repitiendo todos los días.

Después de dos semanas comencé a sentirme resentido. Pero en esa época de mi vida no sabía cómo comunicar mis sentimientos. En lugar de hablar acerca de ellos y de mi frustración, seguí simulando que todo estaba bien. Estaba sofocando mis sentimientos negativos y tratando de mostrarme afectuoso. Durante dos semanas mi resentimiento continuó creciendo.

Hice todo lo que pude para complacerla y hacerla feliz, mientras internamente me sentía resentido por su rechazo. Después de dos semanas salí y le compré un hermoso camisón. Lo traje a casa y esa noche se lo di. Ella abrió la caja y se sintió felizmente sorprendida. Le pedí que se lo probara. Me respondió que no estaba de humor.

En ese momento decidí renunciar. Me olvidé del sexo. Me sepulté en el trabajo y renuncié a mi deseo sexual. Al reprimir mis sentimientos de resentimiento hice que en mi mente todo pareciera estar bien. Sin embargo, dos semanas más tarde, cuando regresé a casa del trabajo, ella había preparado una comida romántica y tenía puesto el camisón que yo le había comprado dos semanas antes. Las luces estaban bajas y se escuchaba una música suave de fondo.

Pueden imaginar mi reacción. De repente experimenté una ola de resentimiento. Sentí dentro de mí: "Ahora tendrás que sufrir durante dos semanas". Todo el resentimiento que yo había reprimido durante las últimas cuatro semanas estaba emergiendo repentinamente. Después de hablar acerca de estos sentimientos me di cuenta de que su disposición para darme lo que yo quería había liberado mis viejos resentimientos.

Cuando las parejas sienten repentinamente su resentimiento

Comencé a observar esta pauta de comportamiento en muchas otras situaciones. En mi práctica de asesoramiento, también noté dicho fenómeno. Cuando un miembro de una pareja finalmente se mostraba dispuesto a llevar a cabo un cambio para mejor, el otro se tornaba repentinamente indiferente y dejaba de mostrar aprecio.

En cuanto Bill se mostraba dispuesto a darle a Mary lo que había estando pidiendo, ésta manifestaba una reacción de resentimiento como: "Bueno, es demasiado tarde" o "¿Y qué?"

He aconsejado muchas veces a parejas que han estado casadas por más de veinte años. Sus hijos han crecido y dejado el hogar. De repente la mujer quiere el divorcio. El hombre se despierta y se da cuenta de que quiere cambiar y obtener ayuda. Cuando comienza a efectuar cambios y a darle a ella el amor que había estado deseando durante veinte años, ésta reacciona con frío resentimiento.

Es como si quisiera que él sufriera durante veinte años tal como lo hizo ella. Afortunadamente éste no es el caso. A medida que siguen compartiendo los sentimientos y él escucha y comprende hasta qué punto él la ha desatendido, ella se vuelve gradualmente más receptiva a los cambios de su marido. Esto también puede ocurrir a la inversa: un hombre quiere irse y la mujer se muestra dispuesta a cambiar, pero él se resiste.

La crisis de las expectativas crecientes

Otro ejemplo de la reacción retrasada tiene lugar en el nivel social. En sociología se lo llama la crisis de las expectativas crecientes. Ocurrió en los años 60 durante la presidencia de Johnson. Por primera vez las minorías recibían más derechos que nunca. Como resultado, se produjeron explosiones de ira, revueltas y violencia. Todos los sentimientos raciales reprimidos quedaron repentinamente liberados.

Este es otro ejemplo de sentimientos reprimidos que

emergen. Cuando las minorías sintieron un mayor apoyo, experimentaron una oleada de sentimientos de resentimiento e ira. Los sentimientos no resueltos del pasado comenzaron a surgir. Una reacción similar se está produciendo ahora en los países en que el pueblo finalmente se libera de los gobernantes prepotentes.

POR QUÉ LA GENTE SANA PUEDE NECESITAR ASESORAMIENTO

Cuando crece la intimidad en sus relaciones, aumenta el amor. Como resultado de ello, ciertos sentimientos más profundos y dolorosos emergerán y tendrán que ser aliviados; sentimientos profundos como la vergüenza y el temor. Como en general no sabemos cómo enfrentar esos sentimientos dolorosos, quedamos paralizados.

Para aliviarlos tenemos que compartirlos, pero tenemos demasiado miedo o vergüenza de revelar lo que estamos sintiendo. En esos momentos podemos sentirnos deprimidos, ansiosos, aburridos, resentidos o simplemente agotados sin ninguna razón aparente. Son todos síntomas de que esos sentimientos están emergiendo y están quedando bloqueados.

Instintivamente uno querrá escapar del amor o aumentar sus adicciones. Ese es el momento de trabajar con sus sentimientos y de no escapar. Cuando emergen ciertos sentimientos profundos, le convendría obtener la ayuda de un terapeuta.

Cuando ciertos sentimientos profundos emergen, proyectamos nuestros sentimientos en nuestra pareja. Si no nos sentimos seguros de expresar nuestros sentimientos a nuestros padres o a una pareja anterior, de repente no podemos contactarnos con nuestros sentimientos en presencia de nuestra pareja actual. En ese momento, por más apoyo que le preste su pareja, cuando usted esté con ella no se sentirá seguro. Los sentimientos quedarán bloqueados.

Se trata de una paradoja: por el hecho de sentirse seguro con su pareja, sus temores más profundos tienen oportunidad de emerger. Cuando emergen uno tiene miedo y es incapaz de compartir lo que siente. Su temor puede incluso llegar a aturdirlo. Cuando esto sucede, los sentimientos que están emergiendo se paralizan.

Se trata de una paradoja: por el hecho de sentirse seguro con su pareja, sus temores más profundos tienen oportunidad de emerger. Cuando emergen uno tiene miedo y es incapaz de compartir lo que siente.

Ese es el momento en el que contar con un asesor o un terapeuta resulta inmensamente útil. Cuando uno está con alguien sobre el que no proyecta sus temores, puede procesar los sentimientos que están emergiendo. Pero si sólo está con su pareja, puede sentirse aturdido.

Esa es la razón por la que aun las relaciones muy afectuosas pueden necesitar inevitablemente la ayuda de un terapeuta. El hecho de participar en grupos de apoyo también produce ese efecto liberador. Estar con otros a quienes no conocemos íntimamente, pero que demuestran su apoyo, provoca una apertura que permite compartir nuestros sentimientos heridos.

Cuando nuestros sentimientos no resueltos se proyectan en nuestra pareja, ésta no puede ayudarnos. Todo lo que puede hacer es alentarnos a obtener apoyo. El hecho de comprender la manera en que nuestro pasado sigue afectando nuestras relaciones nos libera para aceptar el flujo y el reflujo del amor. Comenzamos a confiar en el amor y en su proceso de alivio. Para mantener viva la magia del amor tenemos que ser flexibles y adaptarnos a las progresivas y cambiantes estaciones del amor.

LAS ESTACIONES DEL AMOR

Una relación es como un jardín. Para tener éxito debe ser regada regularmente. Debe cuidársela especialmente tomando en cuenta las estaciones así como cualquier fenómeno climático caprichoso. Deben sembrarse nuevas semillas y la maleza debe ser retirada. De la misma manera, a fin de mantener viva la magia del amor tenemos que comprender sus estaciones y alimentar las necesidades especiales del amor.

La primavera del amor

Enamorarse es como la primavera. Pensamos que seremos felices para siempre. No podemos imaginar que alguna vez dejaremos de amar a nuestra pareja. Es un tiempo de inocencia. El amor parece eterno. Es un tiempo mágico en que todo parece perfecto y funciona sin esfuerzo. Nuestra pareja parece ser la contraparte perfecta. Bailamos sin esfuerzo juntos en armonía y nos regocijamos de nuestra buena fortuna.

El verano del amor

A lo largo del verano de nuestro amor nos damos cuenta de que nuestra pareja no es tan perfecta como pensamos y de que tenemos que trabajar en nuestra relación. No sólo nuestra pareja es de otro planeta, sino que es también un ser humano que comete errores y de alguna manera es imperfecto.

Surgen la frustración y la decepción; las malezas tienen que ser sacadas de raíz y las plantas necesitan un riego adicional bajo el sol cálido. Ya no es tan fácil dar amor y recibir el amor que necesitamos. Descubrimos que no siempre estamos felices y no siempre nos sentimos afectuosos. Esta situación no coincide con nuestra imagen del amor.

Muchas parejas se decepcionan en esta etapa. No quieren trabajar en una relación. Esperan con falta de realismo que será primavera todo el tiempo. Le echan la culpa a su pareja y renuncian. No se dan cuenta de que el amor no siempre es fácil; a veces necesita un duro esfuerzo bajo el cálido sol. En la estación veraniega del amor, necesitamos estimular las necesidades de nuestra pareja así como pedir y obtener el amor que necesitamos. No ocurre en forma automática.

El otoño del amor

Como resultado de atender el jardín durante el verano, cosechamos los frutos de nuestro duro trabajo. Ha llegado el otoño. Es una época dorada, rica y satisfactoria. Experimentamos un amor más maduro que acepta y comprende las imperfecciones de nuestra pareja así como las propias. Es una época de acción de gracias y de participación. Al haber trabajado tanto durante el verano podemos relajarnos y gozar del amor que hemos creado.

El invierno del amor

Entonces el clima vuelve a cambiar y llega el invierno. Durante los meses fríos e infecundos del invierno, toda la naturaleza se repliega sobre sí misma. Es una época de descanso, reflexión y renovación. Es la época de las relaciones en que experimentamos nuestro propio dolor no resuelto o nuestra personalidad sombría. En ese momento caen nuestras restricciones y emergen nuestros sentimientos dolorosos. Es una época de crecimiento solitario en que tenemos que mirarnos más a nosotros mismos que a nuestras parejas en busca de amor y satisfacción. Es una época de soluciones. Es la época en que los hombres invernan en sus cuevas y las mujeres se hunden hasta el fondo de sus pozos.

Después de amarnos y aliviarnos a través del oscuro invierno del amor, la primavera regresa entonces inevitablemente. Una vez más recibimos la bendición de los sentimientos de esperanza y amor y de una abundancia de posibilidades. Basándonos en el alivio interior y en la búsqueda del alma de nuestro viaje invernal, estamos entonces en condiciones de abrir nuestros corazones y de sentir la primavera del amor.

RELACIONES SATISFACTORIAS

Después de estudiar esta guía para perfeccionar la comunicación y obtener lo que uno quiere en sus relaciones, usted está bien preparado para tener relaciones satisfactorias. Tiene buenas razones para sentirse esperanzado. Atravesará bien las estaciones del amor.

He sido testigo de la transformación de la relación de miles de parejas, y algunas de ellas se produjeron literalmente de la noche a la mañana. Vienen un sábado a mi seminario de fin de semana sobre relaciones y a la hora de la cena del domingo están nuevamente enamorados. Al aplicar los conocimientos adquiridos a lo largo de la lectura de este libro y al recordar que los hombres son de Marte y las mujeres son de Venus, usted experimentará el mismo éxito.

Pero quiero recordarle que el amor es estacional. En primavera es fácil, pero en verano insume mucho trabajo. En otoño puede llegar a sentirse muy generoso y satisfecho, pero en invierno se sentirá vacío. La información necesaria para atravesar el verano y trabajar en su relación se olvida con facilidad. El amor que siente en el otoño desaparece fácilmente en invierno.

En el verano del amor, cuando las cosas se ponen difíciles y usted no está recibiendo el amor que necesita, repentinamente puede olvidar todo lo que aprendió en este libro. En un instante, desaparece todo. Puede comenzar a echarle la culpa a su pareja y a olvidar cómo estimular sus necesidades.

Cuando reina el vacío invernal, usted puede sentirse sin esperanzas. Puede culparse a sí mismo y olvidar cómo amar y estimularse a sí mismo. Puede dudar de sí mismo y de su pareja. Puede tornarse cínico y sentir una sensación de renuncia. Todo eso forma parte del ciclo. Todo es más oscuro antes del amanecer.

Para tener éxito en nuestras relaciones debemos aceptar y comprender las diferentes estaciones del amor. A veces el amor fluye con facilidad y en forma automática; otras veces requiere cierto esfuerzo. A veces nuestros corazones están colmados y otras están vacíos. No tenemos que esperar que nuestra pareja se muestre siempre afectuosa o que incluso recuerde cómo serlo. Tenemos que darnos también a nosotros mismos ese regalo de comprensión y no pretender recordar todo lo que aprendimos sobre la manera de dar afecto.

El proceso de aprender requiere no sólo escuchar y aplicar sino también olvidar y luego recordar nuevamente. A lo largo de este libro usted aprendió cosas que sus padres no pudieron enseñarle. Ellos no sabían. Pero ahora que usted sabe, por favor sea realista. Dése permiso para seguir cometiendo errores. Muchas de las nuevas ideas que ha adquirido serán olvidadas por un tiempo.

La teoría de la educación señala que para aprender algo necesitamos escucharlo doscientas veces. No podemos esperar que nosotros (o nuestra pareja) recordemos todos los nuevos conocimientos de este libro. Debemos ser pacientes y apreciar cada pequeño paso hacia adelante. Lleva tiempo trabajar con esas ideas e integrarlas a su vida.

No sólo tenemos que escucharlas doscientas veces sino que necesitamos también desaprender lo que hemos aprendido en el pasado. No somos niños inocentes que intentan aprender la manera de tener relaciones satisfactorias. Hemos sido programados por nuestros padres, por la cultura en la que hemos crecido y por nuestras propias experiencias pasadas. El hecho de integrar esta nueva sabiduría de tener relaciones afectuosas constituye un nuevo desafío. Usted es un pionero. Está viajando en un nuevo territorio. Es posible que a veces se pierda. Es posible que a veces sea su pareja la que se pierda. Utilice esta guía como un mapa que lo conducirá a través de tierras inexploradas una y otra vez.

La próxima vez que se sienta frustrado con el sexo opuesto, recuerde que los hombres son de Marte y las mujeres son de Venus. Aun cuando no recuerde nada más de este libro, si sólo recuerda que somos diferentes eso le permitirá ser más afectuoso. Al descargar gradualmente sus opiniones y censuras y al pedir en forma persistente lo que quiere, usted puede crear las relaciones afectuosas que desea, necesita y merece.

Tiene mucho para esperar. Deseo que pueda seguir creciendo en el amor y la luz. Gracias por permitirme marcar una diferencia en su vida.

LA BIBLIOTECA COMPLETA DE JOHN GRAY DE HARPERCOLLINS